高效班组管理落地方案系列

PROFESSIONAL SKILLS

班组长职业技能操作手册

滕宝红 主编

化学工业出版社
·北京·

《班组长职业技能操作手册》一书涵盖了目标管理技能；员工管理技能；班组生产管理技能；现场管理技能；安全管理技能；作业改善技能；班组标准化建设；心理健康呵护与自我疏导八个方面的内容。

本书主要阅读人群设定为企业一线班组长，目的在于帮助班组长建立正确的角色认知，掌握全面的班组管理技能，提高其业务水平，促进其职业发展，努力使企业班组长通过培训，在知识、能力和职业道德方面都有较实际、较系统的收获。本书内容在编写方式方法上有创意，有明确的教学目标，具有适用性、实用性、可读性和启发性等鲜明特色。

图书在版编目（CIP）数据

班组长职业技能操作手册/滕宝红主编. —北京：化学工业出版社，2019.8

（高效班组管理落地方案系列）

ISBN 978-7-122-34606-3

Ⅰ.①班… Ⅱ.①滕… Ⅲ.①班组管理-手册 Ⅳ.①F406.6-62

中国版本图书馆CIP数据核字（2019）第105026号

责任编辑：陈　蕾　　　装帧设计：尹琳琳

责任校对：王鹏飞

出版发行：化学工业出版社（北京市东城区青年湖南街13号　邮政编码100011）

印　　刷：三河市延风印装有限公司

装　　订：三河市宇新装订厂

710mm×1000mm　1/16　印张$14^3/_4$　字数270千字　2019年9月北京第1版第1次印刷

购书咨询：010-64518888　　　售后服务：010-64518899

网　　址：http://www.cip.com.cn

凡购买本书，如有缺损质量问题，本社销售中心负责调换。

定　　价：58.00元

前言

PREFACE

我国是制造业大国，却还不是制造业强国。其中，工匠精神的欠缺是一个非常重要的原因。工匠精神是一种职业精神，是职业素养、职业品格、职业道德、职业技能的综合体现，也是从业者的一种职业价值取向和行为表现。

作为企业最基层的管理者——班组长，就要争做知识型、技能型、创新型带头人，弘扬劳模精神和工匠精神。

班组管理是企业战略落地非常重要的一个环节，因此，越来越多的企业重视班组的管理提升。班组承担着企业日常经营管理最基础的责任，班组强则企业强，班组长对现场人、机、料、法、环等多个方面的综合管理显得尤为重要，因此，要努力提升自身素质水平，提高团队综合竞争力。

发展、创新，对于企业班组长来说，是个挑战。班组长只有不断地学习，不断地培训，才是打造高效基层团队、提升企业生产力的有效途径。班组长是一线员工的直接组织者和指挥者，是上级领导与一线员工之间沟通的主要桥梁。企业的生产能力，很大程度上依赖于一线班组长的管理水平。班组长管理工作质量的高低，一定程度上直接影响着公司或部门的整体进度和经济效益。

随着企业组织的扁平化，班组长发挥作用的领域日益广阔。越来越多的企业领导者意识到优秀班组长建设是提升企业管理效率的重要组成部分，优秀的班组长是企业不可或缺的人力资源。只有抓好班组的精细化管理，才能使班组在企业中发挥出较大化的效能，确保企业制度及目标的有效执行和落实。

企业制定的宏伟战略，最终要由一线员工来实现，而班组长作为一线员工的直接组织者和指挥者，管理能力的高低，直接影响产品质量、成本、交货期、安全生产和员工士气，直接关系到企业的经营成败。因此班组长培训尤为重要。

本书主要阅读人群设定为企业一线班组长，目的在于帮助班组长建立正确的角色认知，掌握全面的班组管理技能，提高其业务水平，促进其职业发展，努力使企业班组长通过培训，在知识、能力和职业道德方面都有较实际、较系统的收获。同时，本书打破了传统班组长教材纯理论化的呆板模式，采用快餐式、跳跃性、碎片化的阅读模式，以模块化、程序化的方式展开，是企业一线管理人员、班组长、车间主任、新入职的大中专学生及工厂管理培训机构、职业管理院校的参考用书和管理工作指南。

《班组长职业技能操作手册》包括目标管理技能、员工管理技能、班组生产管理技能、现场管理技能、安全管理技能、作业改善技能、班组标准化建设、心理健康呵护与自我疏导8章内容。

由于编者水平有限，加之时间仓促、参考资料有限，书中难免出现疏漏与缺憾，敬请读者批评指正。同时，由于写作时间紧迫，部分内容引自互联网媒体，其中有些未能一一与原作者取得联系，请您看到本书后及时与编者联系。

编　者

目录
CONTENTS

第1章 目标管理技能……1

班组长应具备目标管理的能力，理解目标管理的内涵，掌握将上级下达的指标和任务分解为组员的任务和目标的技巧，提高员工的主动性、积极性和参与性，并进行持续改进。

1.1 目标管理概述……2

1.1.1 什么是目标管理……2

1.1.2 目标管理的基本程序……2

1.1.3 目标的层次与分类……3

1.2 如何设定个人目标……5

1.2.1 为目标分类……5

1.2.2 设定近期目标……5

1.2.3 让目标最大化……5

1.2.4 让目标具体化……6

1.2.5 让目标可衡量……6

1.2.6 让目标具有相关性……7

1.2.7 与整体目标一致……7

1.3 如何设定部门目标……7

1.3.1 目标设定应与执行人员有关……8

1.3.2 目标种类宜在五项之内……8

1.3.3 所定目标要与上级目标有关……9

1.3.4 与各部门目标相互配合 9
1.3.5 部门之间目标要彼此平衡 10
1.3.6 目标要设法具体化、数量化 10
1.4 如何设定下属目标 12
1.4.1 将目标、方针告知下属 12
1.4.2 协助下属设定目标 13
1.4.3 合理调整工作分配 14
1.4.4 由下属先提出草案目标 14
1.4.5 检视下属的草案目标 17
1.4.6 修正下属的草案目标 18
1.5 如何进行目标管理 19
1.5.1 协调好各个目标 19
1.5.2 明确责权利关系 20
1.5.3 自我统御实施 20
1.5.4 协助下属执行 21
1.5.5 进行及时反馈 22
1.5.6 体现考核效果 23
【范本】你是否有效确定目标 23

第2章 员工管理技能 25

班组管理中，“人”这一环节最重要。作为企业发展单元的最小单位，只有人人进步，企业才能进步。班组也是，一个班长再厉害，一个人也不可能把一个班组所有的工作都做好，所以，班组的人尽其才，才是最重要的。

2.1 班组人员配备 26
2.1.1 班组如何定岗管理 26
2.1.2 班组如何定员 26

2.1.3 员工如何定岗 ······ 27
2.1.4 员工出勤管理 ······ 28
2.1.5 员工技能管理 ······ 29
2.1.6 人员后备管理 ······ 29
2.1.7 做好补员与员工轮岗工作 ······ 29
2.1.8 工位顶替管理 ······ 30

2.2 开展员工培训的技能 ······ 31

2.2.1 对员工实施OJT（在岗培训） ······ 31
2.2.2 如何教育新员工 ······ 36
2.2.3 开展多能工训练 ······ 37

2.3 与下属有效沟通协调 ······ 39

2.3.1 现场沟通有什么好处 ······ 40
2.3.2 现场沟通有哪些技巧 ······ 41
2.3.3 如何改善现场沟通渠道 ······ 45

第3章 班组生产管理技能 ······ 47

作为一线的管理者，生产的控制最烦琐、最让人操心，如果方法不得当，则可能生产交期延缓，业绩上不去，所以，学习生产管理的方法对于班组长而言非常重要。生产的关键控制点是生产准备、生产过程和生产进度的控制，这几点把握好了，生产任务的圆满完成就不成问题。对于这几点的控制有许多环节、许多细节需要关注，任何一个环节、一个细节的忽略都可能会产生问题，所以，班组长一定要掌握好。

3.1 做好班组4M1E的准备 ······ 48

3.1.1 人员的准备 ······ 48
3.1.2 设备工具的准备 ······ 50
3.1.3 生产物料的准备 ······ 51

3.1.4 工艺和技术文件的准备……53
3.1.5 创造良好的生产秩序和环境……55
3.1.6 4M1E准备的检查……56
3.2 生产过程控制管理……57
3.2.1 在生产过程中的关注要点……57
【范本】工程更改通知书……60
3.2.2 在生产过程中的异常处理……60
3.2.3 人员与工位管理……61
3.2.4 特殊工序的管理……63
3.2.5 落实“三检制”……63
3.3 控制好生产进度……64
3.3.1 认真执行生产计划……64
3.3.2 掌握好生产速度……67
3.3.3 规范搬运环节……68
3.3.4 优化流程结构……69

第4章 现场管理技能……71

一般而言，班组长现场必须管理的事项有生产效率、降低成本、生产安全、人员训练、质量控制等，而要做好管理，必须有一定的方法。“工欲善其事，必先利其器”，班组长想要做好现场管理工作，必须先掌握基本的管理技能。

4.1 基本管理手法……72
4.1.1 PDCA管理法……72
4.1.2 5W2H法……74
4.1.3 三直三现主义……75
4.1.4 5个为什么问题解析法……76
4.1.5 8D法……77

4.2 5S管理……78
4.2.1 整理（Seiri）……78
4.2.2 整顿（Seiton）……83
4.2.3 清扫（Seiso）……88
4.2.4 清洁（Seikeetsu）……90
4.2.5 素养（Shitsuke）……92
4.3 目视管理法……98
4.3.1 目视管理的要求……98
4.3.2 目视管理的三种水平……98
4.3.3 目视管理的主要工具……100
4.4 看板管理……105
4.4.1 何谓看板管理……105
4.4.2 看板的种类……105
4.4.3 现场看板的编制要领……106
4.4.4 现场看板编制的要求……106
4.4.5 现场看板编制实施……107

第5章 安全管理技能……111

班组是企业安全管理的主战场，是企业安全的第一道防线，也是最重要的防线；班组是企业安全管理的基本环节，是一切安全生产方针、政策、法规的落脚点，所有安全措施的落实、安全规程的执行、安全隐患的排除、安全事故的防范都是在班组。因此，班组长掌握安全管理技能尤其重要。

5.1 班前班后安全会……112
5.1.1 开好班前会……112
5.1.2 召开班后会……115
5.1.3 班前班后会安全记录……116

5.2 作业危险分析（JHA）……120
5.2.1 作业危险分析（JHA）的适用范围……120
5.2.2 作业危害分析的组织步骤……120
5.2.3 作业危害分析的操作步骤……121
5.3 危险预知训练活动……125
5.3.1 危险预知训练活动的目的……125
5.3.2 适用范围……125
5.3.3 危险预知活动的实施……125
5.3.4 KYT活动卡片的填写与管理……129
5.4 安全生产确认制……130
5.4.1 安全生产确认制的适用范围……130
5.4.2 安全生产确认制的细分……130
5.5 编制岗位安全应急卡……133
5.5.1 岗位安全应急卡的作用……133
5.5.2 岗位安全应急卡的内容……134
5.5.3 岗位安全应急卡的使用……136
5.6 违章识别与纠正能力……137
5.6.1 常见违章行为的表现……137
5.6.2 违章发生的规律……139
5.6.3 明确反违章的工作方法……140
5.6.4 怎样杜绝习惯性违章……141

第6章 作业改善技能……145

现代企业的作业现场是由人员、设备、材料、方法、测量系统和作业环境（统称5M1E）六大生产要素组成的。企业在生产时需要提高自己的生产效率，除了要对人员、设备、材料和作业环境进行精益化管理改善外，还必须从不良品产生多、作业开展困难等现场容易出现的问题出发，改善现场作业。

6.1 现场作业分析的方法 ············ 146

6.1.1 检查表法 ············ 147

【范本】“三不”检查表 ············ 147

6.1.2 5W1H法 ············ 148

6.1.3 4M法 ············ 148

6.1.4 五大任务法 ············ 150

6.1.5 PQCDSM法 ············ 150

6.2 现场作业改善的流程 ············ 151

6.2.1 制订实施计划 ············ 151

6.2.2 详细调查现状 ············ 152

6.2.3 考虑改善方案 ············ 152

6.2.4 实施改善方案 ············ 153

6.2.5 确定改善的成果 ············ 154

6.2.6 改善成果标准化 ············ 154

6.3 现场作业改善的方法 ············ 155

6.3.1 5W1H法 ············ 155

【范本】5W1H法的举例 ············ 157

6.3.2 动作分析法 ············ 157

【范本】基本动作分析专用表 ············ 159

【范本】组装螺栓和螺母作业的基本动作分析 ············ 160

6.3.3 工程分析法 ············ 162

【范本】整理表 ············ 163

6.3.4 时间分析法 ············ 164

【范本】作业要素和观测点的分解 ············ 165

【范本】作业分析观测记录表 ············ 166

6.3.5 工作抽样法 ············ 166

【范本】工作抽样法观测结果 ············ 168

6.3.6 人机配合分析法 ············ 172

6.3.7 双手操作法 ············ 173

【范本】双手操作程序图 ············ 174

第7章　班组标准化建设……175

标准化是企业提升管理水平的两大要素之一（另一个是5S管理），是企业追求效率、减少差错的重要手段。班组是企业最基层的组织，应该认真执行企业制定的管理制度、标准，以及部门（或车间）的各类管理办法，落实岗位职责，规范过程控制，强化目标考核，全面推行标准化作业，做到凡事有章可循、凡事有人负责、凡事有人监督、凡事有据可查，从而提升班组的工作效率。

7.1　班组工作标准化……176
7.1.1　班组日工作标准化……176
7.1.2　班组周工作标准化……177
7.1.3　班组月工作标准化……177
7.1.4　班组管理记录标准化……177
7.1.5　班组园地标准化……179
7.1.6　班组工序操作标准化……179
7.2　作业标准化……180
7.2.1　班组现场有关作业标准……180
7.2.2　班组长作业标准化的职责……181
7.2.3　班组现场作业标准的运用……183
7.2.4　班组现场作业标准的执行……185

第8章　心理健康呵护与自我疏导……189

随着社会压力和市场竞争的加剧，越来越多的企业员工受到各种心理问题的困扰。心理健康影响人生，一切的成就，一切的财富，都始于健康的心理。关注员工的心理健康，及时引导和帮助他们进行有效的心理健康呵护与自我疏导，是十分必要的。

8.1 班组员工压力管理 190
8.1.1 压力的内涵 190
8.1.2 产生压力的原因 190
8.1.3 如何识别员工的工作压力 191
8.1.4 释放工作压力的方法 194
8.1.5 怎样舒缓员工压力 196
8.2 情绪管理 197
8.2.1 什么是情绪 197
8.2.2 常见的负面情绪 197
8.2.3 对负面情绪的调节 211
8.3 员工心理疏导与调节 212
8.3.1 心理问题的层次 212
8.3.2 诱发心理问题的六大危险信号 213
8.3.3 心理疏导的要求 214
8.3.4 心理疏导的方法 215
8.3.5 员工心理疏导的注意事项 218

第1章 目标管理技能

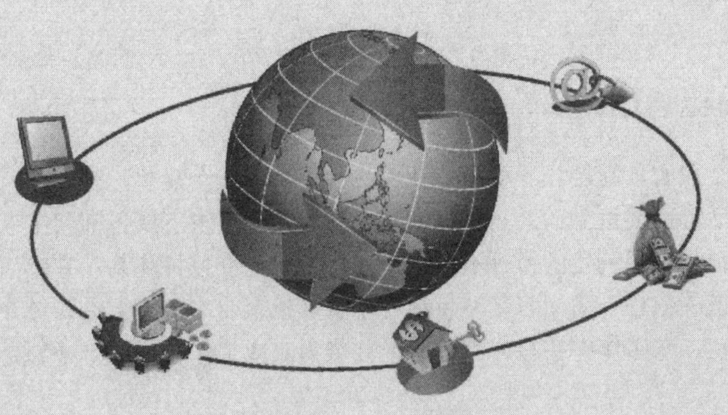

引言

班组长应具备目标管理的能力，理解目标管理的内涵，掌握将上级下达的指标和任务分解为组员的任务和目标的技巧，提高员工的主动性、积极性和参与性，并进行持续改进。

1.1　目标管理概述

1.1.1　什么是目标管理

目标管理就是指企业的最高层领导根据企业面临的形势和社会需要，制定出一定时期内企业经营活动所要达到的总目标，然后层层落实，要求下属各部门主管人员以至每个员工根据上级制定的目标和保证措施，形成一个目标体系，并把目标完成情况作为考核的依据。简而言之，目标管理就是让企业的主管人员和员工亲自参加目标的制定，在工作中实行自我控制，并努力完成工作目标的一种制度或方法。

1.1.2　目标管理的基本程序

目标管理的工作流程包括五个程序，具体如图1-1所示。

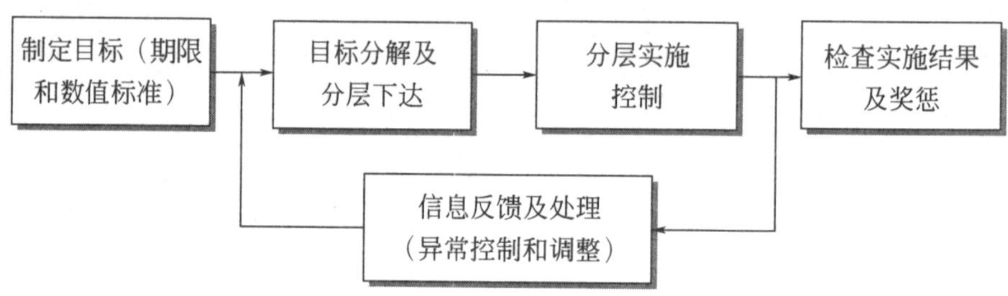

图1-1　目标管理的基本程序

（1）制定目标。制定目标包括制定企业的总目标、部门目标和个人目标，同时要制定完成目标的标准，以及达到目标的方法和完成这些目标所需要的条件等多方面的内容。

（2）目标分解及分层下达。建立企业的目标网络，形成目标体系统，通过目标体系统把各个部门的目标信息显示出来，就像看地图一样，任何人一看目标网络图就知道工作目标是什么，遇到问题时需要哪个部门来支持。

（3）分层实施控制。要经常检查和控制目标的执行情况和完成情况，看看在实施过程中有没有出现偏差。

（4）检查实施结果及奖惩。对目标按照制定的标准进行考核，目标完成的质量可以与个人的升迁挂钩。

（5）信息反馈及处理。在考核之前，还有一个很重要的问题，即在进行目标实施控制的过程中，会出现一些不可预测的问题。如目标是年初制定的，年尾发生了金融危机，那么年初制定的目标就不能实现。因此在实行考核时，要根据实际情况对目标进行调整和反馈。

1.1.3 目标的层次与分类

1.1.3.1 目标的层次

目标可以分为四个层次，具体如图1-2所示。

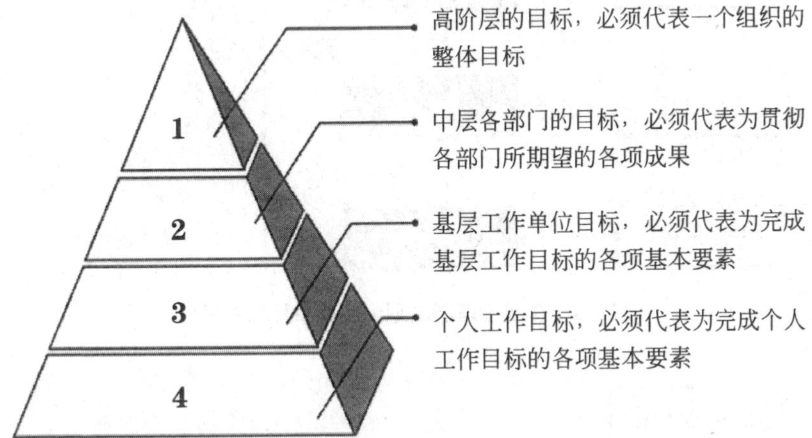

图1-2 目标的四个层次

还可以从另一个角度把组织目标简化和概括为如下三个层次。

（1）环境层——社会加于组织的目标，为社会提供所需要的优质产品和服务，并创造出尽可能多的价值。

（2）组织层——作为一个利益共同体和一个系统的整体目标，如企业提高经济效益、增强自我改造和发展的能力、改善员工生活、保障员工的劳动安全等。

（3）个人层——组织成员的目标，如经济收入、兴趣爱好等。

企业各管理层在相应的目标上有如图1-3所示的关系。

1.1.3.2 目标的分类

（1）从动态的角度来考虑，总目标依计划期间可分为长期计划目标、中期计划目标、短期计划目标和执行目标四种。

（2）从组织目标的等级层次看，分类如图1-4所示。

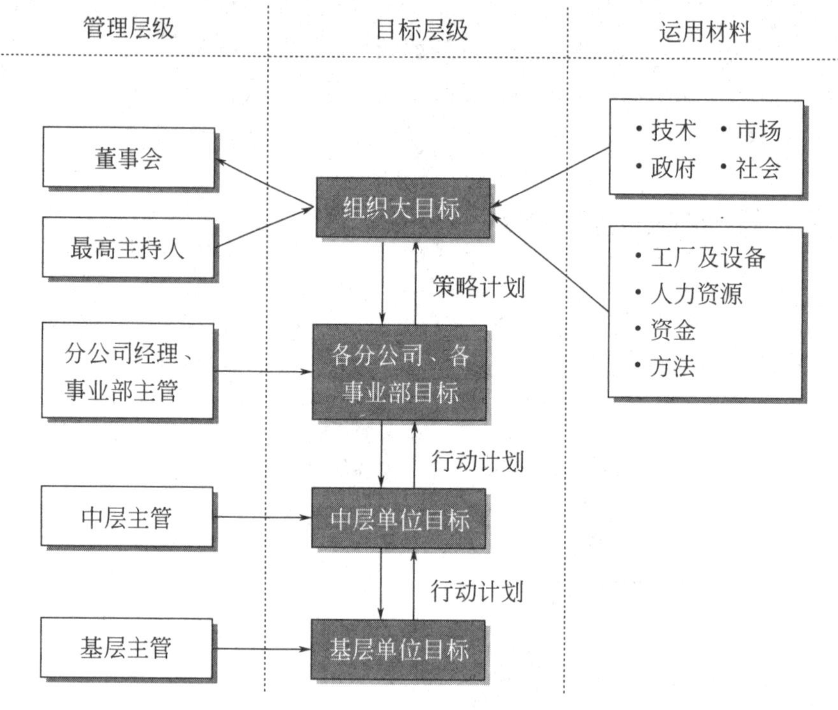

图1-3　企业管理层次划分及各目标的关系

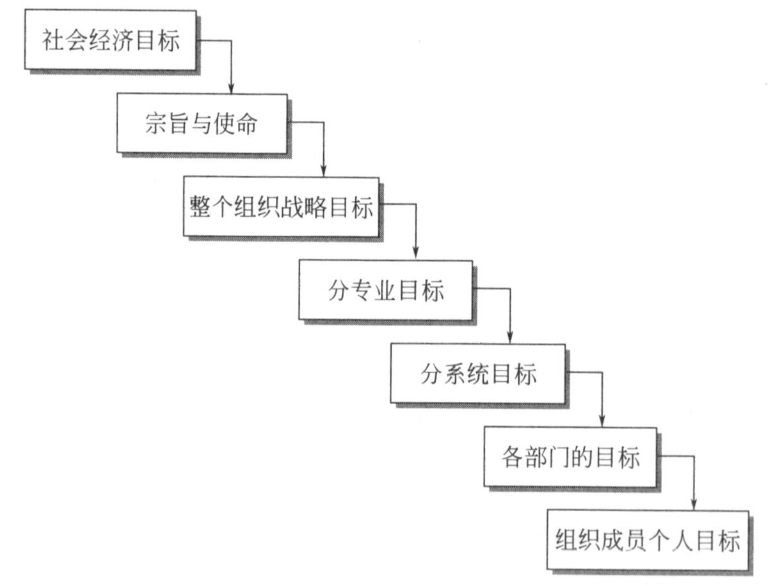

图1-4　组织目标等级层次分类

1.2 如何设定个人目标

设定个人目标就是设定要取得的成果，同时也是检测获得这些成果的工作执行情况的基础。每一位管理人员，都必须明确自己的目标，而且该目标要始终以组织的总目标为依据。制定个人目标，是每个管理人员的责任，并且是首要责任。

1.2.1 为目标分类

人既然活在世上，就应该有活下去值得努力的目标。然而，如果目标过于远大，令人觉得不太可能实现，无论是谁都不会有努力的欲望，即使好不容易勉强自己去做，终究还是会半途而废，因为一直无法感受到成功的滋味。据说现代马拉松比赛，选手以每隔5000米外的标志牌为目标，到了之后，再以下一个5000米外的标志牌为目标，如此将42.195千米的长距离区分为许多个小段。

目标如果设定在可见的距离，就会使人怀抱希望，持续努力。

1.2.2 设定近期目标

设定目标最重要的是近期目标。以眼前的事情为例，就是每天读书几小时、多久读完一本书，如果把近期目标设定在不需要怎么努力就能达成，则成绩必定无法进步。

譬如，如果每天读书2小时，那么应该把标准定在2.5小时。把目标设定在比自己实力高一点点的水平上，是很重要的。因为，目标就像是强劲的引力，可以将努力的人提高到高一点的层次。如果把目标定在低层次上，则原先可以向上的也无法提高层次。

不过，目标如果高到不可能实现也是不行的。每天读书2小时的人，如果一下子增加到10小时，实际上是不太可能的。人是现实的动物，如果努力的成果浮现在眼前，人类就会更加努力；如果一直没有成果，努力就根本无法持续。

1.2.3 让目标最大化

有一个人路经一个正在建筑中的工地，问砖匠们在做什么，三个砖匠各有不同的回答。

第一个砖匠回答说：“我在砌砖养家糊口，挣口饭吃。”

第二个砖匠回答说：“我在做最棒的砖匠工作。”

第三个砖匠回答说："我正在建造一幢漂亮的花园小区。"

作为管理人员，在设定个人目标时，应让自己像第三个砖匠那样胸怀大志，清楚自己目前所做的事情在自己的人生目标中占有什么位置、具有什么意义，那样，就算再无聊、再不喜欢的工作，一样会干劲十足，效率百倍。就像上面案例中所说的普通的砌砖工作，表面上看起来，似乎又辛苦又无聊，然而，如果知道这项工作是为了建造一幢漂亮的洋楼时，不但干劲十足，同时充满了喜悦，工作效率也因此提高。

1.2.4 让目标具体化

管理人员在设定个人目标时，必须让目标尽可能具体，缩小范围，这样才能符合实际情况，也容易制定实现的具体方法，更具有可操作性。

要使目标具体化，应把握以下原则。

（1）要对组织情况有清楚了解。

（2）明确本组织人力资源配备情况。

（3）要清楚整个机构的长期战略规划。

（4）要符合自身所处岗位的实际情况，目标应具有可实现性，和自身能力相符，同时该目标也要具有一定挑战性，只有通过努力才能达到。

特别提示：

不过，目标固然应该具体，但不能太过琐碎，这样反而会忽略大目标，如此一来，自己会觉得为目标努力不值得，忍耐更失去了意义。所以，应时刻提醒自己——自己的远大目标、一生的目标是什么。

1.2.5 让目标可衡量

目标达到与否要有可衡量的标准和尺度，这是进行效率考核的基础，也为目标过程管理提供依据，方便对工作执行情况进行检测。

那么，管理人员该如何做到工作目标的可衡量呢，具体做法如下。

（1）各相关人员对目标要有一致的认可，这样才能形成统一的衡量标准。这需要经理人对目标要有准确把握，能够就目标的实施执行情况与相关人员有效沟通。

（2）将工作目标、方法、优先级以及时间明确记载在年度目标上，考核时，每项目标达成情况都一清二楚，可以逐项对照，切实进行考核。

（3）对于目标中符合长远战略部分的计划，应当结合远景规划进行衡量，同既定规划相比较，寻找差距，作为改进目标的基础。

1.2.6 让目标具有相关性

管理人员在制定目标时，应尽可能体现其客观要求与其他任务的关联性。目标前后要有一定的相关性，应保持连贯性，直至达成一个阶段性的目标或战略规划有了变化。

其实做到目标的相关性也很简单，主要是在制定个人目标时要体现出总体目标的要求，目标前后有一定的继承关系。另外要注意的是，无论是个人目标或总体目标，都源自实际情况的分析，应把握好目标的实时性，能结合变化的情况更新目标。

特别提示：

每个人都不会只有一个工作目标，设定目标时，应给予每项目标一个目标指数，来决定目标的优先级。所有目标指数的总和必须是100%。

1.2.7 与整体目标一致

个人目标应该是依据整体目标制定的，同整体目标保持一致是必须的，只有符合整体目标，个人日标才具有可行性和现实性，管理人员才能取得个人进步和组织发展的双赢局面。要做到与整体日标一致，在制定个人目标的过程中，管理人员应当注意以下3个问题。

（1）个人目标应与组织结构以及部门的利益相吻合。

（2）个人目标最好是整体目标完成的前提或必要组成部分。

（3）个人目标的达到将有助于推动组织目标实现。

1.3 如何设定部门目标

作为管理人员，在设置好自己的个人目标之后，就要着重考虑部门目标的设定了，这样，以利于团队效率的提升。管理人员在设定部门目标时，一定要遵循相关原则。

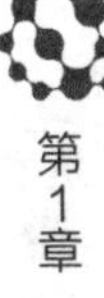

1.3.1 目标设定应与执行人员有关

目标的设定，最好以个人为基础，再与总目标上下贯通；如必须以部门为准，不如以管理人员个人为基础比较适宜。因为如仅以组织为对象时，个人的成果和责任反而模糊不清，个人的责任感以及工作欲望也较为淡薄。

设定以工作能力提升为目标管理重点时，如不以个人为对象来设定目标，则失去激励的作用，与目标管理的主旨相脱节。以业务绩效的提高为目标时，则管理人员要尽量征求所属人员意见来设定目标，即以组织的阶层加以设定目标，也可收到团体合作的功效。总之，设定目标时，无论以部门还是以个人为对象，一定要与工作人员有关，并与组织的总目标上下贯通、互相结合。

比如，业务部的部门目标，其实就是业务部经理个人的目标。下级单位（如业务科）为配合上级业务部经理个人的目标，必须与其目标方向相符，加以承担分配，而业务科的单位目标，其实就是业务主管个人的目标。

1.3.2 目标种类宜在五项之内

设立目标时，如果有太多的构想是不可能提高工作成果的，那么这个目标是无效的。某部门最初采用目标管理时，主管提出20项目标，结果在年终总结时发现根本没有任何一项能令人满意。这个主管原本是非常努力的，但却把努力的方向分散成数十个，结果是一事无成。

如果每个管理人员都能够把各自所负责的部门职务充分完成，目标的数量当然是越多越好，但是如果制定那么多目标，力量势必分散，当然就需要决定焦点或浓缩目标。如果制定的目标是全部应有的职务，则会排列很多项目，就必须浓缩重点，把目标浓缩在5项之内是比较合适的。

比如，某公司营销主管的目标为：滞销库存品减少20%、A商品销售量增加15%、收款周转率增为3次、交货迟延次数降为每月2次以下。

把目标减少到5个以内后，要将所选择出来的目标，依照重要的程度、顺序加以排列，以期重点指向更清楚。

因此，管理人员应由其需要来决定轻重缓急，依序由重要的到不重要的，分别定下目标。

特别提示：

在把目标浓缩成5个重点项目时，对于一些未能作为目标的日常工作，也不可视为“不是目标就不努力执行”，不能视为“适当地去做就好了”，因为这些日常的工作，本来就是应该做的，所以也非常重要，而且根据目标的管理次序，是要在这些日常工作做好之后才设法达成重点目标。

如果增加销售额最重要，则偏重于此目标，其次再重视利润，然后再设法减少销售费用，最后才把目标定在呆账比率上。

示例见表1-1，在选出来的四个重要目标当中，特别重视销售量增加的目标，给予40%，表示这一点对于达成主管的目标，比其他各点影响更大。

表1-1 销售主管的目标

编号	重要权数/%	目标项目	达成标准
1	40	A商品销售量的增加	增加15%
2	30	收款周转率加快	增为3
3	20	滞库存品减少	减少20%
4	10	交货迟延次数降低	每月2次以下

1.3.3 所定目标要与上级目标有关

管理人员设定自己和部门的目标时，必须是循着上级已定的目标及方针来设定。如果设定的目标，未能与上级目标相连贯，则不管目标有多完善，也不能成为一体，对整体目标及成果会有反作用。

一个管理人员的目标，必须与其所受上级赋予的权力相一致；其下属各层级主管的目标，也要同样的与管理人员的目标及公司的目标相一致。目标一致，但执行的方针可各不相同。管理人员所定的目标，缺乏一致性或仅保持其自己的立场，在目标管理制度中均视为缺乏协调。比如，销售主管的主要目标为“增加10%的销售量”，则其所属分区销售员的主要目标，就要配合其主管所增的百分数，而反映其自己所需增加的百分数，如“产品A增加销售额80万元”等。

1.3.4 与各部门目标相互配合

各部门的目标，虽都按照总目标分别设定，但这些同级的目标，如果不做横向的联系与配合，则仍无法圆满达成总目标。

如果本身所定的目标，有牵涉到其他部门，应请上级协调，将相关部门列入此共同目标之内。比如，企业要“减少客户退货数量5%”，正常而言，这一目标已超过品质管制的范围，应该视为生产经理的分内之事，因而将此目标责成生产经理达成，并由相关部门的品质管制经理予以协助，较为实在。

1.3.5 部门之间目标要彼此平衡

各部门的目标，并非各自为政地自行订立，而是互相有关联的，横向互相协助，可以补足对方的不足，而设定目标时，目标的达成不但更容易，成效也更高。

比如，减少交货的延误，不但营销部门作为目标，同时也要由设计部门、采购部门、生产部门共同来作为目标，效果能更好。

目标的达成，与其他部门或工作流程有密切关联，易于互相影响。与直线部门的业务有密切关联的行政部门，只有在直线部门目标达成后，行政部门的工作才能实现，因此，不得不采用共同目标方式。比如，生产技术部门的流程改善对产量的增加虽有帮助，也要生产部门接受技术部门的改善方案并予以实施，才能达到目标，所以某某工作流程的改善以增加产量20%的目标，非要生产部门与技术部门以共同目标方式共同执行，彼此平衡，否则无法奏效。

1.3.6 目标要设法具体化、数量化

1.3.6.1 具体化、数量化的表示

目标内容应将“目标成果”具体叙述。比如，目标是“尽量冲刺业绩”，显然目标意识模糊，应改为“A产品在乙地区本月份要铺货”。目标具体化之后，要设法将目标予以“数量化”。比如“多卖一些吧”，显得消极、没有魄力，应改为“A产品本月份应卖出1000台”“A产品在乙地区本月份铺货率70%”。

所以，理想的目标内容应将“目标成果”具体叙述，而且将规定期限内应予完成的成果，要以具体方式、具体数字加以表达。

数量化目标，陈述其实施的具体内容，具体示例如下。

（1）预算达成率——销售量、生产量、利益、成本、费用。

（2）实绩成长率——销售量、生产量、利益率、占有率、货未回收率、新顾客、订货量、投资报酬率。

（3）向上率——品质、良品率、服务、交货期间、顾客抱怨率。

（4）回转率——存库、总资产。

（5）节约率——人员、直接工资、出差旅费、交通费、伙食费、运输费、材料费、厂外加工费、仓库费、广告费、营业费用、动力费、文具用品费。

（6）工时能率——运转率、上班率、加班、工数、损失时间。

（7）安全卫生成绩——灾害次数、病假次数。

（8）改善成绩——机械设备、制造工程、制造技术、生产管理。

（9）创造成绩——新产品的开发、新战略、新战术、新管理方式。

所设定的目标，还应具体指出目标项目，如“销售成长率”“B产品销售

量”“产品铺货的经销商数目”等，还要描述出它的“定量”状况，如“成长20%”“销售量达到300万元”“铺货200家店”。

1.3.6.2 具体化、数量化的工作步骤

具体化、数量化的工作步骤如图1-5所示。

整理出工作项目

首先从自己担任的职务中，挑出比较重要的工作，这些重要工作是使自己的职务成立的要件，比如，采购部主管的基本使命，是在适当日期、以适当价格，为需要物料的部门采购品质合宜的物料，然后考虑要满足这项要求，应该做些什么工作，最后总结为测定评估成果，应如何加以整理此类工作项目

挑出重点目标项目

考虑到与上级目标关联的问题，比较容易选择重要目标项目，通常由各岗位的职务说明书中所记述的职位分类或职责中，可找到选出重要工作的线索，一旦挑出重点目标项目，再区分它们之间的重要程度，以项目总和为 100% 而言，第一项目标可能是 50%，为最重要项目，第二项目标也许是 15%，依次类推

将重点目标予以具体化

为了将目标项目具体化、定量化，要考虑评定该目标的各种项目，也即如何将该目标项目以具体化方法来加以评定，如利用进度表、日程表加以控制，或是利用百分比、金额、数量等，选出最适合该目标项目的单位

将重点目标予以数量化

选定重点目标的具体数值单位后，以此数值来做目标达成度的基准衡量单位，对自己工作的实态应有正确的掌握，尤其对解决问题的条件要事先整理好，然后才能与自己能力相配合，设定目标的努力程度，如增长“5%”“达到 100 万元业绩”“回收率 80%”

标出依照时间别的达成状况

有具体化、数量化的目标，仍要标明在“什么期间内”应达成“什么成果”，以利于追踪与考核，比如“一季度开发 15 家经销商”，而它的达成时间表可能是“至 1 月底开发第 5 家、至 2 月底开发第 10 家、至 3 月底开发第 15 家”

图1-5 具体化、数量化的工作步骤

1.3.6.3 难以具体化、定量化的对策

目标是期待达成的成果，理应尽量具体化、定量化，也唯有如此才有办法评估努力的结果。但是，某些状况，“数量化、具体化”会有困难。比如，相关部门的目标不能以具体化、定量化表示，因为解决对策是以定性法或以程序来表示的，这种表示法也可以用来评估达成度。如担任事务的行政部门，如果要改善事务的处理，可订立工作程序表，以此作为目标。比如，有关“销售手续的改善”，其工作目标如下。

（1）现况调查（1 ～ 2月），目标如下。

——与管理人员面谈以获得资料——1月。

——销售业务流程的调查（图表化）——2月。

（2）改善提案（3 ～ 4月），目标如下。

——改善架构的制定及调整——3月。

——改善提案报告书的做成——4月。

（3）准备实施（1月），目标如下。

——向上级说明。

——向关系人员简报。

——账册及各种规定的整理准备——6月起实施。

行政部门的目标，其目标设定较为困难，完全程序化，也不是好办法。程序完成后，其判断较偏向主观，对质（即达成度）的评估难以明确。比较好的方法是“程序化”加上“评估标准”。如财务部门，可用“每月决算缩短时间三天”，或“传票处理的错误减少15%”等来代替；总务部门也可以用“日常消耗品、修缮等减少10%”“处理事务的时数减少8%”来代替目标。

1.4 如何设定下属目标

设定“目标”是目标管理的基础。管理人员应宣导本部门工作方针，并协助下属拟订出符合公司策略和本部门实际的目标。

1.4.1 将目标、方针告知下属

下属在初步设定目标时，管理人员必须慎重、妥善地与其沟通讨论，不可断然采取强制命令式的做法，其目的就在于要令下属了解到目标的重要性，更要下属了解到是自愿、自动、自发要达成的目标。由各下属与管理人员讨论后方决定

目标，使对所定目标乐于接受、自愿达成，即所谓参与管理。

在订立目标之前，高级主管要召集所属中层主管，如属管理人员则要召集下属，来共同商讨如何订立本单位目标，使他们有发表意见、参与决定的机会，觉得目标是由他们自己定出来的，于是产生一种责任感，进而发挥潜能，努力完成。当然，目标及方针，理应由上级率先提示。首先从总经理，依次到各部门经理，经过部门间相互调整之后，再下降到主管级、组长级。此时不但要明示目标，同时也要将方针明示。下属不但可由此明白上级目标的方向，了解其重点，同时也有助于其本身目标的设定。这种做法使目标体系明朗化，也使各员工的个别目标能直接与企业的整体目标联系起来。

作为管理人员，当上级设定目标、方针之后，也必须将之传达给下级，而传达的方式如采用宣示方式，则效果可能不佳，下属的了解也可能不彻底。因此最好尽量采用对话方式，一方面将目标、方针告诉大家，一方面征求下属的意见，这样下属将有更多参与感，令其在设定本身目标时，因了解透彻而获得更佳效果。

1.4.2 协助下属设定目标

管理人员将本部门的目标告诉下属后，再协助下属去设定目标。管理人员对下属先明示自己的方针与目标，务必完全且具体，而且数量不可太多，然后与下属举行有关目标的共同讨论会，决定本部门目标。

管理人员在和下属举行共同讨论会时，应注意如图1-6所示的九项工作。

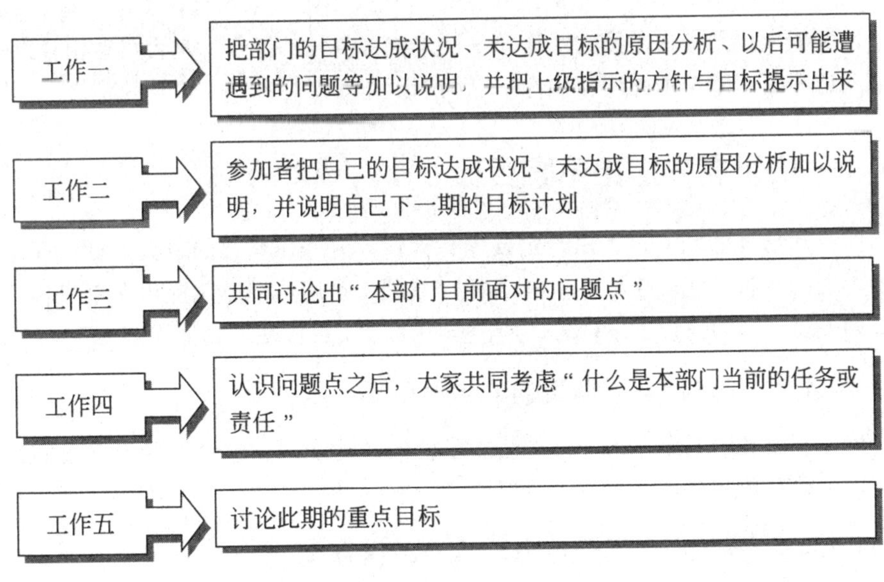

图1-6

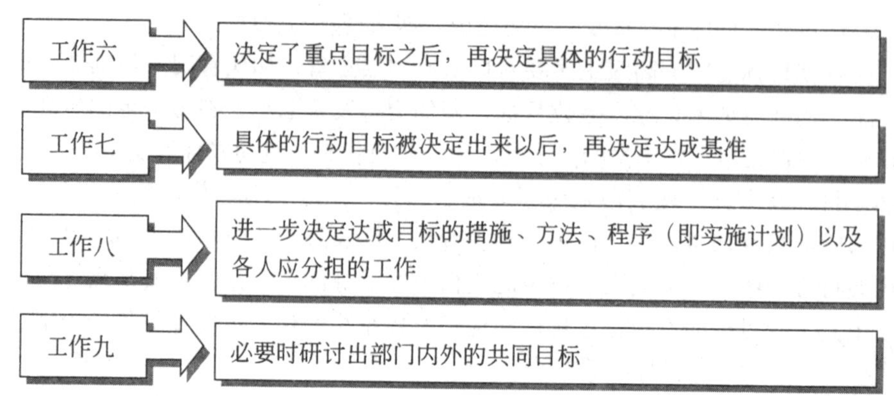

图1-6　举行共同讨论会的九项工作

完成上述九项工作，等于是决定了“部门的重点目标与方针”，然后再征得更高一层的上级同意后颁布于部门内。

1.4.3　合理调整工作分配

管理人员要想做好下属的目标管理，首先要重新检讨部门内每个人职务分配情形，必要时加以调整，并尽可能做到分配合理化及简单化。在工作分配量的方面，工作方式一经过简单化，应加以研究每个人职务的分配是否能再加以充实，以提高下属的工作满足感。

比如，原来由三个人所做的工作，是否能改由两人来承担，以求每个人或每个单位都能承担到最大限度的工作量；原来由A担任的工作，是否可改由B执行，以求人适其才，激发下属的积极性，以利于工作效率提升。

1.4.4　由下属先提出草案目标

在目标管理体制下，下属一定要先行检讨，并提出自己的草案目标，而不是照抄上司的目标。为配合组织的总目标，管理人员应协助下属提出草案目标。作为管理人员，该如何让下属构思，提出自己的草案目标呢，具体措施如下。

1.4.4.1　整理出自己职责内的全面工作

可以利用KJ（Kawakita Jiro）法加以整理，而这项整理对于看清自己的工作内容，是很有帮助的。

1.4.4.2　描绘出自己心目中理想的工作方法

此法可以让下属悟出“原来我的工作应该这么做”。运用“工作设计”有助于积极的改革。所谓“工作设计”，便是由工作上的相关者共同从事“理想的作业方式”的设计。

（1）把业务上的目的（或称机能，也就是各部门的任务）明确规定出来，以便考虑最理想达成目的的方法（即理想方案）。

（2）检讨这个方案被拿来实施的可能性，以找出技术上可能实现的部分。有些时候，技术上虽可能实现，但因为金钱或人员上的因素，结果还是不能实行，因而需把金钱、人员或设备上的因素列入考虑，决定出最后的“实行方案”。

1.4.4.3 慎重考虑两个问题

这两个问题是：部门内应有的理想状态是什么状态；我的部门究竟应该完成哪些任务。考虑这两个问题之后，描绘出“目前应做的改善”，再写出工作上的问题点。进行这一步骤时，一定要考虑下列事项。

（1）部门内指示的方针，以及组织全体的计划。

（2）本部门主管的方针、目标、计划。

（3）前期的实绩问题点。

（4）今后可预算的内外情势变化。

（5）相关部门的希望与意见。

而整理问题时，为了要了解哪些是重要的，可以使用KJ法里的“问题构造图”去抓住整体的问题，再在“如何完成单位的任务”这个课题下，分析“特性要因图”。

1.4.4.4 确定问题的核心并将之列为“目标项目”

通过以上步骤，中心问题便逐渐显现。接下来，便要进一步把这些中心问题用“重点目标项目”的形式写出来。进行这一步骤时，一定要注意以下事项。

（1）必须以问题的重要程度排列。重要程度的顺序是：重大性、紧急性、扩大可能性、实施可能性、效果的大小。至于本质上虽是一件大事，但近期内尚不成问题的，不必拿来当作重点。

（2）要将目标项目的重要程度加以标出。比如全部目标为100%，当中，重要目标者用较高百分比加以表示，如40%，其余以此类推。

1.4.4.5 决定目标的达成基准

这一步骤是要决定，目标项目之下我应该“做到什么程度”，才算达成期待中的成果。

（1）我究竟期望得到什么样的成果。

（2）在期限之内，什么样的结果出现时，算是达成了我的目标项目。

总之，“结果”状态的决策方式，将会改变工作方法。为了达成结果，所施行

的方法一定不能只是把它做过就算了，而要时时考虑到“这个方法，对目标的达成究竟贡献多少”。

1.4.4.6 思考如何达成目标的方法

首先要决定：哪些方法可以达成目标、由谁担任、施行顺序。接下来要评价这些方法，决定有效程度的大小。评价具体包括以下4个方面。

(1) 这个方法对成果的贡献大不大。

(2) 这个方法是否容易实施，障碍会不会太大。

(3) 以本部门的能力，这个方法施行得来吗。

(4) 由谁来担任比较好。

有些方法是由管理人员自己担任，有些则由下属担任，应以“一人一事”为原则，不过，千万不要把工作划分得很细小。把工作交给下属担任，此举也带有“权限委让”的意思，以激发下属的工作成就感。

1.4.4.7 整理出欲达成目标的必要条件

整理出欲达成目标的必要条件有三项，如图1-7所示。

权限

为达成目标而希望上级允许自己拥有的权限，应先对上级清楚地提出来，一个人的权限大致可在“职务权限表”上看得出来，但管理人员在必要范围内如能赋予下属“自由裁量”的权力，则执行起来更能事半功倍，换句话说，自己的权限是不是一成不变地依照“职务权限表”的规定？权限表上未明确说明的事项应如何？这两件事要事先具体地加以决定

协调部门

下属明白地写出对上司和关系部门的希望事项，比如，“这一点希望与××部门取得协调”、“这项预算希望获得通过”、“这个工作希望获得××部协助”等，最好能明白地提出来，使之成为与其他部门的共同目标

希望上司了解的事项

明白地写出希望获得上司了解的事项，比如，“万一发生……情况，我将如此处理”“……当条件不足的时候，数量上看起来已达的目标也应该算是未达成”，这一类事情，务必先获得上司的理解

图1-7 整理出欲达成目标的必要条件

1.4.4.8　把目标以外的例行管理项目整理出来

目标以外的例行管理项目就是与重点目标相对的、重点目标以外的正常业务，包括日常已经设定的工作，以及改善的工作，前者只要依照日常的管理指标去进行管理，后者则要先订立改善的管理指标才行。换句话说，除了目标以外的工作，也要正常运转。

1.4.4.9　将前述工作加以总结

把上述步骤完成之后，便记述在目标卡上，并酌情记载“自我启发”与“上级指导”栏。最后，便是要对这整个目标卡做以下总检视。

（1）这些目标是否符合组织、上级的方针。

（2）所期待的成果是否明确地表达出来。

（3）目标进行途中将遇到的障碍，是否已有疏通、协调的准备。

（4）对于这些目标，本人能采取具体的行动吗。

（5）是否过于在乎数字表达的精确，而歪曲了原有的目标。

（6）用来了解目标进行状况的指标，是否简洁明确。

（7）是否正与相关部门为共同目标而努力。

（8）这些目标是否重视了长期性与根本性，而非只顾目前的做法。

（9）这些目标是否与其他部门发生冲突或矛盾。

1.4.5　检视下属的草案目标

管理人员要检讨下属所提出来的草案目标，审核制定是否妥当，如果不甚妥当，就需要和下属加以研究并调整，使其了解、同意之后，再予以修正并决定。管理人员对下属的草案目标，确认正确与否，其检视重点如图1-8所示。

与上级目标的关联性

管理人员要考虑下属的目标体系一致，以及是否与组织的目标体系一致，即综合下属的目标，必须有系统地与管理人员本身的目标连贯才行

下属之间的横向目标关联性

要有系统地调整与工作有关联的目标，使之目标一致

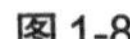

图1-8

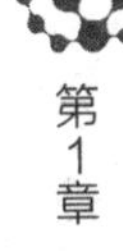

目标间的均衡

检查目标重要程度的排列是否妥当，以及是否使用了反对目标以保持适当的均衡

目标与能力的关系

要查看目标是否适合制定者的能力，最理想的目标是稍为超越下属能力，需经过一番努力才可完成的程度

条件的妥当性

检查下属所列出为达成目标而需要的条件，包括要求事项或授权等在目标的达成上是否确实需要

目标的数量化、具体化

检查下属目标是否有努力朝“数量化”、“具体化”方向发展

图1-8 下属目标检视重点

1.4.6 修正下属的草案目标

管理人员先执行沟通工作，告知部门目标、自身目标之后，要求下属思考其目标的订立。在下属提出初次目标后，如果发觉目标不妥当，就必须加以协调、讨论、修正，在协调过程中，千万不可使用“权威方式”，任意指派。在修正时，可采用如下讨论方式。

1.4.6.1 听下属的解说

一般是听取下属说明汇报，如目标记述书上的记载事项，可是，仅根据那些记载，是无法知道下属何以特别列出那些目标的原因，以及重要程度顺序的根据。所以，管理人员应以这些背景为重心，设法在研讨中了解下属。此外，有关“对主管的要求及条件部分”，也应该充分地听取下属说明，以期了解下属对主管的期望等。

1.4.6.2 讨论的气氛与态度

在讨论过程里，如果想要拥有坦诚的人际关系，管理人员就必须充分注意态度才行。

在讨论中，可能会要求下属修正目标，这时候，为了预防下属丧失干劲，应切忌使用强迫的态度。

1.4.6.3 修正草案目标的方法

前面提及，下属先自行思考、检讨，并提出草案目标，管理人员分析该草案目标后，并与下属沟通、协调，其目的就在于适当地修正其目标。

1.4.6.4 讨论后的修正

管理人员在听取下属的说明以了解情况时，若有疑问或不明白处，就应该立刻提出。假如下属的目标，与管理人员本身的目标有差距时，必须彻底加以检讨，并且在了解之后修正。虽然决定权仍为管理人员所保有，但是，目标还是要由下属自身去达成的，所以管理人员一定要尊重下属的自主权，以避免使下属丧失了达成目标的意愿。一旦沟通、协调后，对修正的目标双方确认无误，可将目标记载到“目标卡”。到此阶段，双方协调完毕，目标设定妥当，并可加以执行。

1.5 如何进行目标管理

所谓目标管理就是一种程序或过程，它使组织中的上级和下级一起协商执行，根据使命确定一定时期内组织的总目标，由此决定上、下级的责任和分目标，并把这些目标作为经营、评估和奖励每个单位和个人贡献的标准。所以，管理人员应该对目标管理有一个很好地领会和理解，并将其付诸实施。

1.5.1 协调好各个目标

目标管理的目的在于高效率、高质量实现组织的总体目标，即提高组织的整体效能。但是，实际情况是组织内部除了总目标外，还存在各部门的分目标以及具体到个人的目标等构成的目标体系。目标管理重视结果，强调自主、自治和自觉，但这并不等于管理人员可以放手不管，相反由于形成了目标体系，一环失误，就会牵动全局。

因此要协调好这些目标间的关系，提高组织整体效能，就要求做好以下工作。

（1）一定要注意清除本位主义和各自为政的思想。

（2）进行目标的过程管理，定期检查，利用和下属经常接触的机会和信息反馈渠道自然地进行。

（3）要向下属通报目标完成进度，便于互相协调。

（4）要帮助下属解决工作中出现的困难问题，当出现意外，严重影响组织目标实现时，也可以通过一些调整修改原来的目标。

1.5.2 明确责权利关系

在目标的分解过程中，对于特定的岗位和个人，其目标、责任、权利、利益就已经明确。在目标管理中要防止有权无责或有责无权的现象发生，同时，还要使目标完成情况同下属的切身利益结合起来。也就是，要有一套完整的目标体系来衡量个人的最终绩效，这应在设计组织目标的过程中就考虑到。

1.5.3 自我统御实施

1.5.3.1 要了解整体目标、上级目标、个人目标

了解组织的总体目标，才能明白行进方向；透过目标体系图，也才明白自己目标在总体目标中的位置，有助于目标达成的努力。了解组织的目标与方针，对于部门目标的达成与影响，才容易有所遵循，对个人的目标如何达成、如何控制，有更彻底的认识与执行意愿。

1.5.3.2 自我管理

整体目标经明白提示，部门的目标及方针被充分了解，同时也以明确的形态设定，以具体、定量的方式来表示最后结果，不得已时，以日程目标代替，但仍需能测定达成度为宜，如此，才能自己检查其达成过程，才能做好自我统御。

1.5.3.3 自由裁量

目标应达成的成果，可由达成目标的执行人自由裁量决定，为目标管理制度的重点之一。让执行人在充分了解组织目标、上级目标之后，拥有自由决定其工作方式的权利。虽强调自由裁量、容忍错误，并非执行人就可以为所欲为，仍应透过组织的管理手段，定期报告工作的推进程度，因目标管理尊重执行者的意愿，可给予较大的自由裁量的余地。

1.5.3.4 权限委让

组织内对权限的委让，视各组织的个别规定而有所不同，尤其牵涉部门间的协调事项，变化复杂，如何授权下属，有赖自己的判断能力，及双方事先议妥的委让条件。总之，权限的委让，虽以规定、不成文的习惯为依据，但一般仍以下属的目标大小、能力高低为决定的准则，再加自己的判断能力。

1.5.3.5 自己统御执行过程

管理工作，常要通过在职学习才能获得最佳学习效果。为达成所设定的目标，管理人员当然要自己来统御其管理过程，在这一过程中，必会遇到许多预料不到的事，必须由自己负起责任来克服、完成，由结果得知自己判断的适当与否，并借此培养自己判断事物的能力及处事的决断力。

1.5.4 协助下属执行

目标既经设定，管理人员应依目标卡所定的项目，按照工作计划，自己负责推行。如何协助下属，通过下属的努力，来达成既定的目标，并接受最后的成果与责任，便是每个管理人员的职责。管理人员可通过下列方式来协助下属执行目标。

1.5.4.1 适当的授权

下属设定目标后，管理人员就应将所属职务范围内的决策权力及责任，尽量授给下属，因此，下属才有被重视的感觉，必然产生工作意愿与荣誉感。

就目标管理而言，为达成目标，必须给予下属充分权限，以便下属能有发挥的机会。但在发生突发事件时，管理人员多半都会收回这些权限，这是因为下属不习惯利用权限，一旦突然得到权限，内心反而不安。如果只是认为“下属不愿意负责，自己就收回权限”的话，则下属就会丧失成长机会，造成只有自己独自不断地繁忙了。

1.5.4.2 提高下属的工作意愿

管理人员的基本任务，在于借助下属的力量，完成组织的工作目标。管理人员若失去下属的使用，好像一个人失去了手脚，行动艰难，难以完成组织所赋予的使命。所以管理人员一定要获得下属的拥戴与合作，并进而提高下属的工作意愿，以便圆满达成目标。虽然，管理人员与下属之间，对工作意见有时难免不一致，但只要诚恳、耐心地与下属切磋探讨，问题症结必可迎刃而解，况且，每一个人都希望别人来尊重他、信任他，因此管理人员应做好下列工作。

（1）对下属的态度：应以“朋友”情谊取代“主从”关系。

（2）对下属的领导：领导方式应以“诱导”代替“干预”或“命令”。

（3）对情报的获得：应以“交换意见”的方式，来代替“质问”的方式。

（4）对工作的分配：应“启发”下属自动自发地来工作，而不是“命令”“给予”下属工作。

通过上述的执行方式，则管理人员一方面能把握目标管理的全部进展，另一方面又可使下属工作意愿高昂，而达到提高工作效率的效果。

1.5.4.3 给予下属支援与协调

在实施目标管理的过程中，管理人员要根据下属“目标卡”所列的工作条件，给予必要的人力、物力上的支援与协助。此种支援通常基于下属的请求或其管理目标遭遇困难时给予的支援与协助，避免造成下属认为是管理人员的干预妨碍其自主的权力。另外，下属所定目标的达成，需依赖其他单位的支援时，管理人员应协助进行“横向联系”，以加强部门间的团队合作，共同达成目标。

1.5.4.4 适时适地交换意见

管理人员应适时适地与下属交换意见，也是达成目标不可或缺的要件。

为使目标管理正确，身为管理人员要承上启下，除必须充分了解直属上级的方针、目标，与下属的目标内容外，对于客观情势的发展，如果未能掌握充分的情报，则将难以应变而影响工作目标的推进。所以，管理人员不但应主动与下属交换意见，更应积极欢迎下属提供意见，以便掌握情报，发掘问题，如此，才能给予下属适当的支援，协助其顺利达成目标。

1.5.4.5 适当的控制

目标管理强调授权，并要求目标执行人以自动自发的精神去推动工作，但并不是说目标执行人的管理人员可以放手不管。管理人员应集中注意于那些执行结果发生偏差者，并协助下属采取补救或纠正措施。管理人员任由下属去自我统御，并非放任，虽对工作的细节不予干涉，但对工作的达成情况，则需要正确地把握，在必要时给予适当的建议与协助，让下属为达成目标而有效地工作。

特别提示：

目标的执行责任虽在于执行人（下属），管理人员仍要承担达成目标的责任，故在整体目标的指引之下，仍须对下属做合理的督导与控制。

1.5.5 进行及时反馈

作为管理人员，应建立一套良好的反馈体系，这样，当员工能及时了解自己目标的完成情况，明确目标的现状和进展情况，则有助于他们的自我控制、自我纠正、自我完善和自我加强。所以，管理人员在下属递交项目完成的书面报告时，不是仅看结果，还要同下属一起总结成功与失误，总结对工作的掌控技巧，这样将会极大鼓励员工的积极性。

1.5.6 体现考核效果

实现目标管理，必须坚持严格考核和兑现奖惩。目标责任是考核的基础，而考核又是奖惩的依据，没有严格的考核和严肃公正的奖惩，目标管理就会流于形式。所以，达到预定的期限后，下属首先进行自我评估，提交书面报告，然后上下级一起考核目标完成情况，决定奖惩，同时讨论下一阶段目标，开始新循环。如果目标没有完成，应先分析原因总结教训，切忌相互指责，这样才能保持相互信任的气氛。要体现考核的效果，就应当体现公平公开的原则，做到论功行赏、依过处罚，不称职者调整岗位，这样才能使目标管理真正起到作用。

特别提示：

目标管理的精髓是需要共同的责任感，它依靠团队合作。管理人员应时时问自己，是否就任务选配了最适合的人选，是否成功引导、帮助、鼓励和发展了下属去理解和实现组织的目标。

以下为管理者是否能有效确定目标的测评范本供参考。

你是否有效确定目标

测评题

1. 是否不只是达到目标，还考虑了下属借着完成目标享有满足感，并得以成长？（ ）

A. 是　B. 尚可　C. 否

2. 是否尊重下属的自主性，而且还筹划出如何尊重的方法或行动？（ ）

A. 是　B. 尚可　C. 否

3. 是否会强迫下属，回避、客气或迎合下属，而以一贯的态度行动？（ ）

A. 是　B. 尚可　C. 否

4. 领导能力发挥的方法是否依情况的不同而有所改变？（ ）

A. 是　B. 尚可　C. 否

5. 是否说明职责的目标，并让下属认为是自己的目标？（ ）

A. 是　B. 尚可　C. 否

6. 是否听取下属对职责目标完成方法的意见，并明确地指出方法，让下

属都能了解？（　）

A.是　B.尚可　C.否

7.是否与下属讨论根据职责目标而制定小组目标或个人目标的必要性，并设法推动下属去制定？（　）

A.是　B.尚可　C.否

8.是否让下属根据职责的目标，制定小组目标及个人目标，而且与下属共同讨论并制定？（　）

A.是　B.尚可　C.否

9.是否提供下属在制定目标时所必需的信息、资料？（　）

A.是　B.尚可　C.否

10.下属所制定的目标若与相关部门发生冲突时，是否能与该部门商讨协助？（　）

A.是　B.尚可　C.否

评分标准

选“是”的计10分，选“尚可”的计5分，选“否”的计3分。

测评结果分析

80 ~ 100分：表明你能建立明确的组织目标，下属能尽力工作以达到高产和高效。

65 ~ 79分：表明你能确定部门目标，并较好地让下属去参与完成。

64分以下：表明你对部门目标的确定不明确，下属不能很好地工作，需加强改进。

第2章　员工管理技能

引言

班组管理中，“人”这一环节最重要。作为企业发展单元的最小单位，只有人人进步，企业才能进步。班组也是，一个班长再厉害，一个人也不可能把一个班组所有的工作都做好，所以，班组的人尽其才，才是最重要的。

2.1 班组人员配备

2.1.1 班组如何定岗管理

班组定岗是指班组根据生产工艺和班组职能管理的需要，作出明确的岗位设定和技能要求来确定人员编制。如果生产产品的型号变化会带来弹性用工需求的话，则应明确其需求变化规律。

2.1.1.1 根据工艺确定生产岗位

研究表明，一个人能有效管理的直接人数为10人左右，所以一个班组的人数设定以5～8人为宜。根据这一特点以及生产工艺流程，来合理设置班组人数。

设置班组后，根据生产工艺确定生产岗位，根据作业内容配置相应的人数。一般来说，一个岗位配备一位作业者，某些产品有特殊的工艺要求需要临时增加人员的，在班组人员编制上也应事先予以明确，这样才能避免用工需求的紧急性。

2.1.1.2 按需设置职能管理岗位

一般来说，生产班组的职能管理包括计划管理、物料管理、质量管理、考勤管理、设备管理、5S管理、安全管理、成本管理、低值易耗品管理等，这些职能管理工作可以根据班组大小和工作量大小采用不同的方式进行。

第一种方式是所有职能管理均由班组长负责，这种方式适合于人数不多、工作量不大的班组；第二种方式是大部分职能由班组长负责，工作量特别大的某个职能设定辅助岗位，如物料员等；第三种方式是设副职与班组长共同配合、分担管理职能，或同时设辅助岗位，这种方式适合于人数特别多、工作量特别大的班组。

不同的岗位对技能要求和资格要求也都不一样，所以班组定岗不仅是对人数的要求，而且还是对技能、资格的要求，班组长应该切实把握实际。

2.1.2 班组如何定员

班组定岗之后，班组的标准人数就能基本确定，如果生产产品的型号变化会带来弹性用工需求的话，班组定岗还要相应地明确其需求变化的规律。班组定岗定员通常以班组组织表的形式体现，被批准的组织表是人员需求和作业补员的重要依据。组织表是班组人员管理的重要工具，是班组职能管理的综合体现。

运用书面化的班组组织表并及时更新、动态管理，一个阶段内的人员安排就会一目了然，这样便于班组长掌握和调整班组人员。

2.1.3　员工如何定岗

2.1.3.1　员工定岗的原则

员工的定岗是根据岗位要求和个人状况来决定的。根据岗位质量要求的特点，可以把员工的岗位区分为重要岗位和一般岗位；根据岗位劳动强度的大小，可以将员工的岗位区分为一般岗位和艰苦岗位。根据员工的身体状况、技能水平、工作态度，以保证质量、产量和均衡生产为目标，可按照下述原则进行定岗安排。

（1）“适所适才”原则。根据岗位需要配备适合的员工。

（2）“适才适所”原则。根据个人状况安排适合的岗位。

（3）“强度均衡”原则。各岗位之间适度分担工作量，使劳动强度相对均衡。

2.1.3.2　员工定岗的好处

（1）员工在一段时间内固定在某个岗位作业，能使作业技能尽快熟练，并熟能生巧。

（2）员工定岗有利于保证管理的可追溯性，能够责任到人，做到业绩好管理、问题好追查。

（3）员工定岗有利于提高和稳定员工技能，确保安全、质量和产量。

（4）员工定岗有利于提高工作安排和员工调配的效率。

2.1.3.3　未实施定岗的危害

员工定岗后，其操作岗位要求必须相对固定，不允许随便换岗，但在实际工作中经常出现员工串岗和换岗的现象。串岗是指一般员工未经批准在一个班次之内短、频、快地在不同岗位交替作业；换岗是指一般员工在一段时间内无组织、无计划地随意变换工作岗位。串岗和换岗都属于无管理行为，极易带来现场管理的混乱，其带来的危害是比较大的。

（1）岗位变换快，员工作业技能不稳定。

（2）易出安全和质量事故，质量和产量难稳定。

（3）责任不清，问题难以追溯，业绩难以管理。

（4）岗位变动大、变动快，处于无序状态，员工难管理。

随着用工制度和用工结构的变化，企业开始出现临时工、季节工、劳务外包等用工形式，班组长根据岗位特点和需要，明确区分岗位性质和用工要求，有针对性地做好定岗定员和员工管理工作，对保障班组目标的实现起着很重要的作用。

2.1.4 员工出勤管理

出勤管理是班组员工管理的首要方面，事关员工考勤管理和工资结算，影响到现场员工调配和生产进度，涉及员工状态把握和班组能否运转。随时把握员工的出勤状态并进行动态调整，才能确保日常生产顺利进行。出勤管理主要包括时间管理和状态管理。

2.1.4.1 时间管理

时间管理是指管理员工是否按时上下班，是否按要求加班等事情，其核心为管理员工是否按时到岗，主要表现为缺勤管理。一般来说，员工缺勤有迟到、早退、请假、旷工、离职等几种情形。

（1）对于迟到、早退等情况，应该向当事人了解原因，同时严格按照公司制度考勤。除非情况特殊，一般要对当事人进行必要的个别教育或公开教育，对于多次迟到、早退，且屡教不改者，应该升级处理。

（2）员工请假需按照公司制度，提前书面请假且获得批准后才能休假。特殊情况下可以口头请假，班组长需要确认缘由，并进行恰当处理，既要显示制度的严肃性又要体现管理的人性化。

（3）出现员工旷工时，应该及时联系当事人或向熟悉当事人的同事了解情况，确认当事人是因为出现意外而不能及时请假还是本人恶意旷工，如果是前者应该首先给予关心，必要时进行指导教育，如果是后者则应视作旷工按制度严肃处理。

（4）碰到员工不辞而别的离职情形，应该及时联系当事人或向熟悉当事人的同事了解情况，尽量了解员工不辞而别的原因。如果是工作原因或个人没想好，该做引导挽留工作的要做引导挽留，就算是员工选择了离职也要给予必要的感谢、善意的提醒，诚恳地听取其对公司、部门和本人的意见或建议。

员工出勤的时间管理可以根据考勤进行出勤率统计分析，从个人、月份、淡旺季、季节、假期等多个角度分析其规律。比如，夏季炎热，员工体力消耗大，因身体疲劳或生病原因缺勤的情形就会增多。掌握历年来的规律能为班组定员及设置机动员工岗提供依据，提前准备、及时调配。

2.1.4.2 状态管理

状态管理是指对已出勤员工的在岗工作状态进行管理，精神状态、情绪、体力如何，班组长可通过观察员工表现、确认工作质量进行把握，必要时可进行了解、交流、关心、提醒、开导。当发现员工状态不佳，难以保证安全和质量时要及时采取措施进行处理；如果发现员工有个人困难而心绪不宁甚至影响工作时，要给予真诚的帮助。因此，班组长要学会察言观色，要出自内心地关心员工，以确保员工人到岗、心到岗、状态到位、结果到位，使生产能顺利进行。

2.1.5 员工技能管理

合格的技能是保证工作质量和产品质量的前提，员工技能管理是质量管理和员工调配的重要条件。所以，班组长要利用班前会、班后会了解员工的技能掌握情况，利用工作言传身教，对不足者加紧培训、指导和跟踪，对优秀者给予肯定和鼓励。班组长不仅仅要给员工提要求，而且还要教员工工作的要领和技巧，把自己的经验和技术系统地整理成书面的东西，变自己知道为大家知道，变自己能做到为大家能做到，这样工作起来就轻松了。

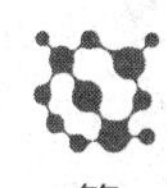

2.1.6 人员后备管理

应对员工流动和临时缺勤的问题，班组长应做好班组岗位员工的后备管理才能有备无患、处变不惊。在员工技能管理的基础上，班组长应通过培养多能工，有计划地做好一线岗位尤其是重点岗位的员工替补安排，预案在前，一旦需要立即按计划启动员工替补安排，可以最大限度地减少缺员带来的被动局面和工作损失。

2.1.7 做好补员与员工轮岗工作

定岗定员是班组人员管理的基本原则，但是由于员工流动、休假、缺勤、出差等种种原因，绝对的定岗定员很难做到。没有弹性的定员会使班组长疲于应付临时性顶岗，而这种临时性缺员是长期客观存在的；长期的定岗也会使员工技能单一，不但使员工工作失去新鲜感、增长惰性，而且还会使班组临时性缺员时人员调配出现困难。所以，在定岗定员的基础上，适度的弹性人员补充制和员工岗位轮换是非常有必要的。

2.1.7.1 补员管理

出现员工离职或辞职的情形，班组长应该及时向人力资源部门提出补员申请，同时做好临时性的人员调配工作，使生产进度和质量不受影响。临时补充人员到岗后，班组长要对临时补充人员肩负起如图2-1所示的职责。

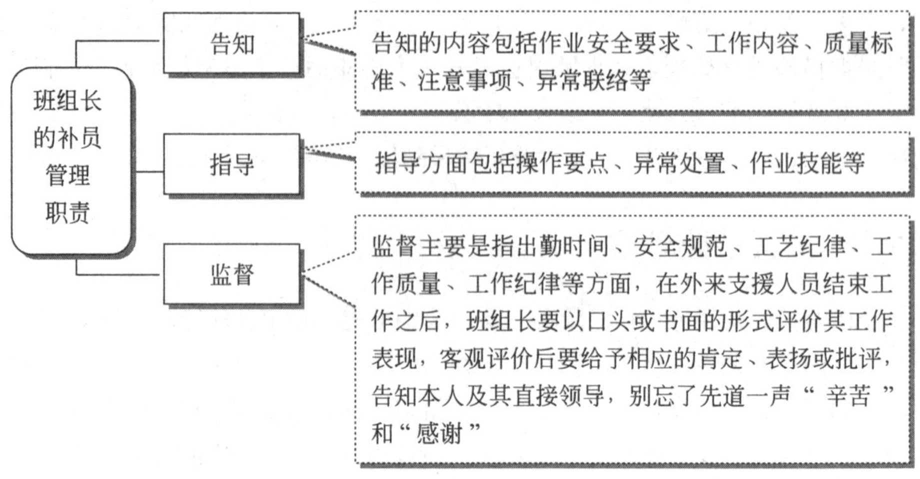

图2-1　班组长的补员管理职责

2.1.7.2　员工轮岗

适度的岗位轮换有助于提高员工学习的热情和欲望，激发班组成员的干劲，培养多能工和后备人员。员工轮岗安排一定要有计划、有组织地进行，要避免仅凭一腔热情的自由主义。在人员选择上，要选取工作态度好、安全意识高、工作质量一贯稳定、原有岗位技能熟练的老员工为宜。一般来说，老员工到新岗位要完全掌握作业技能，快的也要2～3个月，所以在时间安排上，老员工转岗周期最好以3～6个月为宜。

在转岗安排上，一旦决定某个员工转换岗位，班组长就要像对待新员工上岗一样，指导他、帮助他，明确转岗时间。一旦转岗，换岗人员就要在规定的时间内固定在新岗位上，不允许随便变化。班组长要做好换岗人员新岗位的技能培训、质量考核和业绩管理工作，确保达到转岗目标。应该强调的是，为了确保岗位轮换的严肃性和计划性，班组长务必要将相关安排书面化，并向相关人员或全员进行公开说明。

2.1.8　工位顶替管理

2.1.8.1　工位顶替的时机

人人都有三急，工位顶替的时机正是从这些“急”开始的，别看他们事小，可是产生的影响却很大呢！所以，如下这些日常小事班组长一定要特别关注。

（1）操作者需要如厕、饮水等。

（2）操作者迟到或临时请假。

（3）操作者发生意外，如损伤手脚等。

（4）操作者需要处理上级批准的其他急务。

2.1.8.2 管理方法

有人要离位，就要有人去顶，满足人性需要资源成本，总而言之是需要预备的人。在没有两全其美的管理方法之前，不妨试用以下方法。

（1）需要离位的人员要向管理者提出口头申请。

（2）离位者要卸下操作证，佩戴离位证。

（3）继位者一般由班组长或助手担任，发出离位证，然后去顶岗。

（4）班组长要对顶替者的工作予以确认。

2.2 开展员工培训的技能

员工培训也是各级主管的分内职责，而且，班组长在下属的培训和发展方面起着至关重要的作用。班组长比其他人更了解下属的长处和短处，更清楚下属的培训需求，也常常拥有帮助下属改进工作绩效所必需的技能。

2.2.1 对员工实施OJT（在岗培训）

2.2.1.1 何谓OJT

所谓OJT，意为在岗培训，也就是说对员工进行在岗培训。在岗培训是指在工作现场内，利用上级和技能娴熟的老员工对下属、普通员工和新员工们通过日常工作的指导，对必要的知识、技能、工作方法等进行教育的一种培训方法。

在岗培训的特点是在具体工作中，双方一边示范讲解，一边实践学习，有不明之处可以当场询问、补充、纠正，还可以在互动中发现以往工作操作中的不足、不合理之处，共同改善，也称为“职场内培训”。不过OJT有其自身的优缺点。

（1）OJT的优点。可以在工作中进行培训，两不耽误。双方都不必另外投入时间、精力和费用，而且还能使培训和实际工作密切联系，形成教与学的互动。

（2）OJT的缺点。负责培训的人如果不擅长教育别人，则成果会不理想，而且工作一忙起来，往往就顾不上对其进行认真、详细的说明讲解了。

2.2.1.2 OJT的实施方法

OJT的对象不仅包括员工，还包括班组长自己，因此班组长在实施本班组的

OJT的时候，必须掌握正确的方法，特别是针对管理岗位，则需要花费更多的时间来磨合。

（1）确定OJT的主要目标。对于企业来说，帮助绝大多数乃至所有的员工形成科学、系统的思维方式和思维习惯就成了OJT的主要目标。

（2）要求老员工积极参与。在实施OJT时，班组长是实施OJT的最主要人选，但在实际工作中，具有教育培训新员工能力的并非是班组长，相反的，老员工的一些理念更容易影响那些新员工。因此我们可以这样认定：上级有培养下级的责任，老员工有培养新员工的责任。

（3）经常性、连续性的培训。专门的培训机构，只有一次培训机会，如果不合格即被淘汰，但在OJT中，其目的是培训而不是选拔人员，因此在培训中，一次不行可以再来一次。

2.2.1.3 实施OJT的五大要点

OJT训练实质不仅在于训练员工的技术能力，同时也训练员工的思维能力，因此在实际工作中，必须把握OJT的五大要点。

（1）建立作业标准书。让员工对每一项工作建立作业标准书，作业标准书并不是只有生产线上的岗位才需要，管理类工作更加需要作业标准书。

案例

下午下班时，小周提着笔记本电脑来问培训部王经理："王经理，这是你们部门的笔记本电脑，请问我应该放在哪里啊？"王经理指了指旁边专门存放培训物品的柜子，说："放在这里就行了。"小周将笔记本电脑放进去，又问："王经理，这个柜子的钥匙在哪里？我想锁上它。"王经理一看，坏了，钥匙肯定在管理员手上，而管理员已经下班走了。"这个管理员，竟然不锁柜子就走了。"他心里这样想着，接着急忙打电话把管理员叫了回来，同时还因为她的工作疏忽对她进行了批评。管理员也意识到了自己的大意，连连表示抱歉，称今后不会再忘了。

第二天下班时，小周又提着笔记本电脑来问王经理："请问我该把笔记本电脑放在哪里啊？"王经理奇怪地看着他，然后指了指那个柜子，说："不还是放在这里面吗？"小周面带难色地说："王经理，管理员已经下班走了，但柜子的门也已经锁上了。"

像上面案例这样盲目工作的例子，在我们的实际工作中其实是屡见不鲜的。通过上面的案例我们可以看到，即便是像"培训物品管理"这样"简单"的管理工作，要想真正做好也确实不简单。让员工对自己的每一项工作建立作业标准，将工作的步骤进行动作分解，并明确各个环节的目的和要求，可以使员工关注到工作中的细节，有目的地进行工作，其思维体系也自然得以完善。

（2）重视员工的表达方式与表达内容。班组长关注员工的表达，既有利于保障工作结果的质量，也可以训练员工的思考力。比如，看员工表达的内容是否符合现场实际情况，员工的思维方法是否按产品要求进行。

（3）让员工首先确定自己的目的或目标。盲目地开展工作或“走一步算一步”“一边做一边看”的工作方法是大多数人所热衷的，但遗憾的是这样的工作方法对于思考力的形成显然是一种伤害。

案例

为了欢迎新员工，人力资源部计划在晚上举办一个欢迎宴会，这次宴会的安排由人力资源部专员小王负责。上午10：00的时候，小王拿来一张派车单让上级签字：“经理，我想下午提前2小时去确认宴会场地。”经理想了想，问了句：“你去确认些什么？”小王显然没想到经理会这样问，一下子慌了神：“去确认……去确认一下看桌椅有没有摆好？”“还有呢？”“还有……”经理把派车单还给他，说：“你先把要去确认的事项写在背面，然后我再签字吧。”小王拿回了派车单。大约过了20分钟，他再次把派车单交给经理，只见派车单背面写了以下一些内容。

宴会场地的确认要点如下。

（1）桌椅的摆放是否符合要求，有无太挤或太凌乱。

（2）座位标签是否已经摆在每一桌的正中间，并再次核对名单是否正确。

（3）麦克风和音响是否已经准备并调试好。

（4）确定发言者站立区域的位置，并观察是否合适。

（5）欢迎牌是否已经摆放在适当的位置，上面的欢迎词是否与当初确定的一致。

（6）确定大客车的停放位置并即时电话通知司机。

经理微笑着点了点头，随即在派车单上签了字。

从实践经验来看，普通员工至少有70%以上的行为都是在“无明确目的”的情形下进行的，大多数员工在开展工作时都抱着“理所当然应该这样做”的想法，这势必导致工作的盲目性。作为上级应该经常让下级把工作的目的或目标明确地写出来，这对于下级思考力的提升大有裨益。

（4）让员工使用科学的流程来开展工作。常见的科学工作流程如PDCA循环、工作改善的流程等，这些科学的工作流程本身就经过科学的验证，为我们的工作

思路提供了正确的逻辑。像PDCA循环这样的管理工具其实并不神秘，在工作中几乎可以普遍运用。班组长应当要求员工按照PDCA循环来开展工作，使工作的质量与员工的思考力持续提升。

（5）让员工在开展工作时运用相应的工作技巧或管理工具。常用的工作技巧或管理工具如5W2H、5WHY、客户导向、鱼骨图等，这些工作技巧或管理工具就好像是数学书中的“公理”或“定理”一样，班组长应当坚定不移地使用这些科学的方法来开展工作。

2.2.1.4　日常训练的五个重点

班组长在日常培训员工的过程中，要把握以下五个重点。

（1）讲解。讲解是指详细描述如何做好这项工作。首先，概述整个过程；其次，描述过程中的每一个步骤，每一次讲解一个步骤，把这些步骤写成指导说明；最后，在复述这些步骤时，演示如何完成该项任务。

培训对听讲者而言是他们接受新知识的重要方式，也是解答他们平日所累积问题的好时机。因此，培训者除了担负着扩充听讲者知识的任务以外，还要做好解答问题的工作。

（2）经验。经验是指在工作过程中积累的知识或技能。培训者将经验传授给员工，使接受培训的员工充分利用培训者以往的经验，让他全身心投入这项工作。与他分享经验相当重要，不要担心员工会因此而取代你，因为员工水平高了，工作干好了，功劳也是培训者的。

（3）练习。“任何理论都不及实践来得重要！”指导的目的是让员工更好地做事，而不是替他们做事。因此应给员工更多的机会练习，并在旁进行观察、指导，让员工通过练习得到启发，发挥个人潜力，找出更好的办法。

（4）发表意见。发表意见是指提供不断的反馈来承认和奖励员工取得的进步，以帮助员工评估进展和吸取经验教训。明确地指出错误是非常重要的，它能改善培训的绩效，但是指正时的态度很重要，一定要以诚恳且对事不对人的态度对员工进行批评指正。

（5）尊重。友善与尊重是很重要的。做得好的应立即给予鼓励，而对于不正确的地方要立即进行纠正。对于不熟练的情况，应立即给予帮助，避免让员工感到技不如人而失去信心。

2.2.1.5　各个层别的OJT要点

（1）新员工。对于新员工，应在一开始就授以正确的基本动作。基本动作可分成“作为一个组织人和职业人所必须具备的基本知识”和“与工作有关的基本事项”。前者是指职业意识的确立，比如职业理想、职业道德、职业纪律、职业态度、职业素质、职业礼仪以及对同事、前辈、上级的态度等；后者是指有关工作方面的基本认知，如顾客意识、成本意识、效率意识、团队合作意识、成果意识、公司忠诚、岗位职责等。

（2）资深员工。资深员工可以说是企业的中坚，是在各个部门负责实务操作的核心。以实务经验而言，资深员工大致是指进入公司2～3年的员工。

资深员工是班组的实际作业核心，并且也是班组长的辅助者、后进人员的指导者。对于这些员工的OJT，首先要使其清晰自己在企业中的地位，肯定其关键与骨干地位；其次是在工作方面的指导，要培养其与所负责职务有关的专业知识以及广博的相关知识。

班组长在指导中坚员工时，必须给予其较大的压力，分配其较多的工作，让他有锻炼的机会。身为班组长只需在授权后注意其结果的演变，适时给予其建议而不要予以干涉。

（3）中高年龄层员工。对于中高年龄的年长员工需要在做法上讲究技巧。对于年长的员工，班组长要承认、赞美其优点，把他们当作前辈，并且要扩大其工作内容以增加他们的工作积极性。

2.2.1.6　不同能力的员工OJT要点

对不同水平、能力和态度的员工应采取不同的OJT培训方法，具体见表2-1。

表2-1　不同能力的员工OJT要点

序号	员工类别	OJT要点
1	有能力没有意愿（干劲）的员工	对于这类员工，班组长必须了解其失去干劲（或是提不起劲）的原因，并采取适当的对策以调动其积极性
2	没有能力有意愿（干劲）的员工	班组长要分析该员工能力低下的原因，如果其能力有提高的余地和可能，就要对其进行必要的培训和指导，如果该员工确实无法提高其能力，班组长应为其调整工作岗位，让其从事能力范围内的工作
3	没有能力也没有意愿（干劲）的员工	班组长首先要有耐心，先分配其一些较简单的工作，使其得到成功的经验，进而对工作产生兴趣，等其对工作产生兴趣后，再灌输其工作上所必要的知识和技巧，并使其了解上级对他们的期待，经过努力之后仍不见起色的要予以淘汰
4	有能力又有意愿（干劲）的员工	对于这种员工，班组长要铲除其干劲发挥的障碍，充分授权，并设定超过其能力的目标，可以让他本人也参与目标的设定，对于其微小的错误要表示宽容的态度

续表

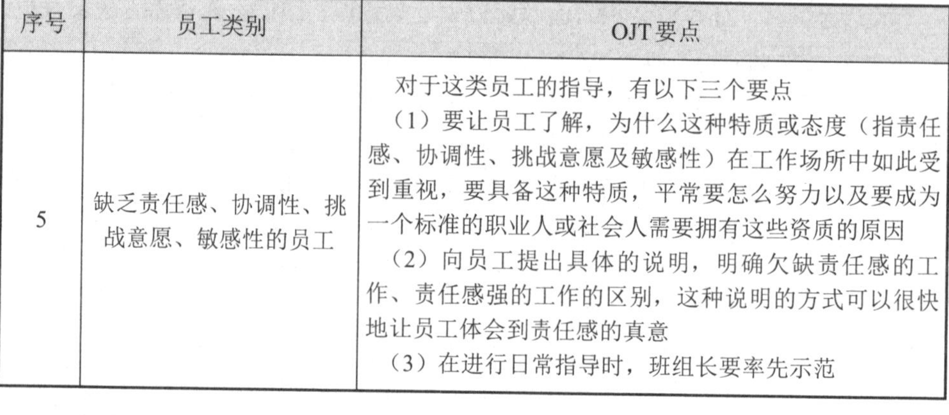

序号	员工类别	OJT要点
5	缺乏责任感、协调性、挑战意愿、敏感性的员工	对于这类员工的指导，有以下三个要点 （1）要让员工了解，为什么这种特质或态度（指责任感、协调性、挑战意愿及敏感性）在工作场所中如此受到重视，要具备这种特质，平常要怎么努力以及要成为一个标准的职业人或社会人需要拥有这些资质的原因 （2）向员工提出具体的说明，明确欠缺责任感的工作、责任感强的工作的区别，这种说明的方式可以很快地让员工体会到责任感的真意 （3）在进行日常指导时，班组长要率先示范

2.2.2 如何教育新员工

2.2.2.1 新员工的特征和现象

（1）不能正确地使用礼貌用语，在路上和上司、客人擦肩而过也不打招呼。

（2）由于不知道对上司的言语措辞，所以被上司问到“明白吗？”时只能回答“嗯，明白了”之类的话。

（3）不知道工作场所的礼仪。不知道开关门的礼貌、吃饭的礼貌、工作结果的报告方法、异常时的处理方法等。

（4）不能做实际事务，尤其是刚毕业的学生。

（5）由于被斥责少，所以一被上司注意或斥责，就容易变得消沉或极端地反抗。

（6）开会时随意地和旁边的人说话。

（7）对不熟练的作业，会凭自己的一点经验和知识就去做。

（8）工作进行得不顺利，就埋怨别人，既不谦虚地进行自我反省，也不思考防止再次发生的对策。

（9）不知道团队如何协作，也不去考虑。

2.2.2.2 对新员工教育的方法

（1）应以新员工为对象制作简单的教育手册，以公司的组织、职场的礼仪为中心内容，在新员工入厂时就进行教育，3个月后对教育项目中做得不好的要追加教育。

（2）上司看到新员工不符合要求的地方，应马上纠正，不要留待事后处理。

2.2.2.3 对新员工教育的内容

（1）遵守时间规则。要告诉新员工上下班的时间，请假时要事先申请等规则。

（2）遵守服装规则。告知新员工厂服穿着要求和规定，可以现物来说明或描绘成图来说明。

（3）礼节。告诉早晚见面时的礼仪礼节，而且指导员工要大声地问好，也要告诉其对来宾的礼仪礼节。

（4）言语措辞。对上司的言语措辞、敬语的使用方法。

（5）动作。在通道和生产场所不要跑动；应整齐有序地放置好材料和工具等。

（6）被命令或者指示过的事情，要在被催促之前就进行报告，并应养成习惯。

（7）不好的、糟糕的事情，如不良品发生、机械故障、劳动灾害发生等要迅速告知上司。

（8）上司指示的事情应在理解后再着手做（不是因为被说了而无批判地进行行动，而是在理解后着手，在理解之前要询问）。

（9）严格依据作业指导书作业。要做好工作，就要依据作业指导书来作业，使自己迅速成为能独立工作的作业者，进一步努力改善作业以谋求作业水平的提高。

2.2.3 开展多能工训练

2.2.3.1 多能工训练的必要性

多能工训练是现场管理中不可缺少的教育课题之一。原因如下。

（1）出现缺勤或因故请假者如果没有人去顶替工作，就会使生产停止或造成产量减少。

（2）在品种多、数量少或按接单来安排生产的情况下，要频繁地变动流水线的编制，这要求作业者具备多能化的技艺以适应变换机种的需要。

（3）适应生产计划的变更。企业为适应激烈竞争，往往会根据客户的某种要求而改变生产计划，这要求作业者的多技能化。

案例

这几天班长张云非常烦。车间里乱得像锅粥，自己所管的生产线总共也就二十几个人，昨天辞工走了一个，今天老员工彭珏又因为女儿运动时摔伤了腿要请假在家里照顾。彭珏的技术能力在整个公司里都是顶呱呱的，每次分到她手头的工作最多，但是有时她还能够比别人快上一两分钟完成任务，这次她一请假，张云可就有点傻眼了。他们班的工作是流水线作业，又不能停，可是这时候放一个人上去顶彭珏的工作是怎么也不够的，再说也不可能像她那样能又快又好地把工作完成。

2.2.3.2 多能工训练计划的制订及记录

（1）调查在生产现场认为是必要的技术或技能，列举并记录到“多能工训练计划表”（见表2-2）的横轴上。

（2）把生产现场作业者姓名记到“多能工训练计划表”的纵轴上。

表2-2 多能工训练计划表

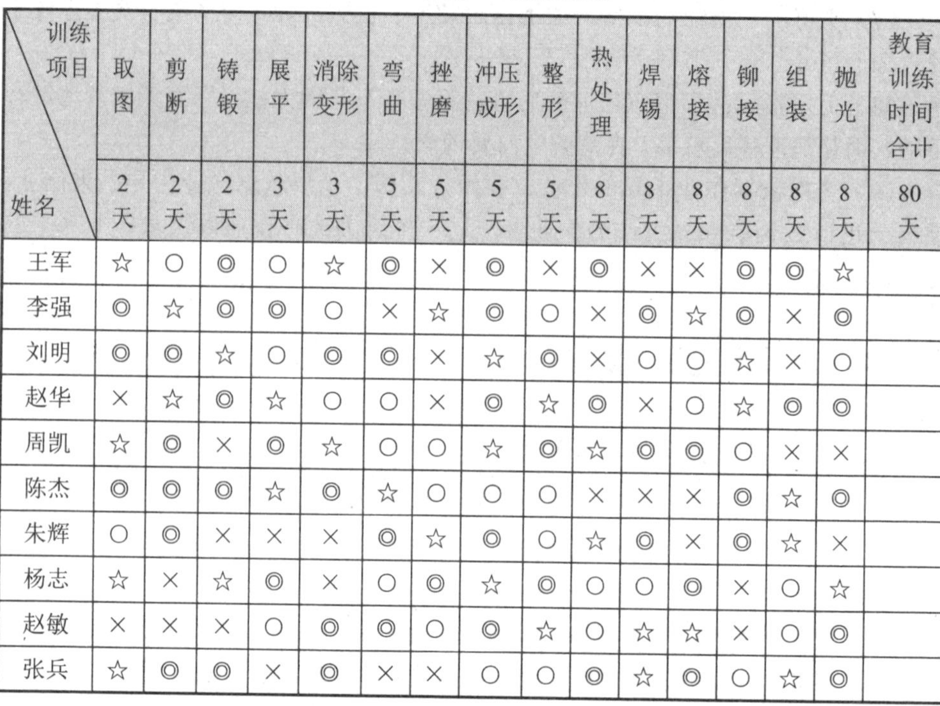

训练项目 / 姓名	取图	剪断	铸锻	展平	消除变形	弯曲	挫磨	冲压成形	整形	热处理	焊锡	熔接	铆接	组装	抛光	教育训练时间合计
	2天	2天	2天	3天	3天	5天	5天	5天	5天	8天	8天	8天	8天	8天	8天	80天
王军	☆	○	◎	○	☆	◎	×	◎	×	◎	×	×	◎	◎	☆	
李强	◎	☆	◎	◎	○	×	☆	◎	○	×	◎	☆	◎	×	◎	
刘明	◎	◎	☆	○	◎	◎	×	☆	◎	×	○	○	☆	×	○	
赵华	×	☆	◎	☆	○	○	×	◎	☆	◎	×	○	☆	◎	◎	
周凯	☆	◎	×	◎	☆	○	○	☆	◎	☆	◎	◎	○	×	×	
陈杰	◎	◎	◎	☆	◎	☆	○	○	○	×	×	×	◎	☆	◎	
朱辉	○	◎	×	×	×	◎	☆	◎	○	☆	◎	×	◎	☆	×	
杨志	☆	×	☆	◎	×	○	◎	☆	◎	○	○	◎	×	○	☆	
赵敏	×	×	×	○	◎	◎	○	◎	☆	○	☆	☆	×	○	◎	
张兵	☆	◎	◎	×	◎	×	×	○	○	◎	☆	◎	○	☆	◎	

注：☆100%掌握；◎75%掌握；○50%掌握；×不需学会。

（3）评价每个作业者所具有的技能，并使用所规定的记号来记录。

（4）制订各作业者未教育项目的教育计划（何时为止、教育何种项目）。

（5）随着教育进展的情况增加评价记号。

2.2.3.3 多能工训练操作方法

（1）根据“多能工训练计划表”，按先后顺序逐一进行作业基准及作业指导书内容的教育、指导。

（2）完成初期教育指导后，进入该工程参观该作业者操作，注意加深其对作业基准及作业顺序教育内容的理解，随后利用中午休息或加班（工作结束后）时间，由班组长指导进行实际作业操作。

（3）在有班组长、副班组长（或其他多能工）顶位时，可安排学员进入该工程与作业者一起进行实际操作，以提高作业准确性及顺序标准化，同时掌握正确的作业方法。

（4）当学员掌握了正确的作业方法，并能达到作业基准，又具备正常作业流水线的速度（跟点作业），也就是说完全具备该工作作业能力后，可安排进行单独作业，使其逐步熟练，达到一定程度的作业稳定性并能持续一段时间（3 ～ 6日最好）。但训练中的多能工学员在正常的跟点单独作业时，班组长要进行确认。

（5）考核学员的训练效果。检查作业方法是否与作业指导书的顺序方法一致，有没有不正确的作业动作，如果有要及时纠正；进行成品确认检查，成品是否满足品质、规格要求，有无作业不良造成的不良品。

通过上述检查均合格后，该员工的工程训练就可以判定为合格。

2.3 与下属有效沟通协调

众所周知，班组生产现场中常常面临着不断出现的问题，为了保证产品的品质，节约生产的成本，班组生产现场的信息往往需要及时地反馈，否则就容易造成产品的品质、物流的配送、销售的售后服务以及企业的声誉等一系列的损失。因此，在生产现场，班组长必须与下属做好有效沟通。

案例

又到午餐时间了，班长王军把操作员小李和小刘叫过来一起吃饭。

“小刘，我发现你现在的熟练程度提高了，继续努力！”班长王军说。

“谢谢！”

“我也恭喜你！你的努力让老大看到了！这几天我可就惨了，也不知道是怎么回事，我的（产品）合格率一直很低，也搞不清楚是什么原因造成的。”小李说。

“小李，我也留意到了，你的合格率比前几天低了一些。我还在担心你这两天是不是家里有点什么事情。”王军说。

“我也不知道是怎么回事，好像这几天老出错，后来我发现总是在过那台×××机的时候就出问题，可是这台机我天天都用的啊，真有点想不通。”小李一说起这件事就觉得满腹委屈。

小刘一听，“不对不对，这不是我们原来的那台×××机了，那天晚上我们上夜班时，那台机器出现故障，拿到维修部修去了，因为我们急着要用，维修部就拿了一台备用的给我们，这台备用的倒是比原来的那台好用，不过有3个毫米的误差，所以每次用的时候要往右移3毫米，我看你第二天回来和小赵站在×××机旁比画了很久，我还以为你已经知道了呢。”

“啊，天呐，你怎么不早告诉我呢，我这个月的奖金泡汤了！”小李高声叫道。

一般来说，信息沟通在一个班组或一个组织中呈现以下6种状态，见表3-3。

表2-3 信息沟通在班组中呈现的状态

班组长	某员工	班组内其他员工	知情方式、处理方式
我不知道	你不知道	大家都不知道	上网、翻书、求教他人
我知道	你不知道	大家都知道	新员工、某情况发生时不在场的人员应该让他尽快了解班组工作中的要求、规则、变化
我不知道	你不知道	大家都知道	说明班组长与员工之间关系可能过于亲密或已形成利益小团体，须注意不良影响，避免员工联手反抗自己
我不知道	你知道	大家都不知道	请相关人介绍方法、技巧，或重用相关人在某一方面的技能
我知道	你知道	大家都不知道	你（我）犯了错误或有小秘密，在可以原谅（接受）的范围内内部自行处理
我不知道	你知道	大家都知道	员工们可能犯了错误或者想要联手对付你，此时需要细心观察员工的表情、反应，或用请外部人员来调查自己的方式了解缘由

2.3.1 现场沟通有什么好处

班组人员如果做好现场的沟通工作，可达到以下3个方面的目的。

2.3.1.1 迅速解决工作中的问题

现场生产中各种问题总是层出不穷，必须不停地去面对它。班组内面临的问题，必须要由全体成员一起来解决，但是如果信息交流不畅，双方之间就无法达成共识，也无法解决问题，就更别说提升产品品质了。

2.3.1.2 促进上下级间的相互理解、信任以不断提高团队的凝聚力

一个团队中的任意两个成员，起初都是从陌生到认识，从并不相互信任、相

互理解到逐步相互信任、相互理解，只有通过长时间的沟通交流，才能够产生信任、互相理解，才能提升班组的凝聚力。

2.3.1.3　分工协作、达成共识、提升效率

班组中每一个成员的分工不同，他们之间只有通过沟通协调，才知道各人的分工及各自要做的工作，这样才可以各自调整自己的工作计划和行为，迅速解决生产中所面临的问题。

2.3.2　现场沟通有哪些技巧

作为班组长，要想有效控制产品品质，在生产作业现场同下属进行沟通时应具备以下一些技巧。

2.3.2.1　下达指示时内容要具体

作为班组长，在生产现场你是否曾下达过如下例这样的指示。

案例

"做完以后一定要自己检验一下，看有没有质量问题！"

"小心检查来料，看看有没有什么不良，要是有，统统给我拣出来！"

"凡是有异常的，一个也不要放过！"

如果你经常这样发指示的话，那应替下属想想：收到这样的指示，下属真的会按照指示去执行吗？如果执行了，真的就能达到要求吗？答案是：肯定不会。为什么呢？因为下属还没有"听懂"指示的真正含义与标准。比如，要看哪种来料的何种不良？自检要检查什么内容？从指示里根本听不出来。另外，如果下属是个新人，接到这样的指示，恐怕更是一头雾水，无从下手。

从以上分析可以看出，这个责任不在于"指示"接收方，而在于指示发出方。那么，在沟通过程中，班组长该怎样下达"指示"才算是有效的呢？以下答案可供班组长参考。

案例

"今天在投入A公司的塑胶材料前，要全数检查其扣位是否有披锋、缺口、拉斜、闭塞等现象，具体规格参照客户送达的样品。"

"××半成品上机前，要全数检查内外箱、彩盒、胶袋是否用错，如用错，则整批退回仓库。"

“为了提高品质，这个月我们要全力研究塑胶件裂纹所引起的不良，所以一定要收集工程内的相关数据。”

以上所列举的指示就非常具体，下属一接到班组长这样的指示就知道如何去做，而且在做完后一定会有结果反馈回来。总之，一个具体的指示里要有5W1H的具体内容，即：What——做什么事？ Who——谁去做？ When——什么时候做？ Where——什么地方做？ Why——为什么要做？ How——怎样去做？

只要5W1H明确了，下属就一定会按照指示要求将事做好。同时，班组长在下达指示时，还要注意以下问题。

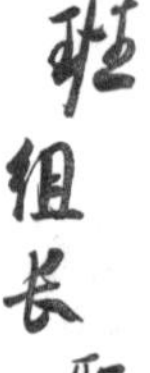

（1）指示时可用口头谈话、电话、书面通知、托人传递、身体语言等传递媒介。能当面谈话的就不要打电话；能打电话的就不要书面通知（规定文书除外）；能书面通知的就不要托人传递。

（2）发出指示、命令之前，可先从向下属询问一些相关联的小问题开始，通过下属的回答，把握其对所谈话题的兴趣度、理解度之后，再把你的真实意图亮出来。

（3）除了绝对机密的信息之外，对下属应说明你发出该指示、命令的原因，而且是在自己认识、理解后发出的，不要做一个传声筒。“这是上面的指示，我也不知道为什么，你照办吧！”这样一来，下属的第一个心理反应就是：“你都不知道，叫我怎么做？”

（4）已发出的指示、命令，有时不得已要重新更正。如一些对策方法，常常是发现一点更改一点，改来改去，不改又不行，搞得下属疲于奔命，此时应加以说明，如果不加任何说明，极易触发下属的不满：“天天改，说话一点都不算数！”甚至不予执行。

2.3.2.2 让生产现场充满生气

让生产现场充满生气，这样，下属才能集中精力做好自己手中的工作，力保产品的品质达标或提升。所以，作为班组长，有必要让班组的现场充满生气。现场有无生气的比较见表2-4。

表2-4 现场有无生气的比较

无生气的现象	有生气的现象
● 生产现场的规则混乱，无人遵守 ● 对稍微一点脏感觉不出来 ● 员工不相信领导或上司 ● 出现内部彼此告发的征兆 ● 员工回避费时、费力的工作	● 生产现场的环境改善和下功夫改善的提案多 ● 生产现场的整理、整顿、清扫无微不至 ● 生产现场的招呼声大，有轻松愉快的氛围，早上大声地相互问好、大声地传达指示命令、大声地回答命令等

班组可采取如下使生产现场充满生气的对策。

（1）班组长以身作则。在生产现场，班组长应该以身作则，在理解企业品质方针和自己地位的基础上，严格遵守产品操作规程，并带有使命感地工作，从而用自己的行为带动下属。

（2）确立指示、命令系统。生产现场方针明确，指示命令一体化。

（3）确立报告制度。明确要求向发出指示、命令者一人报告就行。

（4）公平评价并反馈。班组长应对下属所做的事情进行公平的评价，并将评价结果传达给当事人。评价下属工作时，做得好就表扬，做得不足时就说："再进一步就好。"多说激励下属的话。

（5）让下属有独立思考、发挥的机会。班组长不是什么都要发指示去管理，而应让下属根据自己的能力独立去思考。其实，对于在现场作业的下属来说，如果班组长只是给下属一个文件告诉他要怎样去做、要注意什么、可以做什么等，还不如直接将产品上、下限的样品给到下属，让下属进行自主判定、自己发挥，只要能够很好地将操作的差异控制在企业所要求的可接受范围之内就可以了。

（6）帮助生产现场的下属。支持QCC品管圈的成长，创造现场以外的谈心机会。

（7）不发牢骚、不发怨言。在生产现场有时会遇到想发牢骚的情况，以班组长为首的成员要制造不说怨言的氛围。

案例

为适应高速发展的业务需求，企业引进了一批新的生产设备，为了让下属能够熟悉新生产设备的操作，迅速投入到工作中去，车间主任决定让车间所有下属进行为期两周的产品试做。这个消息刚公布出来，就在车间炸开了锅。一班班长孙海说："试做时间这么长，还老是加班，这样太累了。"接着下属李明也附和道："是啊，上次试做之后也没有什么反馈，试做到底有什么用啊？"听他们这么一说，全班成员干脆停下手中的活，东一伙、西一堆，就这事讨论开了，整个现场乱成一团。

（8）经常制定目标，为达到目标而努力。有关生产现场的业绩要告知全体人员，使他们有努力的目标。可制定"降低不良品率、解决交货期延误、降低成本、防止劳动灾害、完成改善提案的件数、QCC品管圈的活性化"等目标，让大家来挑战并且达到这些目标。

2.3.2.3　适时关注下属情绪

案例

“王班长，李姐她今天心神不定的，好像又有些地方做错了。要不明天你让我多干一点？”作业者张兰在收工时对班长王强说。李小玉是这个车间的老下属了，工作一直很认真、效率也高，很少出错，因此班长王强将她放在她们班最后的位置上，让她除了完成自己的工作外，还要顺便检查班里其他成员的工作完成情况。这样的安排也让李小玉觉得很高兴，前段时间做得很开心，有时还会自己主动加班到很晚。可是近来，也不知道是怎么回事，李小玉的不良品率一直居高不下，精神状态也不太好，因此王强决定找李小玉谈一谈。询问之下才知道，原来李小玉的儿子这些天患病毒性感冒，发高烧，丈夫又在外地工作，小孩放在家她不放心，放在婆婆家里，可那里离家又远，所以她每天得婆家、公司、自己家三个地方不停地跑，天天疲惫不堪，无法静下心来工作。

（1）下属情绪低落的时机。

——工作不顺心时。因工作失误，或工作无法照计划进行而情绪低落时，就是抓住下属心情的最佳时机，因为人在彷徨无助时，希望别人来安慰或鼓舞的心比平常更加强烈。

——人事调动时。因人事变动而调到本班组的人员，通常都会交织着期待与不安的心情，应该帮助他早日去除这种不安。另外，由于工作岗位的改变，下属之间的关系通常也会产生微妙的变化，不要忽视了这种变化。

——下属生病时。不管平常多么强壮的人，当身体不适时，心灵总是特别脆弱。

——为家人担心时。家中有人生病，或是为小孩的教育问题等烦恼时，心灵总是较为脆弱的。

（2）探索下属心灵状态的方法。不妨根据以下要点来观察下属的心理状态。

——脸色、眼睛的状态（闪烁着光辉、灼灼逼人、视线等）。

——说话的方式（声音的腔调、是否有精神、语速等）。

——谈话的内容（话题的明快、推测或措辞）。

——走路的方式，整个身体给人的印象（神采奕奕或无精打采的）。

班组长要了解这些资料，然后加以运用观察下属心灵的状态。

2.3.3 如何改善现场沟通渠道

在现场管理中，班组长该如何提升现场沟通交流的手段和改善沟通的渠道来节约时间、达到产品品质控制的目的呢，具体措施如下。

2.3.3.1 提高信息交流的手段

信息交流一般可以采用声音、图像、身体语言、刺激对方的嗅觉等方式来实现，在日常生活中，以声音和图像交流为主。因此，在生产现场的交流中，班组长更多的是要训练自己的口头表达能力、书面报告能力及表单的制作能力。如果有条件，一些电子通信工具的使用对于提升交流的手段也是比较重要的。

2.3.3.2 改善信息沟通的渠道

生产现场发出的信息需要得到及时反馈，因此生产管理现场的沟通是信息全通道型交流，否则生产、物流、销售便会受到影响。为了得到及时反馈，就得在第一时间，将信息向外发出去，同时也要求在第一时间接收并持续反馈，实现关于生产、物流、销售信息来回的交流。班组内也应该形成这样的小循环，这样可以大大地节约决策时间，节省时间成本。

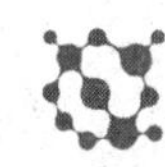

第3章 班组生产管理技能

引言

作为一线的管理者，生产的控制最烦琐、最让人操心，如果方法不得当，则可能生产交期延缓，业绩上不去，所以，学习生产管理的方法对于班组长而言非常重要。生产的关键控制点是生产准备、生产过程和生产进度的控制，这几点把握好了，生产任务的圆满完成就不成问题。对于这几点的控制有许多环节、许多细节需要关注，任何一个环节、一个细节的忽略都可能会产生问题，所以，班组长一定要掌握好。

3.1 做好班组4M1E的准备

俗话说“磨刀不误砍柴工”。班组长在接到生产计划或者生产制造通知单后，在生产作业活动开展之前，应组织好4M1E的准备工作。4M1E是指Manpower（人）、Machine（机器）、Material（物料）、Method（方法），简称人、机、料、法，告诉我们工作中充分考虑人、机、物、法四个方面因素，通常还要包含1E，即Environments（环境），故合称4M1E法，也就是人们常说的“人、机、料、法、环”现场管理五大要素。如图3-1所示。

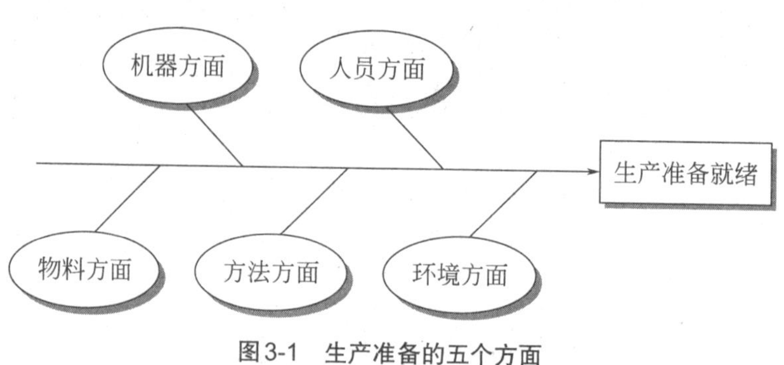

图3-1 生产准备的五个方面

3.1.1 人员的准备

3.1.1.1 安排人员的原则

班组长在人员安排上一定要遵循以下原则。

（1）让熟悉的人做熟悉的事，因为熟能生巧，所以就某一岗位、某一机器一定要安排操作熟练的人去做。

（2）照顾新手。因为新手各方面都不熟练，所以需要给新手宽松的余地。

（3）适当满足个性。因为不同的人有不同的个性，而每个人的个性里都会有某种特质，如果能适当地加以满足，可以获得高效率的动力。

（4）充分发挥个人特长。班组长在配备人员时，要根据员工在工种、技术业务等级、熟练程度等方面的差别，分配他们到合适的岗位上去，尽量避免这一工种的工人做另一工种的工作、基本工人做辅助工人的工作、技术等级高的工人做技术等级低的工作。

（5）确保把一碗水端平。也就是注意公平、公正，不要刻意或者在无意间给某个下属“穿小鞋”。

3.1.1.2 掌握工位平衡

工位平衡是指流水线上的各工位完成作业所用的时间要相当，也就是说各工序的作业量要保持平衡。保持工位平衡有以下好处：生产线不会堆半成品；不会有人忙得要命，有人却闲得无所事事；不会造成漏工序；使流水线顺畅，可以完成计划。

3.1.1.3 有效安排生产线

班组长依据作业步骤图和现场配置图来进行排拉，排拉的做法是要制作排拉表。

（1）排拉表的作用。排拉表对生产管理起着指导作用，班组长可根据排拉表上的时间、人数、设备或工具、辅料等内容，作生产前的计划或安排，以确保生产顺畅。其具体作用表现在以下8个方面。

——可以了解到各道生产工序的快慢和所需人数。

——通过排拉表可以看到工序之间的前后关系，即哪个工序在前、哪个工序在后。

——后道工序可以检查出前道工序的错误。

——后道工序不会对前面加工出的产品有损害。

——可以平衡各工序的生产进度。

——可以给出合理的工作空间和时间。

——可以明确地计算出生产时间、非生产时间、检验时间。

——可以计算出每日生产能力及生产效率，并通过对比来了解和改进差距。

（2）排拉表的分类。根据生产变化情况，排位表一般可分为正常工序生产排拉表和非正常工序生产排拉表（也称加工排拉表）两类。

（3）正确认识排拉表。有些班组长认为，排拉表没有用或者与自己没有关系，因此随便乱放或根本不去看它，这都是不正确的。班组长应认真研究与领悟、理解排拉表内每个工序的要求（如人力、时间、工序名称、工夹具等重点项目的内容），做到心中有数，并以此来安排生产和了解班组的生产能力，作为改善或调整的基础。

（4）编写排拉表。编写排拉表前必须清楚以下事项。

——每个工序生产需用的总时间、每小时产量。

——生产线或机器最大可容人数。

——要求每小时的产量是多少。

——根据产量计算所需用的人数和设备、工具数量。

——工序生产所需用的辅助物料。

——生产性、非生产性、检验时间的划分。

——操作方法。

案例

某电器厂一生产线有10个工位，班长依据生产作业步骤和IE工程师给定的标准工时，在结合作业人员的实际状态后制作了工序排拉表，见下表。

工序排拉表

工时单位：秒　　　　线别：A2　　　　日期：2018年2月15日

工位	标准工时	节拍工时	配置方式	配置人数	实用工时	姓名	备注
下机	25		新手	1	28	杨杰	
加工	29		一般	1	29	彭辉	
安装	30	45	一般	1	30	张晓	
配置	40		一般	1	40	王琅	
组装	42		熟手	1	39	邓明	
目检	35		熟手	1	38	徐达	
调试	86		熟手	2	各38	朱海英、罗敖	
检查	88	45	熟手	2	各39	李明、赵梓	
组合	40		一般	1	40	杨扬	
包装	35		新手	1	38	王辉	

该生产线的班长通过上述配置，使得实际的节拍时间由标准状态的45秒减少到43秒（最大值），这样就可能增产4%。这里的排拉手法有三个特点，分别如下。

（1）分解调试、检查位，安排2个人作业。

（2）下机和包装位采用新手作业，延长了实用工时。

（3）组装、目检、调试、检查位采用熟手，降低了实用工时。

3.1.2 设备工具的准备

3.1.2.1 设备的准备

生产设备是否处于良好的状态、能否正常运转，是能否完成生产作业计划的一个重要条件。

在安排作业计划时，要按照设备修理计划的规定，提前为待修设备建立在制品储备，或者将生产任务安排在其他设备上进行，以便保证设备按期检修。设备部门要按照计划规定的检修期限，提前做好检查、配件等准备工作，按期把设备检修好。班组操作人员要认真检查各项设备，使之达到整齐、清洁、安全、润滑。

3.1.2.2 班组工具的准备

生产前，班组首先要对工具进行管理，要做好以下工作。

（1）准确编制计划。即根据班组的生产使用需要，制订班组工具需求计划，进行协调。

（2）保证及时供应。即按规定手续进行工具的领用和借用。班组应有工具使用保管卡片，记录操作人员领用工具的型号、数量、名称、规格、日期，应根据工艺文件的规定，适当适量领取。对于共用工具也应建卡管理，个人使用时办借用手续，进行登记，用后完及时归还。见表3-1。

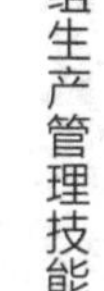

表3-1 个人工具借用卡

编号： 姓名：

项次	工具名称	规格	借用数量	借用日期	预定归还日期	借用者签名	实际归还日期	经办者签名

3.1.3 生产物料的准备

物（Material），指物料、半成品、配件、原料等产品用料。现在的工业产品的生产分工越来越细化，往往有几种甚至几十种配件或部件，通常要好几个部门同时运作才能准备好。物料是产品的组成部分，准备工作相当重要。

3.1.3.1 领料

为进行生产起见，生产班组必须按照生产计划、工作指派向物料管理部门或仓储部门领料。

（1）物料领取的方式。物料领取的方式分为发料和领料。

——发料。发料是由物料管理部门或仓储部根据生产计划，将仓库储存的物料，直接向生产现场发放。一般对于直接需求的物料采取发料方式。一般来说，计划部门在2～3天前就会将要进行的工作指派给货仓备料，而货仓在现场制造前2～4小时内必须向制造现场直接发料。

——领料。领料是班组领料人员在某项产品制造之前，填写领料单，向仓库领取物料。

（2）发料领料的单据。领料或者发料过程中需要一些单据去控制，对这些单据每个企业的称呼可能不一样，但不管怎么样，领料时都要填写规范的“领料单”，因为这不仅是领料的依据，还是进行物料控制的依据，是进行领料统计以及订单、产品的物料消耗统计的最原始凭证。填写“领料单”一定要注明所领物料的用途、订单编号等，领料的数量是否在所控制的指标之内便一目了然。

对于某一订单产品所需要领取的物料品种和数量，一定要根据物料清单上的品名、规格、数量来认真计算，尤其是对于某一订单中不同产品用的同一种类的物料，更要进行认真仔细的核算。

3.1.3.2　物料在现场的放置

生产现场物料的放置非常重要，如果这项工作做不好，很容易造成合格物料与不良物料混在一起而影响后续加工过程中的产品质量，若同一品种不同规格的物料放在一起（尤其是规格区分不大的情况下），则容易造成混装，如将B产品的零件装到A产品上，结果生产出不良品，并导致成本难以控制等一系列问题。

（1）划分物料放置区域。为了方便物料有效地区分，在现场的物料放置区域，可划分为以下6块，见表3-2。

表3-2　现场物料放置区域的划分

序号	区域划分	说明
1	合格材料区	用来放置即将要投入生产的合格物料
2	不合格材料区	用来放置作业中发生或发现的不良品（通常需要采取隔离或封锁措施，以防误用）
3	辅助材料区	用来放置周转、加工等辅助工序用的物料
4	半成品放置区	用来放置或转移在制品
5	成品待检区	用来放置完成品
6	合格成品区	用来放置QA检验合格的产品（该区域可规划给仓库）

（2）按“三定原则”放置物料。具体如图3-2所示。

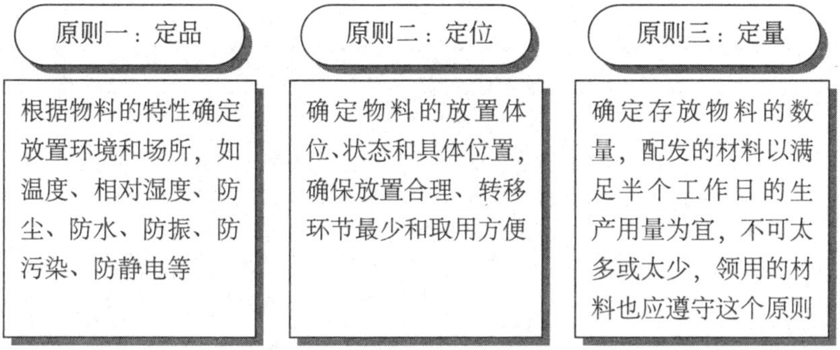

原则一：定品	原则二：定位	原则三：定量
根据物料的特性确定放置环境和场所，如温度、相对湿度、防尘、防水、防振、防污染、防静电等	确定物料的放置体位、状态和具体位置，确保放置合理、转移环节最少和取用方便	确定存放物料的数量，配发的材料以满足半个工作日的生产用量为宜，不可太多或太少，领用的材料也应遵守这个原则

图3-2 物料放置的“三定原则”

3.1.4 工艺和技术文件的准备

工艺和技术文件（如产品和零件的图纸、装配系统图、毛坯和零件的工艺规程、材料消耗定额和工时定额等）是计划和组织生产活动的重要依据，这些也需提前准备。

3.1.4.1 工艺和技术文件的种类

现场使用的工艺和技术文件的种类见表3-3。

表3-3 工艺和技术文件的种类

序号	种类	内容或用途
1	工艺流程图	工艺流程图是说明产品制造与加工过程的顺序图；工艺流程图作为制作QC工程表时的基础资料使用；个别接单生产的工厂只用工艺流程图作为标准书向作业者进行说明、指导
2	图纸、部品表	图纸、部品表在进行部品加工和组装作业时，作为基准资料使用
3	作业指导书	作业指导书是规定作业方法与要求的技术性文件；作业指导书中必须包括作业名、顺序、加工条件（加工方法）、材料、管理要点（含频率）、作业步骤及方法、使用设备（治工具）、适用机种、管理号、作成日、作成者印、审查印、改订栏
4	作业标准书	写明作业者进行的作业内容，起传达作业内容的指导作用
5	QC工程表	QC工程表内写有生产现场的工艺步骤及其作业内容，在保证品质、技术和对生产现场的指导、监督上发挥作用，另外，在不良品发生和工伤事故发生时，可据此探明原因以及建立对策方案
6	工厂规格	对与生产有关的各种规格作出规定，是进行各种作业时的基准资料，以下为工厂规格的种类：图纸规格、制图规格、设计规格、产品规格、材料规格、部品规格、制造作业的标准、工程规格、治工具规格、设备规格、检查规格、机器检查工具规格、包装规格、一般规格

续表

序号	种类	内容或用途
7	BOM清单	BOM清单是产品全部构成材料的清单
8	样板	样板是能够代表产品品质的少量实物，它或者是从整批产品中抽取出来作为对外展示模型和产品质量检测所需，或者在大批量生产前根据产品设计而先行由生产者制作、加工而成，并将生产出的样品标准作为买卖交易中商品的交付标准；样板是制造与检验标准工艺装备、生产工艺装备、零件、组合件和部件的依据
9	工程变更通知单	工程变更通知单是工程部发出来的工程变更指示书，它涵盖有工程设计、结构、原材料、作业方法、工序及生产场地等，所有涉及与生产有关的方面的变更均适用，概括地讲就是4M1E五个方面的内容凡涉及变更都要以工程变更通知书的形式反映出来

3.1.4.2 确保技术性文件准确

班组长在准备工艺和技术标准文件时，要确认所有的文件都是最新版本。如果不是最新版本，那么，员工制造出来的产品会达不到客户的要求，甚至有可能就是废品。在确认技术性文件时应注意以下要求，如图3-3所示。

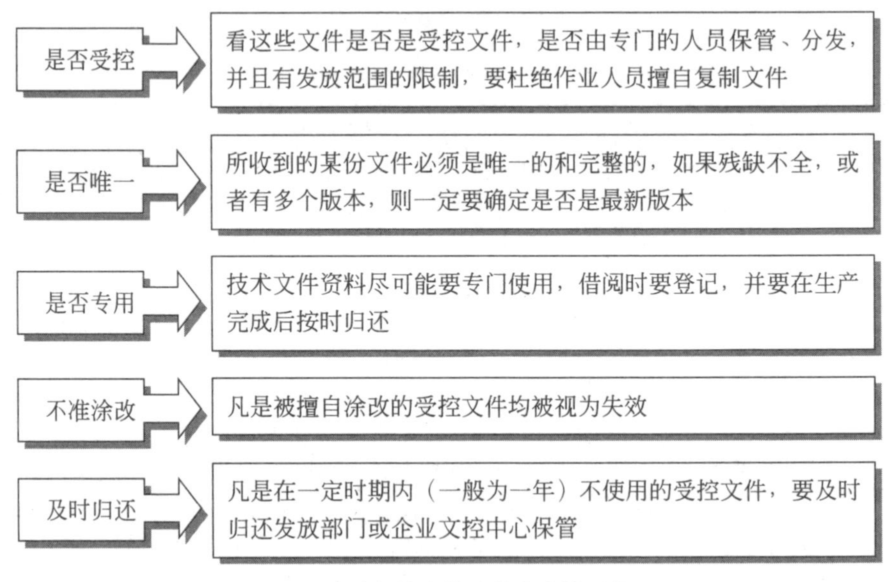

图3-3 确保技术性文件准确的要求

3.1.4.3 进行相关培训

准备好这些工艺和技术文件后，一定要组织员工进行学习，尤其是新产品、新工艺，要请相关部门如工艺部、设计部的工程师来进行指导。另外一种情况是，如果班组里有新员工，则更要加强其对作业标准的学习，以使其彻底了解产品工艺。

（1）新员工教育。

——讲给新员工听：把作业方法及要领讲给他们听。

——做给新员工看：把动作要领、步骤做给他们看。

——让新员工做做看：按动作要领和步骤让他们做做看。

——纠正后，再让新员工做做看：纠正他们的错误做法和非标准的作业，并对步骤进行再指导，直至他们做得完全正确为止。

（2）熟练员工的作业指导。有许多熟练员工在自己的作业中掺杂着自己的习惯动作，其中有些是不正确的，因此有必要在工作中将其纠正过来，使作业标准化。

3.1.5 创造良好的生产秩序和环境

3.1.5.1 现场秩序管理

现场秩序包括劳动纪律、工作风气、人员面貌和素质等内容。管理的目的一方面是要确保作业人员能够按企业的规定从事工作，另一方面要促使员工积极、主动地维护这种秩序。现场秩序管理的内容如图3-4所示。

内容一	彻底地执行5S，因为在执行5S的过程中，自然会产生遵守生产秩序的氛围，同时也确立了维持秩序的基础
内容二	教导员工遵章守纪：没有迟到、旷工等现象，人人都能服从管理
内容三	精神状态良好：没有萎靡不振的员工
内容四	自觉行动：员工能自觉地参与各种准备活动
内容五	维护公共秩序：确保自己的行为符合规范和要求，不会妨碍他人
内容六	学习和掌握工作要点：对于新产品、新技术加强训练，使作业人员能熟知重点作业内容

图3-4 现场秩序管理的内容

3.1.5.2 倡导自主管理

所谓自主管理就是要求员工以自己管理自己的心态处理工作事项，并及时报告发现的异常，主动采取措施处理，而不是等待管理者来催促。班组长从工作一开始就要帮助员工树立这种思想，以确保形成良好风气。

3.1.5.3 现场环境管理

现场环境包括现场的温度、相对湿度、污染、噪声和安全等内容。管理的目的就是一方面要确保员工能够在生产现场愉快地工作，另一方面对于产品和设备而言也要符合具体环境要求。通常需要准备的内容如下。

（1）点检各种环境指标检测器具的有效性，并记录显示的数据。

（2）当发现有不符合的情况时，要及时采取措施处理，并确认处理结果。

3.1.6 4M1E准备的检查

班组生产准备工作比较繁杂，需运用一些工具来做跟进，否则有可能会错漏一些工作。现介绍以下两种在企业实际中运用较为广泛的表单，见表3-4、表3-5。

表3-4 生产准备检查表

产品编号		名称		生产日期	
类别	确认项目		确认资料	资料来源	检查结果

表3-5 生产准备情况调查表

产品名称： 订单号： 批量： 生产日期：

准备项目	具体内容	进行状况	确认
技术文件			
原材料与外协件			
机器设备检修			
工艺装备准备			
人员准备			

3.2 生产过程控制管理

班组的中心任务是搞好生产，班组的一切活动都是围绕着这个中心进行的，所以作为班组长必须做好生产过程的控制管理。

3.2.1 在生产过程中的关注要点

3.2.1.1 首件确认

（1）首件的概念。现场管理中通过对第一件（或第一批）产品进行检验确认，可以避免发生批量性生产的错误。在通常情况下，每班或每种产品投入生产后产出的第一件产品被认为是首件，如果该产品检验合格，则说明目前的制程有能力制造合格品，反之，则说明还需要改进。至于具体的首件产品数量是多少，则要根据生产的特性来确定，一般的原则是5件。

（2）首件的产生。各班组要把每天或每个机种开始生产的前5个产品送品质部检查，从中挑出一个合格品作为首件品进行管理，如果检查中发现没有合格品或产品严重不良，则说明目前的制程不良，不能批量投入生产。

（3）首件的确认与管制。首件产品由品质部人员判定合格后，由现场班组长接收并确认，确认后首件产品连同其检查表一起放置于设在现场的首件专用放置台上，直到本首件管辖的时段（最多一天）完成为止。首件产品要按程序文件规定的方式去管理，主要管理事项包括签收、贴标签、建台账、更改、承认、发出等。

（4）首件产品的用途。因为首件产品是经品质部检验合格的，所以，班组可以用它来和制程中的其他有疑问的产品进行对比，以便统一认识。

3.2.1.2 样板管理

（1）样板的分类。现场的样板通常可以分为两大类，即良品样板和不良品样板。良品样板就是各项性能和外观指标均符合产品标准的样板，通常只有一个。不良品样板是指某项性能或外观指标不符合标准的样板，可以有许多个，但在使用时一般只选取两三种具有代表性的不良项目即可。

不管是良品样板还是不良品样板，均要放置在操作员的操作位置附近，使操作员容易获得。

（2）样板的日常管理。对样板的日常管理应按如图3-5所示的方法进行。

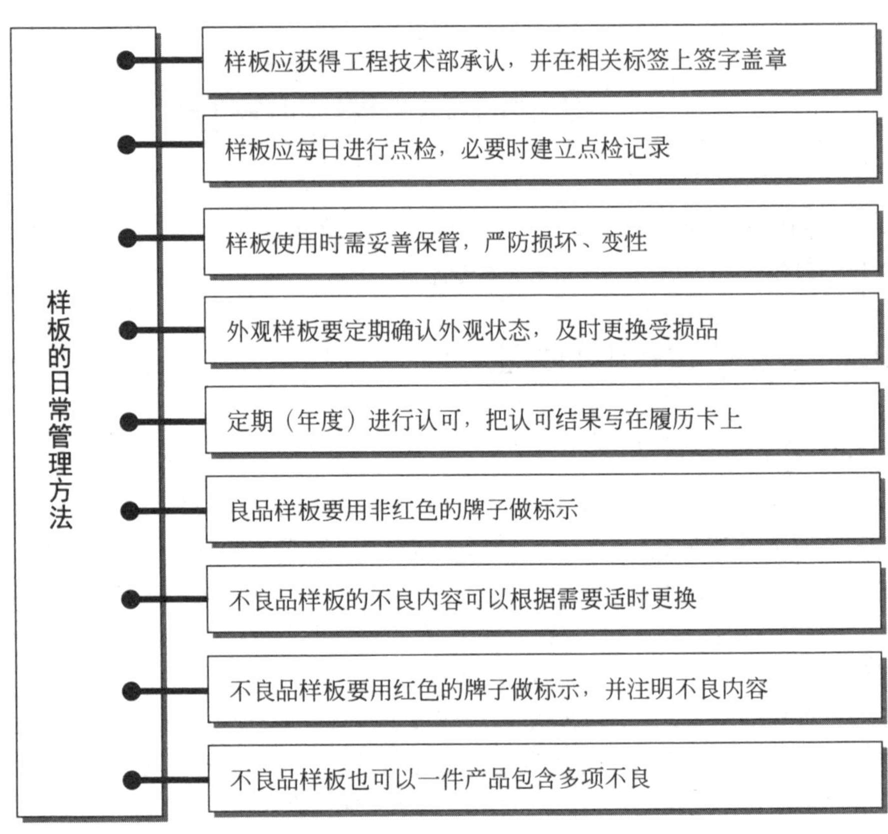

图3-5　样板的日常管理方法

3.2.1.3　上下班管理

一个完整的过程需要有始有终，工作也是如此。通常刚上班10分钟内班组容易出现各种状况，如人员迟到、旷工、情绪差、不稳定，材料出现缺料、品质差，机器出现异常、故障或缺工艺文件等。要下班时总体上可能比刚上班要稍好一点，但出现的状况中人员方面的因素会更多些，如人员早退、上厕所、串岗、聊天、怠工、心情浮躁、做事敷衍等。另外，下班时的收尾工作也可能做不好，如台面忘记整理、忘记关灯、忘记关电源等。

作为班组长，该如何做好人员的上下班管理呢？一般来说，主要是需提高员工的素质，确保员工能自主管理。

（1）班组长应以身作则，凡事自己先做好，并在平时工作、开会和培训中多言传身教，对员工起到潜移默化的作用。

（2）经常总结在该时段容易发生的问题，以此建立相应的对策，形成制度并严格执行。

（3）从管理机制上采取预防措施，消除人员的思想影响。

3.2.1.4 关注新手

所谓新手是指新入职人员、新近提拔人员或轮（转）岗人员等。作为班组长，要注重对新手的管理，以防止新手因岗位生疏而发生问题。在平时的工作中，对他们要进行重点管理，派专人负责，明确指导人员的职责，并严格把关；定时巡查，首件确认后，每隔两小时再去确认工作结果。

3.2.1.5 工程更改

（1）工程更改内容。工程更改指的是在产品制造过程中有目的地改变机器、材料、方法和环境等方面的状态或指标的行为。实施工程更改的目的是为了改善制造工艺，更好地满足生产的需要。有工程更改情形发生时，一定要使用“工程更改通知书”。工程更改常见更改内容主要有以下8个方面。

——变更产品指标，包括在制品、完成品和成品等所有阶段的产品指标。

——变更作业方法，如改手焊锡为机器自动焊锡等。

——变更生产材料，如改换材料的规格、材质、品种或者供应商等。

——辅助材料变更，包括改参数和换品种等。

——更换机器设备，如因机器设备故障而改换或修理等。

——更换仪器仪表，如因仪器仪表不良而改换或修理等。

——变更生产场所，如调换车间或新开生产线等。

——变更现场环境，如改变生产现场的温湿度、太阳光照、污染等。

（2）工程更改步骤。工程更改是令现场最头痛的问题之一，发生工程更改时工程部会发“工程更改通知书”到各相关部门，如果条件许可他们会及时修改相关的技术文件（如作业指导书），并一同发出，但如果情况不允许，他们通常会先发“工程更改通知书”，稍后再发修订好的关联技术文件。

当现场接收到“工程更改通知书”时，班组长应紧紧盯住相关的变更事项内容，密切观察变更实施后的结果，做到对变更内容心中有数和有效控制，并掌握第一手资料数据。具体的操作包括以下内容。

——记录更改的实施日期、时间，必要时记录需要变更的产品号码。

——重点关注与更改内容密切关联的工序，掌握变更结果。

——详细确认实施变更后的第一批产品（一般是3～20件），找出问题点。

——把变更结果报告给上级领导。

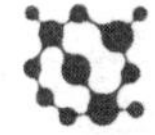

【范本】工程更改通知书

工程更改通知书

To：		编号：	
产品：	工程名及号码：		页码：
型号：	变更适用日期：		变更性质：
变更理由简述：			
变更内容记录：			
备注：			
担当：	检讨：	批准：	日期：

3.2.2 在生产过程中的异常处理

3.2.2.1 异常及异常的发现

异常就是生产过程中发生的各种问题和不正常现象。异常起初有可能很小，如果及时控制的话一般都能化解，但如果未及时发现或控制不力，则可能扩大，严重时甚至酿成事故。班组长实施过程管理的主要目的就是消除异常，确保生产过程稳定，并进一步在稳定的基础上寻求改善机会。发现异常主要靠经验，所以，班组长日常工作中就应注意总结。通常而言，班组长可通过如下途径获得经验。

（1）每天进行工作总结，并每月汇总一次，提炼出精华。

（2）善于发现员工们的亮点，及时总结并推广。

（3）树立工作中的参照标准，定期观摩、学习和对照。

（4）慎重对待领导的各种指示，并反复地体会和理解。

（5）借助管理工具，如控制图、趋势图等，通过对这些图表进行科学分析，找出工作中的异常兆头。

3.2.2.2 异常发生的处理原则

（1）临时问题临时解决。临时问题指的是在一段时间内存在，而另一段时间内有可能会自动消失的问题。当出现临时问题时，班组长一定要掌握实施更改的时效。

（2）突发事件果断处理。突发事件指的是突然发生的影响生产秩序正常进行的事件。由于生产现场人多事杂，突然发生一些意想不到的事情在所难免，这就需要班组长沉着冷静，果断作出决定，稳住局面，并把负面影响降到最低。

当突发事件发生时，班组长应该按如图3-6所示的要求处理问题。

- 要求一：在第一时间赶到事发现场，挺身而出，指挥大家采取紧急应对措施，先稳住现场局面
- 要求二：及时通知事件的责任部门和关联部门，全力配合管理者分析事发原因
- 要求三：果断采取措施，解决问题，落实责任，验证采取措施的结果，并积极寻找预防和控制的方法

图3-6　突发事件发生时的处理要求

（3）重大问题第一时间解决。所谓重大问题指的是问题属性比较严重，影响面比较大的事件。对于重大危害性事件，如果不及时处理的话后果可能会更严重。所以，班组长一定要在第一时间内处理它们，而且不管处理结果如何，都要把具体的处理措施和最新状况向上级领导报告，听候领导指示。

3.2.3　人员与工位管理

3.2.3.1　人员流动状态看板

（1）人员动态看板的适用性。人员流动状态看板主要适合于在离散型企业里工作的班组使用，不适合于流水线作业的班组使用。使用迫切性比较强的部门或班组主要有：IQC、物料组、动力班、实验班、技术部、业务部、管理部等。

（2）人员动态看板的制作与管理方法。人员动态看板的制作与管理方法如图3-7所示。

- 方法一：按班组别列出人员清单，纵向排列；识别他们可能流动的场所，横向排列；然后把上述内容制成表，打印或刻画在看板上
- 方法二：以粘贴或悬挂方式安装在本班组的显眼位置
- 方法三：类别有白板、纸条等，作用是标示人员的流动状态

图3-7

方法四　通常由部门管理者指定人员管理，或者由值日生管理；管理事项主要是清洁、维护和确保有效等

方法五　标示内容要明确，标牌不会自行滑动或脱落

方法六　员工的流动状态要一目了然，这一方面有利于员工自律，另一方面也可以规范现场管理秩序，防止人员擅离岗位

图3-7　人员动态看板的制作与管理方法

3.2.3.2　工位顶替管理

（1）工位顶替的时机。人人都有三急，工位顶替的时机正是这些“急”的时候。通常如图3-8所示时机需要工位顶替。

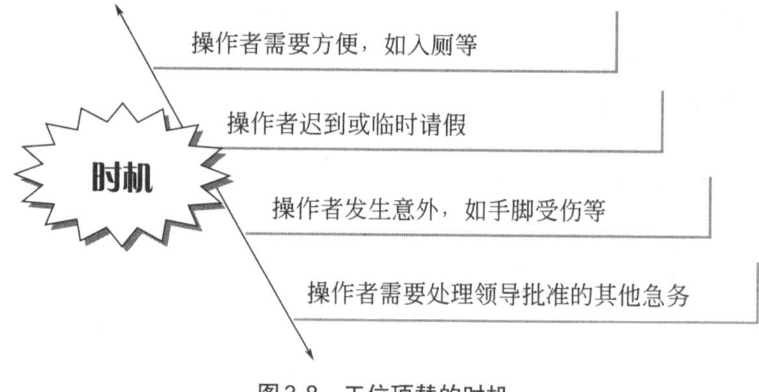

图3-8　工位顶替的时机

（2）管理方法。有人要离位，就要有人去顶，班组长在平时的工作中，应注意预备工位顶替的人员。工位顶替的程序如图3-9所示。

第一步　需要离位的人员向管理者提出口头申请

第二步　离位者要卸下操作证，佩戴离位证

第三步　继位者一般由班组长或助手担任，发出离位证，然后去顶岗

第四步　班组长要对顶替者的工作予以确认

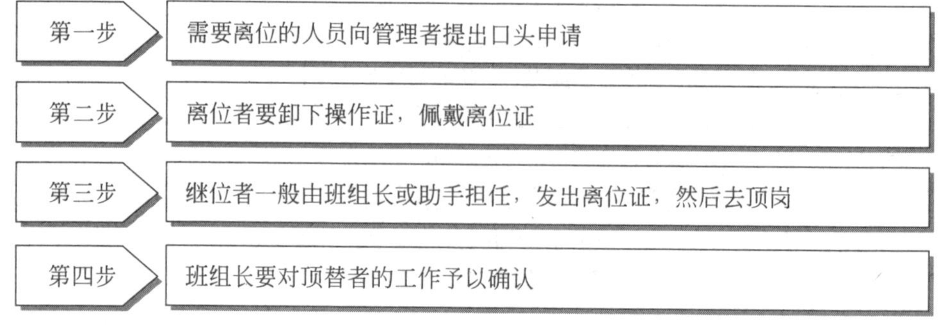

图3-9　工位顶替的程序

3.2.4 特殊工序的管理

特殊工序指那些在制造过程中担当特殊特性操作的工位。特殊特性是指产品在制程中显得比较关键或特别的某些具体指标，通常包括产品特殊特性（比较特殊或关键的与产品指标及其零件有关联的特性）和过程特殊特性（比较特殊或关键的工程技术参数）。

特殊工序的管理办法有两种：一是连续进行监控，确保每件产品都能在后续的过程中得到检验和试验；二是把该工序交给授予资格的人员去完成。实施连续监控的目的是保障该工序的操作过程符合标准，结果符合要求；交给有资格的人员完成是因为这些人拥有可以把该工序做到位的能力和经验。通常实施连续监控的方法主要有如图3-10所示5种。

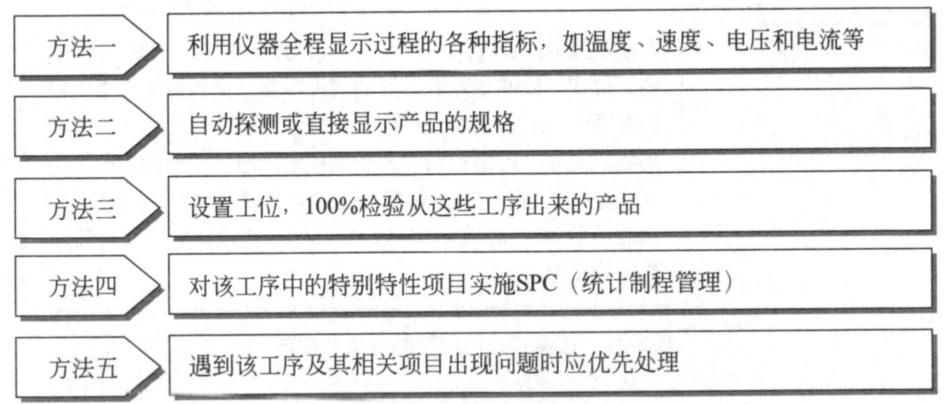

图3-10 实施连续监控的方法

3.2.5 落实“三检制”

3.2.5.1 “三检制”的定义

“三检制”就是三种检验方法制度，其内容包括自检、互检和专检。自检是作业者在每项作业完成后对自己的作业内容所进行的确认，即自己检验自己；互检是下一道工序的作业者在开始作业前对前道工序的作业内容所进行的确认，即别人检验自己；专检则是指专门的检查人员实施的专项检验。

3.2.5.2 落实“三检制”的方法和技巧

落实“三检制”的方法和技巧如图3-11所示。

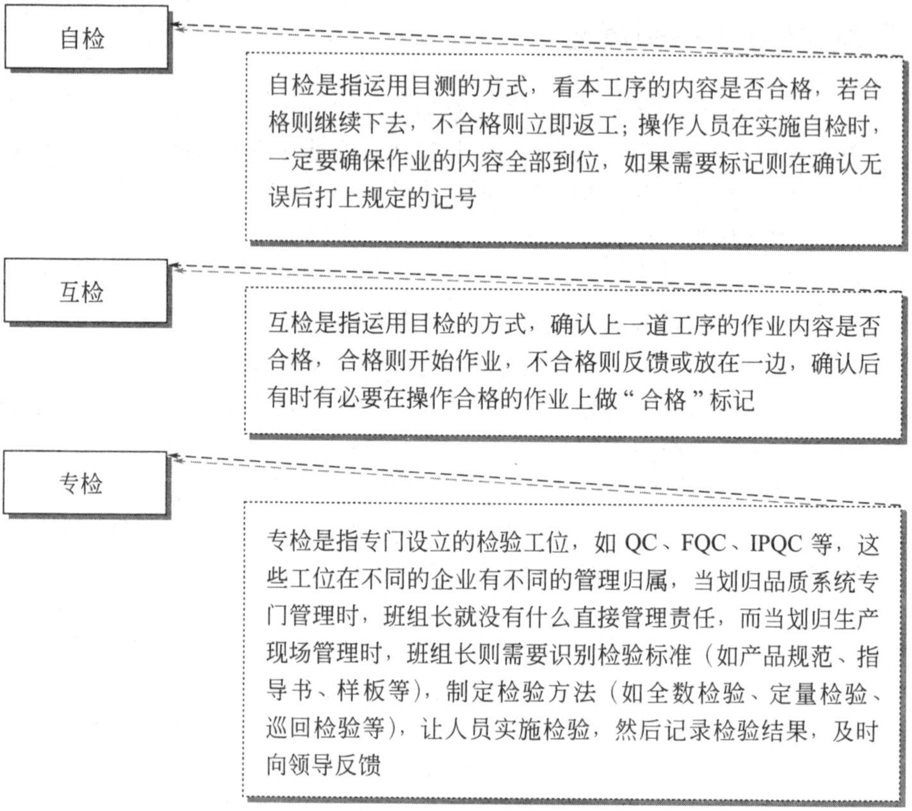

自检

自检是指运用目测的方式，看本工序的内容是否合格，若合格则继续下去，不合格则立即返工；操作人员在实施自检时，一定要确保作业的内容全部到位，如果需要标记则在确认无误后打上规定的记号

互检

互检是指运用目检的方式，确认上一道工序的作业内容是否合格，合格则开始作业，不合格则反馈或放在一边，确认后有时有必要在操作合格的作业上做“合格”标记

专检

专检是指专门设立的检验工位，如QC、FQC、IPQC等，这些工位在不同的企业有不同的管理归属，当划归品质系统专门管理时，班组长就没有什么直接管理责任，而当划归生产现场管理时，班组长则需要识别检验标准（如产品规范、指导书、样板等），制定检验方法（如全数检验、定量检验、巡回检验等），让人员实施检验，然后记录检验结果，及时向领导反馈

图3-11　落实“三检制”的方法和技巧

3.3　控制好生产进度

生产进度是衡量生产任务能否顺利完成的重要指标之一。作为班组长，必须做好生产进度的控制工作。

3.3.1　认真执行生产计划

3.3.1.1　掌握执行的诀窍

执行的诀窍如图3-12所示。

诀窍一　执行计划时要尽量减少转换模型的频次

当周生产计划中的某一时段包含多个产品模型时，班组长要从持续生产的角度出发安排日生产计划，把转换模型的概率降低到最少的状态

诀窍二　优先完成容易生产的产品

考生答试卷，总是要先挑容易完成的题目回答，然后，再集中精力解决难题，生产也是如此，如果条件许可，班组应先完成一些容易出结果的任务，这样可以减轻部分工作压力

诀窍三　让熟悉的人做熟悉的事情

作为班组长，应较全面地了解自己的员工，掌握员工的做事风格，比如，对于新到员工，应尽量把那些不易发生问题的产品分给他们去做，对于熟练的员工，则要让他们做难做的事情，以创造信任，增强员工的自信心

诀窍四　与相关部门协调好关系，达成共识

虽然生产是现场班组的职责，但是，它需要诸如品管、工程技术、物料等诸多部门的密切配合，只有他们合作到位了，才能使生产的软、硬环境对生产有利，进而能够顺利完成计划

图3-12　执行的诀窍

3.3.1.2　加工作业分配

加工作业通常具有下列特点：作业场所在生产线外；作业时间有一定提前性；作业量仅在日生产计划中有所反映；作业人员一般都是排拉后的富余人员；作业位置不一定能固定。鉴于上述情况，班组长有必要灵活地管理加工作业，在具体分派时应遵守下列方法。

（1）一定要设置必要的提前期，确保不耽误正常作业。

（2）选择位置时应注重方便、就近的原则，减少重复搬运。

（3）加工作业的量可以依据平时生产经验灵活增减。

（4）班组富余人员数量的多少也可以作为灵活调节的依据。

特别提示：

班组长安排加工作业时要注意加工位置、加工流程、加工时间、加工数量这四个问题。在这四个问题中后两个取决于生产计划，不是管理的重点；前两个问题具有很多可变因素，是实施管理的重点。

3.3.1.3 特殊情况应对

（1）任务不能完成时。在企业日常生产中，难免会出现任务不能完成的情况。比如，当机器设备发生临时故障时，就会出现生产速度下降或停顿的现象；当材料供应欠及时时，就会出现因品质欠佳而不能完成任务的现象；当人员不稳定时，就会出现作业效率下降的现象；当制程发生异常工艺问题时，就会出现产品直通率降低、不合格产品率增加的现象。这些问题的发生，都可能导致生产任务难以完成。不管是什么原因，班组长都应冷静分析，认真采取应对措施。具体处理方法如图3-13所示。

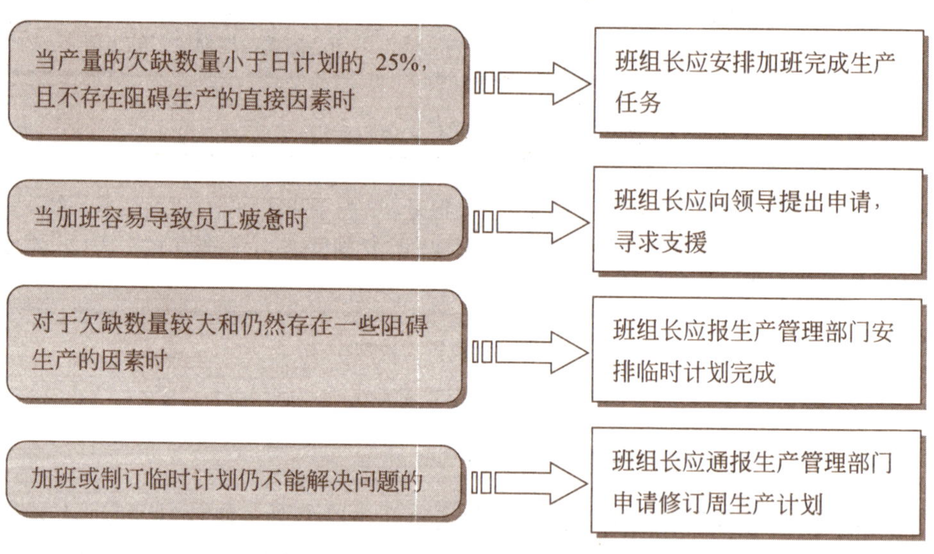

图3-13 任务不能完成时的处理方法

（2）出现紧急任务时。紧急生产任务泛指那些需要打破常规生产计划节拍，先行制造，急于出货的产品生产，它不同于常规生产任务。通常而言，紧急生产任务在形式上暂时打乱了正常的生产秩序，由于来得突然，会出现生产准备不一定就绪的情况，如缺工具、夹具等。既然是紧急任务，则出货紧急，没有太多的回旋时间处理争议问题，生产、检验、试验和实验的步骤需要加快，甚至部分省略。当遇有紧急生产任务时，班组长可按如图3-14的方法进行处理。

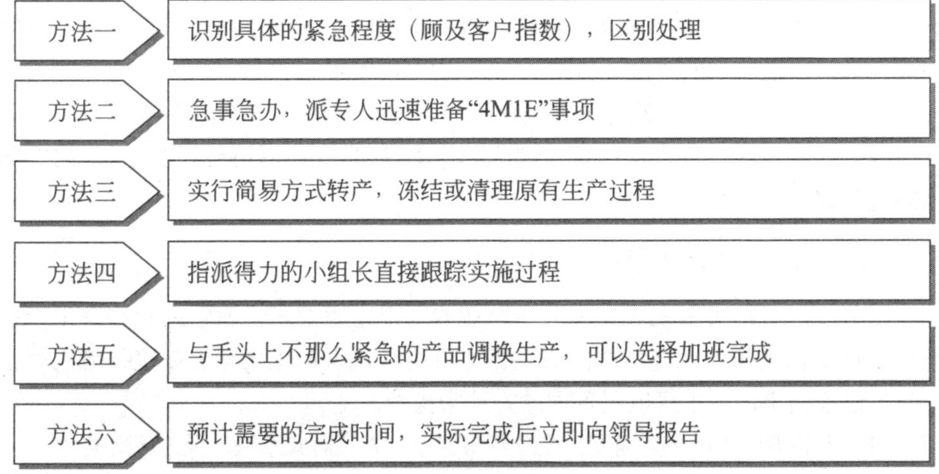

图3-14　出现紧急任务时的处理方法

3.3.2　掌握好生产速度

3.3.2.1　速度的测试

速度是一组直观的数据，对于企业生产来说，生产速度主要表现在流水线和机器加工的作业中。一般掌握和控制生产速度的直接责任人是管控现场的班组长，其他人员都无权调节。对于流水线的转动速度，可以用秒表加米尺的方法测量获得，具体步骤如图3-15所示。

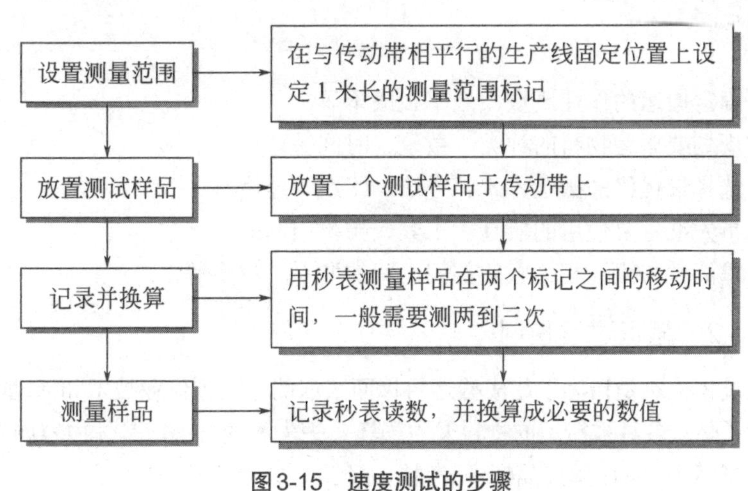

图3-15　速度测试的步骤

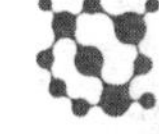

3.3.2.2 速度的控制

通过测量得知的生产速度，需要班组长在实际工作中进行调节和控制，以便完成产量，满足计划的要求。班组长可通过以下途径来控制速度。

（1）控制硬件。生产线运转发动机的调速器，按规定直接调节。

（2）控制软件。生产管理规章制度和相关信息，主要是针对生产运作的实际状态进行调节。

3.3.2.3 适时调节节拍

调节生产节拍主要表现在离散型企业的制造过程中。一般掌握和控制生产节拍的直接责任人是生产现场的高级主管，班组长应该属于推动者或执行者。就整个生产过程而言，节拍可以用下面的方法来操控。

（1）节拍要因生产形势而变，生产任务急或士气高时宜变快，反之应变慢。

（2）在欲变快前，应先造一点儿声势，以便达到加油和鼓励的目的。

3.3.3 规范搬运环节

3.3.3.1 搬运计划拟订

搬运计划是为确保生产顺利进行而事先拟订的关于物料装卸、转移和放置等事项的活动方案。搬运计划一般应包括如下内容。

特别提示：

班组长在接到生产计划时就应该着手制订这项计划，并在搬运正式开始前制订好。

（1）确定搬运的作业质量、效率、成本等。

（2）规划要搬运物料的种类、数量、时间等。

（3）选择最优化的搬运方式、方法、路线、速度等。

（4）事先准备要使用的器具、工具、防护用品等。

（5）搞清楚与搬运相关联的部门之间的联系、权责等。

3.3.3.2 搬运过程控制

搬运过程控制是指为了达成搬运目标而采取的一系列作业技术和活动。控制的目的是为了防止各种被搬运的物料发生损坏、丢失和变质等。具体内容如下所述。

（1）搬运人员的招聘、培训、考核、经验、成绩等。

（2）搬运设备的选择、认可、维护、修理、应用、改造等。

(3) 改善搬运环境，如铺路、防滑设置等。

(4) 建立必要的规章制度等。

(5) 规定搬运权责，明确分工，控制运作。

(6) 分析和总结搬运效果，优化搬运方案。

(7) 每次搬运前先制订计划，然后按计划搬运。

(8) 提升人员素质，文明装卸，礼貌作业。

3.3.3.3 搬运器具管理

搬运器具指的是搬运过程中所使用的设备、机械、工具等。搬运器具是实施有效搬运的物质和技术基础，对搬运器具的管理将直接影响到搬运质量。搬运器具管理更偏重于日常工作中使用特性的管理，具体可按如图3-16所示方法进行操作。

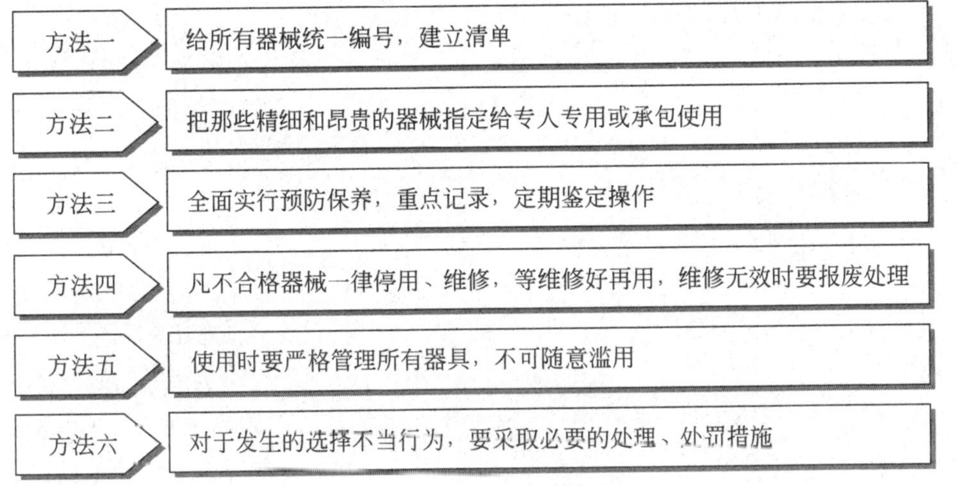

图3-16 搬运器具管理的方法

3.3.3.4 特殊物料的搬运技法

特殊物料是指那些具有特殊的物理性、化学性、工艺性以及其他方面性能和功能特性的物料，如汽油、压缩气体、液化气体、农药、硫酸，或超长、大、重物料，及放射性物料等，这些物品在搬运时都需要遵守特殊要求。

3.3.4 优化流程结构

优化流程结构是建立在熟悉掌握现有流程结构优缺点的基础上的。有经验的班组长通常会通过总结生产成绩，把那些具有重要影响作用的因素识别出来，这样做能加快生产进度，还能使人员操作变得轻松和默契。

第4章 现场管理技能

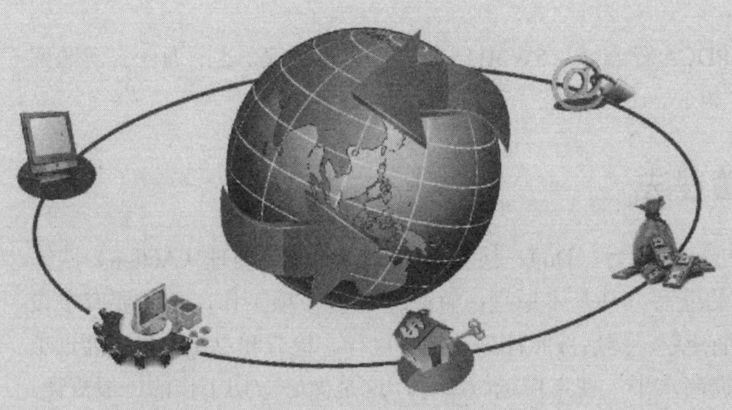

引言

一般而言，班组长现场必须管理的事项有生产效率、降低成本、生产安全、人员训练、质量控制等，而要做好管理，必须有一定的方法。“工欲善其事，必先利其器”，班组长想要做好现场管理工作，必须先掌握基本的管理技能。

4.1 基本管理手法

现场管理方法有PDCA管理法、5W2H法、三直三现主义、5个为什么问题解析法、8D法等，具体如下。

4.1.1 PDCA管理法

PDCA是计划（Plan）、执行（Do）、检查（Check）、总结处理（Action）四个词的英文第一个字母的缩写。其基本原理，就是做任何一项工作，首先要有个设想，根据设想提出一个计划，然后按照计划规定去执行、检查和总结，最后通过工作循环，一步一步地提高水平，使工作越做越好，这是做好一切工作的一般规律。PDCA计划循环法，是美国管理专家戴明首先提出来的，称为“戴明循环管理法”。

运用好PDCA循环法，可以帮助我们做好每一件事情，并有所收获。

4.1.1.1 PDCA计划循环法的基本内容

PDCA计划循环法一般可分为四个阶段和八个步骤，其内容分述如下。

（1）PDCA计划循环法的四个阶段。

——第一阶段是制订计划（P），包括确定方针、目标和活动计划等内容。

——第二阶段是执行（D），主要是组织力量去执行计划，保证计划的实施。

——第三阶段是检查（C），重点在对计划执行情况的检查、分析。

——第四阶段是总结（A），主要是总结成功的经验和失败的教训，并把没有解决的问题转入下一个循环中去，从而完成一个圆满的改善循环。

上述四个阶段的工作循环如图4-1所示。

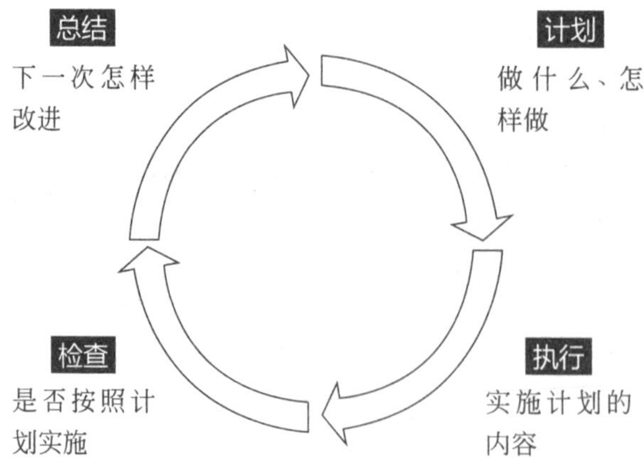

图4-1 PDCA计划循环法的内容

（2）PDCA计划循环法的八个步骤。

——提出工作设想，收集有关资料，进行调查和预测，确定方针和目标。

——按规定的方针目标，进行试算平衡，提出各种决策方案，从中选择一个最理想的方案。

——按照决策方案，编制具体的活动计划下达执行。

以上三个工作步骤是第一阶段计划（P）的具体化。

——根据规定的计划任务，具体落实到各部门和有关人员，并按照规定的数量、质量和时间等标准要求，认真贯彻执行。

这是第二阶段执行（D）的具体化。

——检查计划的执行情况，评价工作成绩。在检查中，必须建立、健全原始记录和统计资料，以及有关的信息资料。

——对已发现的问题进行科学分析，从而找出问题产生的原因。

上述两项工作步骤是第三阶段检查（C）的具体化。

——对发生的问题提出解决办法，好的经验要总结推广，错误教训要防止再发生。

——对尚未解决的问题，应转入下一轮PDCA工作循环予以解决。

上述两项工作步骤是第四阶段总结处理（A）的具体化。

4.1.1.2 PDCA计划循环法的基本特点

（1）大循环套中循环，中循环套小循环，环环转动，相互促进。一个企业或单位是一个PDCA大循环系统；内部的各部门或处室是一个中循环系统；基层班组或个人是一个小循环系统。这样，逐级分层，环环扣紧，把整个计划工作有机地联系起来，相互紧密配合，协调共同发展。

（2）每一个循环系统包括计划→执行→检查→总结四个阶段，都要周而复始地运动，不得中断。每一项计划指标，都要有保证措施，一次循环解决不了的问题，必须转入下一轮循环解决，这样才能保证计划管理的系统性、全面性和完整性。

（3）PDCA循环是螺旋式上升和发展的，每循环一次，都要有所前进和提高，不能停留在原有水平上。通过每一次总结，都要巩固成绩，克服缺点；通过每一次循环，都要有所创新，从而保证计划管理水平不断地得到提高，如图4-2所示。

在具体运用PDCA循环法的过程中，可以采用有关的数理统计方法，一般比较常用的有主次因素排列图、因果分析图、分层图、控制图、相关图及有关的统计报表等。这些方法的具体内容在有关统计书中均有详细论述。

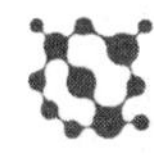

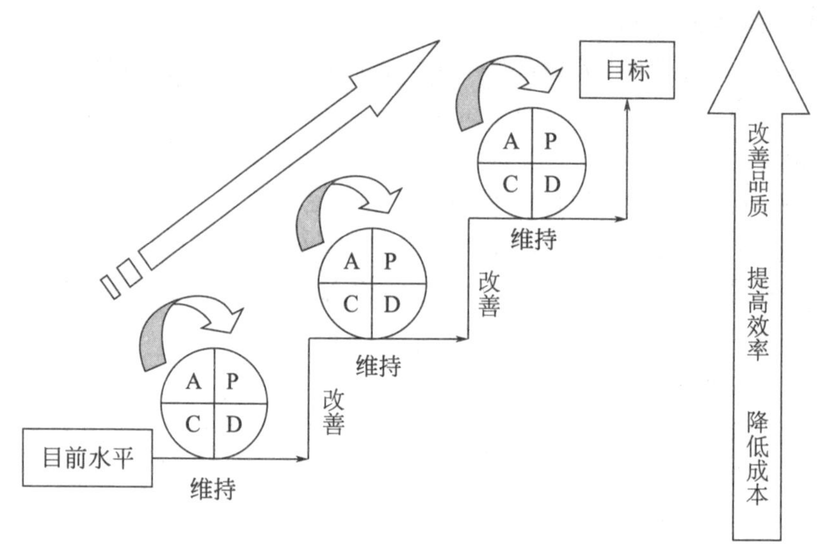

图4-2 PDCA循环法的特点

4.1.2 5W2H法

“5W2H法”是抓住问题、分析问题、解决问题的一种重要方法，它为我们提供了面对问题时的思路。5W2H的目的是协助我们发掘问题的真正根源所在以及可能的改善途径。有些人甚至提到了5X5W2H法，5X表示5次，表示对问题的质疑不要只问一次而要多问几次，当然这个5是个概数，可多也可少。

4.1.2.1 5W2H的含义

5W2H发问法，即问为什么（Why）、做什么（What）、何人（Who）、何时（When）、何地（Where）以及怎样（How）和多少（How much），从而形成改善方案。

What——什么事？要做什么？用以明确工作任务的内容及目标。

Who——由谁来执行、谁来负责？用以明确工作任务的对象。

When——什么时候开始？什么时候结束？什么时候检查？用以明确工作任务的日程。

Where——在哪里干？哪里开始？哪里结束？用以明确工作任务的空间位置和变化。

Why——这样干的必要性是什么？有没有更好的办法？告诉下属事情的重要性可以使他更负责任或受到激励。

这五个英文单词的首个字母都是以“W”开头，因此称之为“5W”。

How——用什么方法进行？用以明确工作任务完成的程序、方法。

How much——做多少？做到什么程度为好？会花费多少成本？用以明确完成工作任务及解决问题所需成本。

这两个英文单词的首个字母都是以“H”开头，因此称之为“2H”。

用这种方法进行提问，有助于我们思路的条理化，杜绝工作的盲目性。

4.1.2.2 5W2H法自问的顺序及内容

在工作中充分运用5W2H的方法解决问题可以取得事半功倍的效果，如有关汇报的问题可以从以下七个方面进行解决。

（1）这次汇报的主要内容是什么。

（2）为什么要使用这个方案。

（3）它能达到一个什么样的目标。

（4）应该在什么地点、什么时候、由谁来执行、谁来负责。

（5）现在进行到什么阶段，预计什么时候能结束。

（6）是否需要其他人的配合。

（7）大约会花费多大的成本。

相关情况一一列出后，汇报工作基本上就明白了，利用这种方法来考虑问题更有利于工作的条理化。

班组长在现场管理中碰到任何问题都可以运用5W2H法来寻根究底，并找出解决方案。

4.1.3 三直三现主义

三直三现主义是由日本《现场管理者》一书提出的，其内容是：马上现场、马上现品、马上现象。

在生产现场，每天都会发生许多问题，如不良品生产较多、工伤事故的发生、装混货物等，遇上这些事情，班组长首先应到现场去看，听取现场相关人员的意见。如果不这样做，而是坐在会议室里听取有关人员的汇报，仅凭想象讨论对策是不够的。因为下属的汇报不可能那么全面，有时也不能说到关键问题上，这样会使你的思路和判断出现偏差，有可能遗漏问题要点。

若在听取汇报的同时马上来到现场察看，多数情况就会明白事故发生的原因。让大多数人去看现场，进行调查，比只有少数人看现场，能了解到的情况更多，这时能马上进行处置和尽快实行对策，这一点至关重要，这就是三直三现主义。

班组长不要坐等汇报，一定要到生产现场去看一看，才能了解到现场所发生问题的真实状况，并找到解决办法。

4.1.4 5个为什么问题解析法

5个为什么问题解析法就是连续问5个为什么，从而找到问题的解决措施和方法。

中国有一句歇后语“打破砂锅问到底（纹到底）”。班组长在做工作时其实也需这种打破砂锅问到底的精神，在现场许多问题，尤其是质量问题，只要你多问几个为什么，你就会找出产生问题的原因，解决问题的方法也就掌握在你的手中。

4.1.4.1 就问题点直接发问直接回答

5个为什么的特点就是就问题点直接发问，回答也只需要就问题直接作回答。回答的结果又将成为下一个发问的问题，就这样直接追问下去，连续5次就可问出问题发生的真正原因，给自己解决问题又提供了一个新的办法。

案例

某班长一天发现生产现场的地板上有一摊油，他把当班的一个员工叫过来问：“为什么地上会有油？”

员工回答：“啤机正在漏油。”

“为什么啤机会漏油？”

“啤机上有个破洞。”

“为什么啤机会破一个洞？”

“塞子坏掉了。”

“为什么塞子会坏？”

“嗯，有人告诉我们，他们采购这批活塞的价钱很便宜。”

“为什么采购部门可以要到这么好的价钱？”

“我怎么会知道。”

班长打电话询问，结果是公司里有个政策，鼓励以最低价格采购，因此才会产生这个有毛病的零件，造成漏油的啤机和地板上的一摊油。

挑一个你希望由此开始对症下药的症状，也就是你希望由此解开死结的线索，问大家第一个为什么：“为什么××事情会发生？”结果，可能有三个或四个答案。把这些答案都记录在纸上，让答案四周留下充裕的空间。

就纸上写下的每个叙述，重复相同的流程，针对每个叙述问“为什么”，把答案写在第一个问题的旁边，追踪看起来比较可能的答案，你会发现这些答案开始整合，十来个个别症状或许可以回溯到两个或三个系统根源。

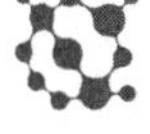

4.1.4.2 问的时候不要只顾责怪别人

要有效地解决问题，你问这5个为什么的时候，不要只顾责怪别人。

案例

当你发现工作场所的地板上有一摊油时，问："为什么地板上有一摊油？"可能有人会说："因为维修人员没有把油擦干净。"

"为什么他们没有把油擦干净？"

"因为他们的主管没有叫他们擦干净。"

"为什么主管没有叫他们擦干净？"

"因为维修人员没有告诉他这件事情。"

"为什么维修人员不告诉他们的主管？"

"因为他没有问。"

责怪别人会使你除了惩罚维修人员之外，没有其他选择，没有机会发现实质的问题。

4.1.5 8D法

"8D"即8 Disciplines的简称，意思为八项纪律制度，即解决问题的八步骤法，是来自美国三大汽车公司之一的福特（Ford）汽车公司的做法，现在已流行于全世界。

"8D"与克莱斯勒（Chrysler）汽车公司的"七步纠正措施"法在本质上是相同的，它们都是有效解决现场异常事项最可靠的方法之一。具体的八大步骤内容如图4-3所示。

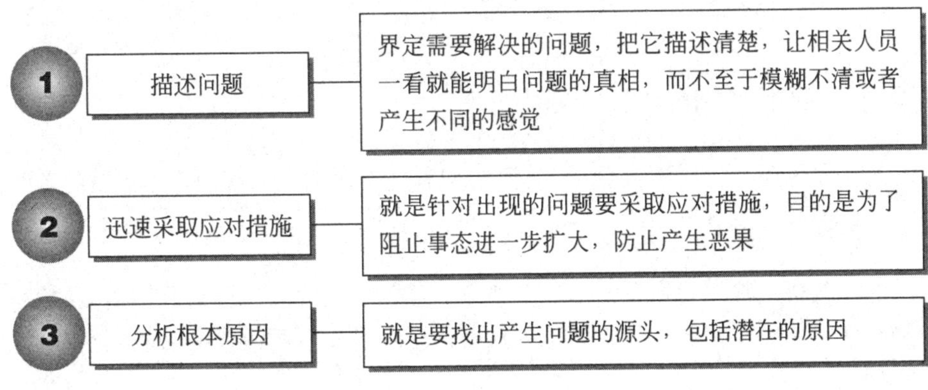

图4-3

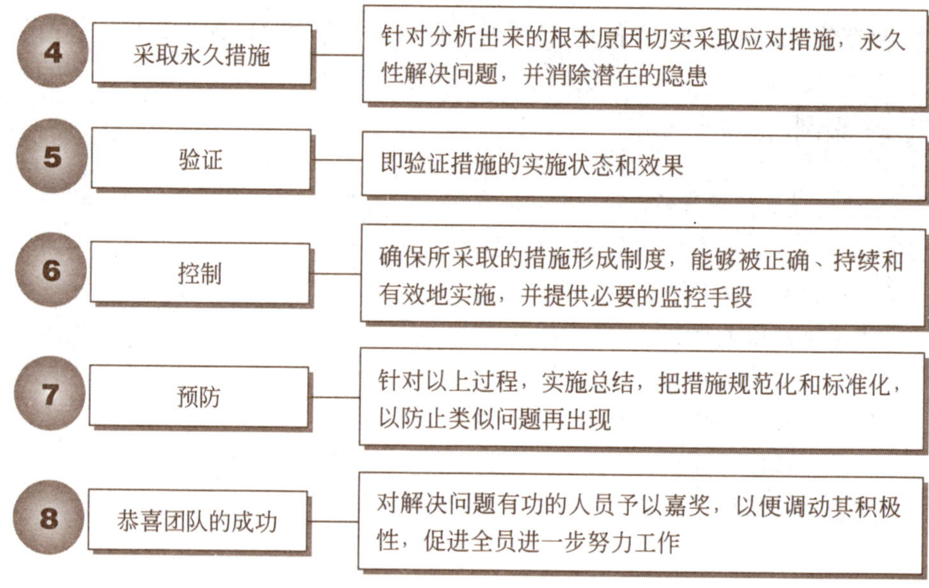

图4-3　8D法的八大步骤

4.2　5S管理

“5S”是整理（Seiri）、整顿（Seiton）、清扫（Seiso）、清洁（Seikeetsu）和素养（Shitsuke）这5个词的缩写。因为这5个词日语中罗马拼音的第一个字母都是“S”，所以简称为“5S”。开展以整理、整顿、清扫、清洁和素养为内容的活动，称为“5S”活动。

4.2.1　整理（Seiri）

在工作现场，区别要与不要的东西，只保留有用的东西，撤除不需要的东西。

4.2.1.1　步骤一：确定现场需要与不需要的判别基准

进行整理，首先要根据情况，分清什么是需要的物品，什么是不需要的，分清物品使用频率，按层次规定的位置放置。现场需要与不需要物品的判别基准如图4-4所示。

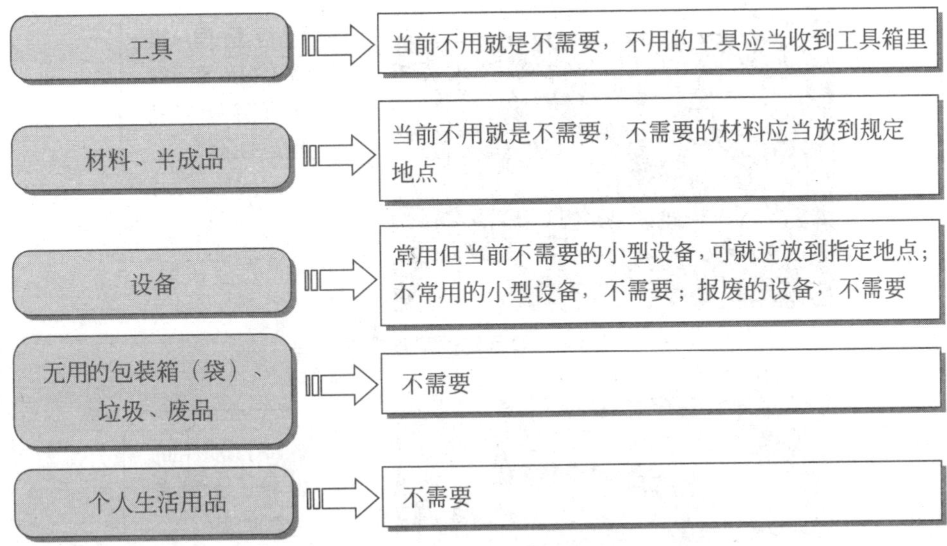

图4-4　现场需要与不需要物品的判别基准

对于现场不需要的物品要坚决清理出生产现场。对于车间里各个工位或设备的前后、通道左右、厂房上下、工具箱内外，以及车间的各个角落，都要彻底搜寻和清理，达到现场无不用之物。如图4-5至图4-7所示。

图4-5　物品凌乱摆放会带来麻烦

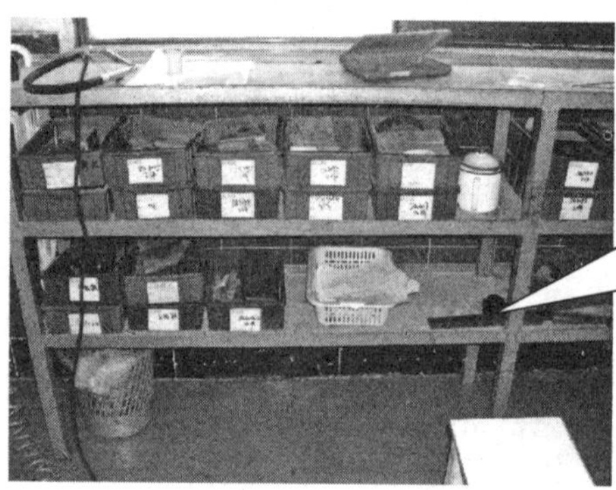

图4-6　物品定位定置摆放

图4-7　表单、资料等必需品定位摆放

4.2.1.2　步骤二：实施现场检查

现场检查工作主要是做好地面、天花板、工作台、办公区、仓库等区域的检查，具体的检查内容见表4-1。

表4-1　现场检查的主要内容

场所	内容
地面（尤其要注意死角）	（1）推车、台车、叉车等搬运工具 （2）各种良品、不良品、半成品、材料 （3）工装夹具、设备装置 （4）材料箱、纸箱、容器等 （5）油桶、漆罐、油污 （6）花盆、烟灰缸 （7）纸屑、杂物
工作台	（1）破布、手套等消耗品 （2）螺丝刀、扳手、刀具等工具 （3）个人物品、图表资料 （4）余料、样品

续表

场所	内容
办公区域	（1）抽屉和橱柜里的书籍、档案 （2）桌上的各种办公用品 （3）公告板、海报、标语 （4）风扇、时钟等
天花板	（1）导线及配件 （2）蜘蛛网 （3）尘网 （4）单位部门指示牌 （5）照明器具等
墙上	（1）标牌、指示牌 （2）挂架、意见箱 （3）吊扇、配线、配管 （4）蜘蛛网
仓库	（1）原材料、辅助材料 （2）呆料 （3）废料 （4）其他非材料的物品
室外	（1）废弃工装夹具 （2）生锈的材料 （3）自行车、汽车 （4）托板 （5）推车、轮胎

4.2.1.3　步骤三：整理非必需品

整理非必需品的原则是看该物品现在有没有“使用价值”，而不是原来的“购买价值”，同时注意以下事项。

（1）整理前须考虑的事项。

——考虑为什么要清理以及如何清理。

——规定定期进行整理的日期和规则。

——在整理前要预先明确现场需放置的物品。

——区分要保留的物品和不需要的物品，并向员工说明保留的理由。

——划定保留物品安置的地方。

（2）对暂时不需要的物品进行整理时，应进行认真的研究，判断这些保留的物品是否有保留的价值，并弄清保留的理由和目的。当不能确定今后是否还会有用时，可根据实际情况来决定一个保留期限，先暂时保留一段时间，等过了保留期限后，再将其清理出现场。

物品的放置判断见表4-2。

表4-2　物品的放置判断

使用次数	判断基准
一年没用过一次的物品	废弃放入暂存仓库
也许要使用的物品	放在工作区附近
三个月用一次的物品	放在工程附近
一星期用一次的物品	放在使用地
三天用一次的物品	放在不要移动就可以取到的地方

4.2.1.4　步骤四：判定非必需品

判定一个物品是否有用，并没有一个绝对的标准，有时候是相对的。有些东西是很容易判定的，如破烂不堪的桌椅等，而有些则很难判定，如一些长期库存的零部件。

（1）非必需品的判定步骤。

——把那些非必需品摆放在某一个指定场所，并在这些物品上贴上红牌。

——由指定的判定者对等待判定的物品进行最终判定，决定其应卖掉、重新使用、修复还是修理等。

（2）非必需品判定者。由于工厂里需要进行判定的对象物很多，并且有可以判断的和难以判断的物品，为了高效地完成判定工作，可以根据对象物的不同分层次确定相应的判定责任者。如图4-8所示。

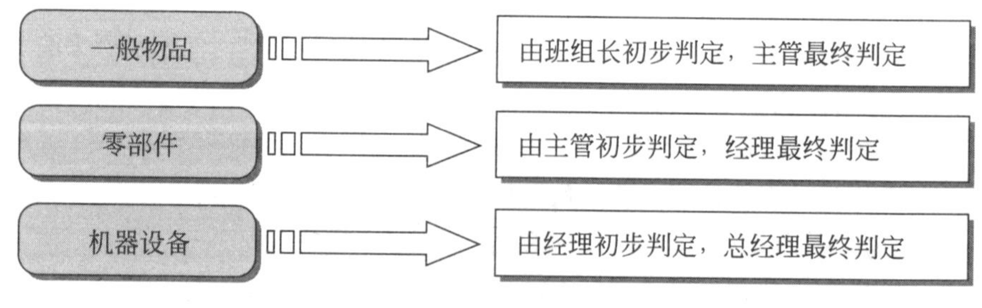

图4-8　判定责任者

非必需品也可以统一由推行委员会来判定，还可以设计一个有效的判定流程，由各个不同部门对各类物品进行判定。

对于非必需品的判定，要注意以下事项。

——对那些贴有非必需品红牌的物品，要约定判定的期限，判定的拖延将影响5S活动的进行，最好是要迅速进行判定。

——当那些贴有非必需品红牌的物品被判定为有用的时候，要及时向物品所属部门说明判定的依据或理由，并及时进行重新安置和摆放。

4.2.1.5 步骤五：处理非必需品

对贴了非必需品红牌的物品，必须一件一件地核实现品实物和票据，确认其使用价值。若经判定，某物品被确认为有用，那么就要揭去非必需品红牌。若该物品被确认为非必需品，则应该具体决定处理方法，填写非必需品处理栏目。一般来说，对非必需品有以下4种处理方法，如图4-9所示。

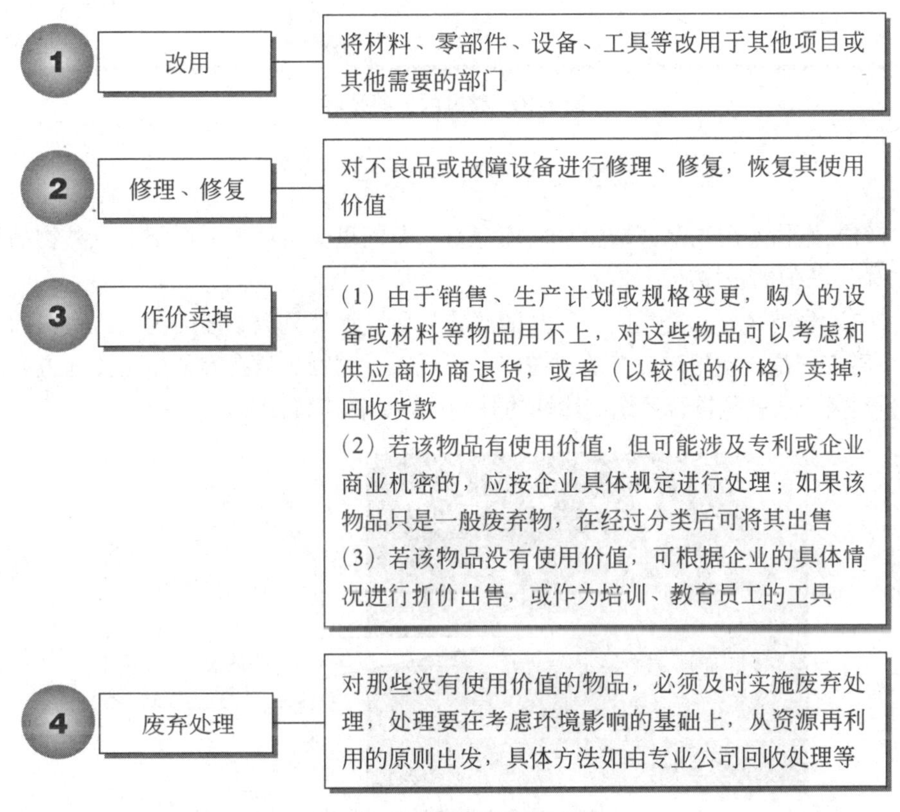

图4-9 非必需品的处理方法

4.2.2 整顿（Seiton）

整顿就是把要用的物品，按规定位置摆放整齐，并做好标示进行管理。

通过前一步整理后，对生产现场需要留下的物品进行科学合理的布置和摆放，以便用最快的速度取得所需物品，顺利地完成作业。

整顿的三项原则如图4-10所示。

规定放置场所	规定放置的方法	遵守保管规则
放置场所要遵循一定的规律性，如何保持这种规律性，就是整理、整顿的方法研究，也是个技术问题	好的放置方法是指查找容易和取拿方便	为了遵守放置场所的规定，必须彻底贯彻从哪儿拿走，还放回哪儿，此外，为防止缺货，对库存管理和出库方法进行培训也很重要，这是搞好整理整顿决定性的办法

图4-10　整顿的三项原则

4.2.2.1　步骤一：确定东西放置场所

（1）撤掉不用物品。减少50%库存量，车间里（岗位上）原则上一种物品只留1个，其他的一律清理掉。

（2）分类区分。分类区分物品的放置场所，近处只放必需的物品。室内的整体布局应该是，使用次数多的放在门口附近，重的物品放在容易搬运的地方。这种分类区分法就是符合系统规律性的分类法。如图4-11所示。

图4-11　物品归类集中放置

（3）统一名称。现场使用、保管的物品名称要统一。在撤掉不用物品时，往往会在数量、名称问题上，意外地发现许多没有名称、名称重复或没有具体名称等问题，因而有必要统一名称。

4.2.2.2　步骤二：规定物品的放置方法

（1）研究符合功能要求的放置方法。

——所谓符合功能要求，就是要考虑物品怎样放置才能在质量上、安全上、效率上都没有浪费或徒劳。

——在质量上，特别要注意品名统一。

——对形状、品名、号码相似的物品要放得距离远一些，或放一个样品以便识别，或者用不同的颜色和形状来区分防止出错。

——把阁板的仓库号码作为后背号填在品名上。

（2）品种名称和放置场所的标示。

——物品一定要填上名称——固定位置对号入座。

——物品的名称和放置场所的名称都必须明确。

——标示放置场所，即固定物品的存放位置。如图4-12、图4-13所示。

对设备进行四角区域定位

图4-12 设备的四角区域定位

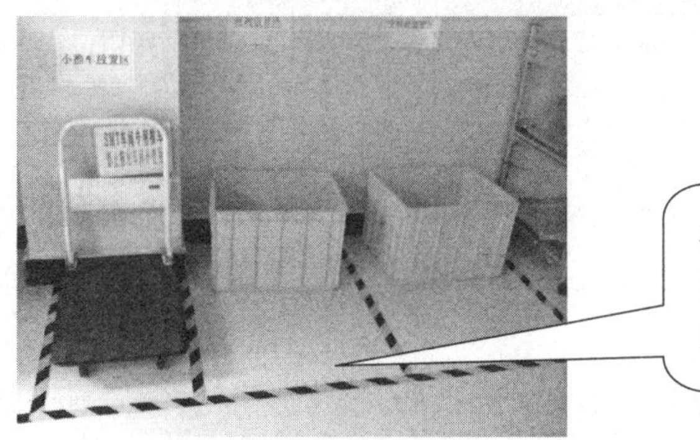

做好定位标志，画上斑马线，并贴好标志

图4-13 做好定位标志

——物品和放置场所两者的配套名称，在物品和仓库上都加以标注，放置方法的标示工作才算完成。如图4-14所示。

图4-14　上架物品贴签便于管理

（3）拿放方便。

——名称标示好了，放置位置也已固定下来，就要想办法画个指示地图，以便能够顺利地找到存放地方，而不至于迷惑。

——备件可以按功能保管，也可以按产品别或车间别保管。

——放置场所的高度，要考虑安全，把重的东西放在下面。

——取拿方便或工作容易的适宜高度是：备品为从人们的膝盖到头部为宜；工作用工具类，从腰到肩的高度为宜。

——放置场所要充分利用建筑物的面积，同时也要考虑取拿方便和物品质量方面的要求。

物品放置方法的要点见表4-3。

表4-3　物品放置方法的要点

序号	要点	具体操作要领
1	画线和定位标志	（1）现场的整顿首先要对通道和区域进行画线，标明定位，当然，最重要的原则是要有利于作业的合理布局 （2）布局应以直线、直角、垂直、平行为原则 （3）主通道和副通道画线的宽度和颜色也可以不同 （4）限制物品摆放的高度也很重要，它有助于防止物品掉下来、倒下来或库存过多
2	台座阁板、台车等	（1）减少台座和阁板的使用数量，物品放在台座和阁板上，不用的撤掉或收起来 （2）台座和阁板高矮不一样时，下面需要适当垫一下或摆成几层高度 （3）台座或阁板不直接放在地上，用东西垫起来 （4）尽量少用吊车和叉车而使用台车效率高

续表

序号	要点	具体操作要领
3	管线	（1）管线要离开地面，要防止打捆、摩擦和振动，要保持直线、直角和松散的状态 （2）不在地下埋线，全部在地上用垫子垫起来或者一根一根分别用不同的种类、号码、颜色来区分，以防止出错，还要考虑布局的合理
4	工具	（1）在设计上、维修上不考虑使用工具 （2）减少工具的使用次数，比如，螺栓种类减少了，就可以少用扳手 （3）工具要放在取拿方便的地方 （4）按照使用顺序摆放工具 （5）拿取工具不用改换姿势马上就能工作 （6）工具挂起来松开手就能恢复到原来的位置
5	刀具	（1）不能搞错品名；保管场所要具备不至于掉齿、损坏、生锈、弄脏的条件 （2）减少库存数量 （3）把刀具立起来保管，从安全上考虑一定要戴上套
6	耗材	（1）耗材要在固定场所存放，分好类，并规定数量和位置，超过规定的数量就应视为异常，另行管理 （2）耗材必须按“先进先出法”使用
7	备品	（1）备品的保管，可以考虑保存双份或确定最低库存量 （2）保管中的东西要保持使用的状态，如有污垢、伤痕、生锈等要有明确地标示
8	润滑油、动作油等油脂	（1）减少和合并油种名称，以减少种类 （2）按颜色管理 （3）集中管理、分开标志管理，都要遵守规定的保管场所、数量和规则 （4）根据油种和注油口的形状准备好用具 （5）对防火、公害、安全方面都要考虑周到 （6）改进注油方法和延长注油周期
9	计测器具、精密贵重工具等	（1）计测器具、精密贵重工具等，实行专人管理 （2）对日常保管用的容器以及放置方法要下功夫研究
10	大物品	（1）对大、重的物品要研究符合它的形状和使用方法，以确定正确地保管和搬运 （2）对安全钢丝绳和扫除用具的各种容器和放置方法都要下功夫研究
11	小物品、消耗品等	（1）作为经常储备品，要做好订货管理 （2）属于散落部品，要防止在生产线上飞散和落下 （3）像弹簧那样缠绕的东西、垫圈那样不好拿的东西，要少量保管
12	布告、文字、条件表、图纸、黏胶带	（1）不要随处张贴布告、图纸等文件，要规定张贴的地方范围 （2）布告要写上期限，没有期限的不能张贴 （3）黏胶带的痕迹要擦干净 （4）贴纸时上面的高度要对齐

4.2.2.3 步骤三：遵守保管规则

（1）加强日常管理，防止库存无货。

——放置场所要明确标明库存无货、未退货或丢失等状况。

——为了补充库存，对物品达到最低库存量时的订货起点要明确标示或运用颜色区别。

——搬运物品要用专用的台车，通用零件和专用零件要分别搬运，使用容易移动和容易作业的台车。

（2）进行取拿、收存的训练，掌握改进的效果。整顿就是为了避免取出、收存浪费时间的活动，一定要掌握改进的效果，因此可以开展取出、收存的比赛活动。

4.2.3 清扫（Seiso）

接下来要对工作场所和设备进行清扫。清扫就是将不需要的物品清除掉，把工作场所打扫得干干净净，设备维护认真、仔细、到位。

4.2.3.1 确定区域划分和责任范围

（1）明确个人分担的区域和5S小组共同分担的区域，由一个人领导，共同负责。

（2）不可忘记实行值班制度。

（3）按车间、区域，每天安排值班人。

（4）每个人分担的范围用区域责任表示。如图4-15所示。

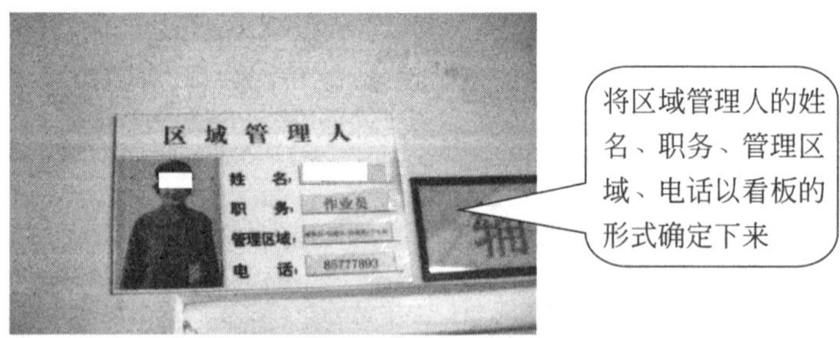

图4-15 区域管理人看板

4.2.3.2 进行大扫除

（1）大扫除的注意要点。

——注意高空作业的安全。

——爬上或钻进机器时要注意。

——使用洗涤剂或药品时要注意。

——使用錾凿工具或未用惯的机器时要注意。

——扫除时要注意，不要因使用洗涤剂不当而使设备生锈或弄坏设备。

（2）消除有问题和损坏地方的方法。总的检查一下有问题的地方，对象是建筑物、屋脊、窗户、通道天棚、柱子、管路线路、灯泡、开关、台、棚架、更衣室、外壳的盖的脱落或破损以及安全支架和扶手的损坏等，要采取措施彻底解决这些问题以及长锈、脱落、杂乱等问题。

4.2.3.3 消灭产生污垢的措施

不能从根源上消灭污垢的原因。

（1）不了解现状、不认为是问题、问题意识淡薄。

（2）对产生的根源未着手解决，对问题放任不管。

（3）清扫困难或对保持清洁感觉困难而灰心。

（4）解决的技术办法不足或因未动脑筋而缺乏技术。

消灭产生污垢的措施程序如图4-16所示。

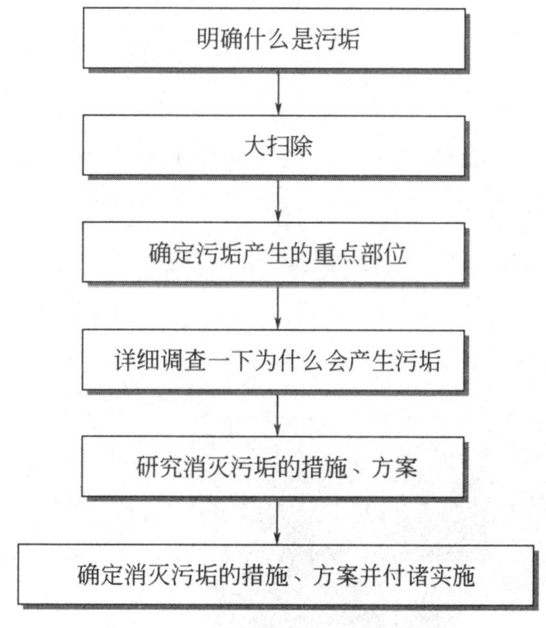

图4-16 消灭产生污垢的措施程序

4.2.3.4 把握设备清扫和检查的关键

通过对设备、治工具的清扫、检查可以排除小毛病（设备5S）。

（1）事先进行技术教育。设备的清扫、检查要从设备内部着手，这样可以发

现许多问题，若不进行技术教育，效果不会很好，问题可能发现不了。

清扫和检查的教育内容如下。

——学习相关设备的功能、结构等。

——掌握机械各部分的知识。

（2）防止设备磨损损耗。设备的各个部位都应该清扫、检查，关键是要防止设备磨损损耗，所以在对设备的污垢进行清扫的同时，还要对设备进行缺油注油、松动扭紧和发热的温度管理。

4.2.3.5　对设备功能上的问题进行分析研究

为彻底解决设备功能上的问题，应认真思考以下问题，并寻求解决对策。

（1）为什么这个地方重要。

（2）为什么忽视了而未管呢。

（3）如果这样下去可能会发生什么问题，会有什么影响，要从原理和机制上考虑。

（4）为什么未能早发现问题呢，如何才能做到及早发现问题呢。

（5）为何成了这个样子呢。

4.2.4　清洁（Seikeetsu）

清洁就是将整理、整顿、清扫实施的做法制度化、规范化，维持其效果。具体可运用目视管理法。

4.2.4.1　步骤一：检查清扫结果

清扫结束后，进行清扫结果的检查，主要是为了确定清扫的内容与目的是否达到以及清扫是否彻底。如图4-17、图4-18所示。

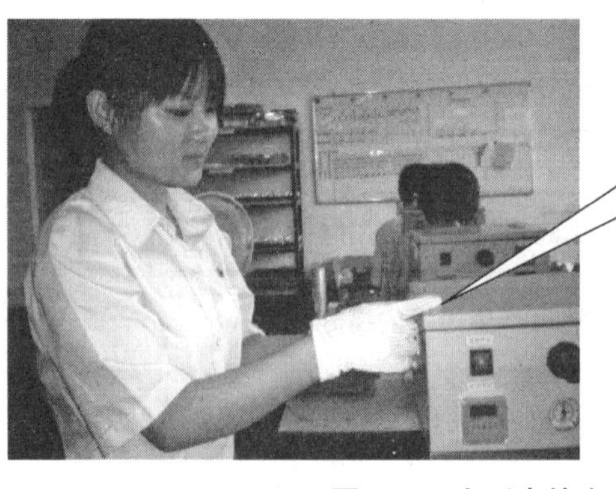

白手套检查法，
方便又准确

图4-17　白手套检查法

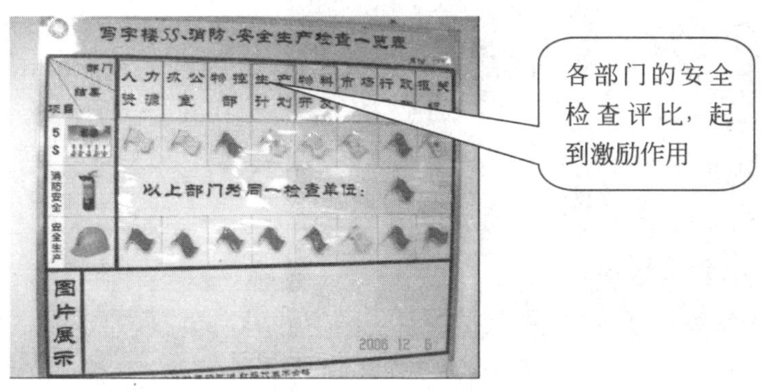

图4-18　检查评比看板

4.2.4.2　步骤二：目视管理

（1）目视管理的重点。目视管理的重点是明确以下问题。

——管什么、看什么，管理的要害地方在哪儿。

——什么现象算异常，其判断标准是什么。

——能觉察出异常来吗，用什么工具检查，检查的窍门和方法是什么。

——怎样进行活动，应急处理、改进和保持的方法是什么。

（2）目视管理要达到的目的。

——迅速快捷地传递现场的信息。如图4-19、图4-20所示。

——形象直观地将潜在问题和浪费现象都显现出来，即使是新员工也可以和老员工一样，一目了然地就知道、就明白问题在哪。

图4-19　空调送风目视管理

图4-20　警示标志目视管理

4.2.4.3　步骤三：保持清洁的制度化——一起搞3分钟5S

（1）全员一起行动在短时间内搞好5S。全员一齐行动非常重要。

（2）把时间划分段落也很重要。时间划分可以短一些，定时搞5S，如在开始工作前、工作结束时、周末、月末和完工时搞“1分钟5S”“3分钟5S”或“30分钟5S”等。如图4-21所示。

（3）一起活动对质量、安全检查也有作用。每天只要一起进行几次质量检查、安全检查，就可以大量减少失误。

图4-21　下班前5分钟活动

4.2.5　素养（Shitsuke）

通过进行上述4S的活动，让每个员工都自觉遵守各项规章制度，养成良好的工作习惯，做到“以厂为家、以厂为荣”。素养是指改变人们的习惯，并养成良好的习惯。如图4-22所示。

4.2.5.1　实施的要点

（1）为使员工养成良好的素养，需要明确规定员工的行动准则。

图4-22　企业员工素养教育

（2）对员工开展培训，使其掌握正确的方法。

（3）组织全员参加素养教育活动。

（4）每个人都养成对自己的行为负责的性格，以语言表示，每天行动。上级发现不好的行为立即纠正。

（5）每个人养成良好的习惯，从而形成有纪律的车间。

（6）集中全员的力量形成向心力，发挥更大的力量。

4.2.5.2　核对确认规定的事情是否得到遵守

班组长要经常进行巡查，巡查时要按照规定的检查内容，来核查员工是否达到标准，若有差异，要按标准来进行纠正，使其达标。

（1）现场5S检查项目及标准，见表4-4。

表4-4　现场5S检查项目及标准

序号	检查项目	检查内容	分值	评分
1	地面标志	地面通道有标志	1.5	
		地面通道标志明确	1	
		地面涂层没有损坏	1	
2	工位器具	工位器具上无灰尘、油污、垃圾等	1.5	
		工位器具上存放的零件与工位器具相符合	1.5	
		现场无损坏的工位器具	1	
		工位器具上存放的零件数与工位器具设计存放零件数相符	1	
		工位器具上存放的零件按存放要求存放	1	
		工位器具摆放整齐	1.5	

续表

序号	检查项目	检查内容	分值	评分
3	零件	零件放置于工位器具上，无直接放于地面的情况	1.5	
		非工位上的零件的检验状态有标志	1.5	
		工位上的不合格件有明显标志	1.5	
		现场的不合格件在规定3日内得到处理	1.5	
4	工作角	班组园地内的桌椅清洁	1	
		工作角内物品摆放整齐	1.5	
		工作角内的物品损坏及时修理	1	
		班组园地使用的桌椅放于工作角	1	
5	目视板	班组有目视板	1.5	
		目视板表面干净，无灰尘、污垢、擦拭不干净的情况	1	
		目视板完好无损	1	
		目视板牌面整洁，完好无损，有破损时及时更换	1.5	
		目视板有栏目，内容丰富	1	
		目视板牌面信息合宜，及时更换	1.5	
		目视板有责任人	1	
		目视板定置或放于规定位置	1.5	
		部门及车间有目视板台账	1	
6	工具箱	工具箱清洁	1.5	
		工具箱上或下无杂物	1	
		工具箱内有物品清单并物单相符	1.5	
		箱中物品摆放整齐，取用方便	1.5	
		工具箱损坏及时修理	1	
7	厂房内空间	窗台、窗户玻璃干净，无灰尘、蛛网等	1.5	
		厂房墙壁、立柱上无乱贴、乱画或陈旧标语痕迹	1	
		厂房四壁干净，无积灰	1	
		厂房内无漏雨或渗水	1	
		厂房内物流通道、安全通道畅通无阻	1.5	
8	现场区划	定置线内有定置物	1	
		现场设置不同状态件存放区域或区域有标志，标志明确	1.5	
		现场存放件与区域标志一致	1	

续表

序号	检查项目	检查内容	分值	评分
9	垃圾及清运	工位上的包装垃圾放于指定的垃圾箱	1.5	
		垃圾箱（桶）内垃圾在限度范围内	1	
		垃圾箱放于规定的位置	1.5	
		工业垃圾和生活垃圾分开存放	1.5	
10	作业文件	无过期的或者不必要的文件	1.5	
		文件按规定的位置摆放	1	
		文件摆放整齐	1	
		文件清洁，无灰尘、脏污	1	
		文件完整，无撕裂和损坏现象	1.5	
11	设备	设备没有损坏或松动	1.5	
		设备按规定位置存放	1.5	
		设备干净，无漏油现象	1	
		设备上无杂物	1	
12	工作台	工作台清洁，无积尘、油污	1.5	
		工作台按规定位置摆放	1	
		工作台上物品摆放整齐	1.5	
		工作台没有杂物	1	
13	库房	库房有定置图	1	
		物资按定置图规定位置摆放	1.5	
		物资有标志且标志明确	1	
		物资摆放整齐	1	
		物资摆放在规定的架、箱、柜、盘等专用或通用器具上	1.5	
		仓储物资清洁，无积尘或蜘蛛网	1	
14	工装	工装的使用和保存方法正确	1.5	
		工装放在指定的位置	1	
		工装清洁，无脏痕	1	
		工装没有损坏	1.5	
		工装上无杂物	1	
15	照明	照明设备干净，无积尘	1.5	
		照明设备完好无损	1	

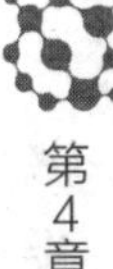

续表

序号	检查项目	检查内容	分值	评分
16	水、电、气等各种线管	使用过程中，无污脏	1	
		无跑、冒、滴、漏等损坏或连接松动	1	
17	生活卫生设施	更衣室整洁、无污脏	1	
		更衣室内物品按规定位置有序摆放	1	
		卫生间清洁，无异味	1	
		洗手池清洁，无异味、污垢等	1	
		卫生间内无杂物	1	
		清洁用具放于指定的位置	1	
18	人员素养	员工现场无打闹现象，举止文明	1.5	
		员工说话有礼貌，语言文明	1.5	
		遵守工艺规程，按操作规程操作	1	
		按规定佩戴劳保用品	1.5	

注：评分时完全达标得满分；不符合项出现一处扣1分，扣完为止。

（2）5S个人日常检查标准，见表4-5。

表4-5　5S个人日常检查标准

部门：　　　　　　　　员工姓名：　　　　　　　　评分日期：

序号	项目	细目	要　求	分值	评分
1	地面	表面	保持清洁，无污垢、碎屑、积水、异味等	2	
			地面无跌落零件、物料等	2	
			地面无破损，画线、标志清晰无剥落	2	
		通道	区画线清晰，无堆放物，保持通畅	2	
		耗材	定位放置，无杂物，摆放整齐无压线	2	
			堆叠不超高；暂放物有暂放标志	2	
			分类摆放在定位区内，有明显标志	2	
			包装箱标志清楚，标志向外，无明显破损及变形	2	
			周转箱保持干净，呆料及时处理	2	
			暂时放于指定区域外要按暂放要求操作，并指明责任人	2	
			合格与不合格品区分明确	2	

续表

序号	项目	细目	要　求	分值	评分
1	地面	货架	有架号分类及管理标志，无多余标贴	2	
			料卡相符	2	
		推车叉车	定位放置，标志明确	2	
			保持清洁，无破损，零配件齐全	2	
		专门区域	专门区域有明显标志，无其他物品；地面干净无积水	2	
		清洁用品	按要求整齐摆放，保持用品本身干净完好	2	
			及时清理垃圾筒，拖把拧干	2	
		垃圾	按有价垃圾与无价垃圾分类	2	
2	墙、天花板	墙面	保持干净，无非必需品；贴挂墙上的物品应整齐合理	2	
		门、窗	玻璃干净、无破损，框架无灰尘	2	
			无多余张贴物，铭牌标志完好	2	
		公告栏	有管理责任人，干净并及时更新，无过期张贴物	2	
		开关、照明	明确控制对象标志，保持完好状态	2	
			干净无积尘；下班时关闭电源	2	
		天花板	保持清洁，无蛛网、无剥落	2	
3	设备、工具	外观及周边环境	保持干净，无卫生死角	2	
			明确管理责任人，辅助设施或工具定位	2	
		使用、保养、点检	标志清楚（仪表、阀门、控制面板、按钮等），明确控制对象和正常范围	2	
			实施日常保养，保持完好状态，无安全隐患，使用完毕及时归位	2	
			设备点检表及时正确填写	2	
			设备故障要有故障牌及禁用标志	2	
4	工作台、办公桌	桌面	保持干净清爽，无多余垫压物	2	
			物件定位、摆放整齐，符合摆放要求	2	
		抽屉	物品分类存放，整齐清洁；公私物品分开放置	2	
		文件	分类存放，及时归档；文件夹标志清楚，定位明确	2	
		座椅	及时归位；椅下地面无堆放物	2	

续表

序号	项目	细目	要求	分值	评分
5	电源插座		保持干净、无破损，随时保持可用状态	2	
6	箱、柜	表面	眼观干净，手摸无尘；无非必需品；明确管理标志	2	
		内部	资料、物件、工具，按要求分类存放，有分类标志	2	
			保持清洁，有工具存放清单、合适放置位与容器	2	
		备品	分类摆放整齐，保证安全存量	2	
7	危险品		存放于指定区域，有明显警示标志，保持隔离放置	2	
			明确管理责任人，保持整齐、干净	2	

注：评分时完全达标得满分；不符合项出现一处扣1分，扣完为止。

4.3 目视管理法

目视管理，是指用直观的方法揭示管理状况和作业方法，让全体员工能够用眼睛看出工作的进展状况是否正常，并迅速地判断和作出对策的方法。目视管理法适用于工厂的全部要素，如服务、产品、半成品、原材料、零配件、设备、工夹具、模具、计量具、搬运工具、货架、通道、场所、方法、票据、标准、公告物、人、心情等。

4.3.1 目视管理的要求

（1）无论谁都能判断好坏（或异常与否）。

（2）能迅速判断，精度高。

（3）判断结果不因人而异。

4.3.2 目视管理的三种水平

（1）初级水平：能明白现在状态。

（2）中级水平：谁都能判断正常与否。

（3）高级水平：管理方法（异常处置）也都明确。

以下以图示的形式来说明这三种水平，见表4-6。

表4-6　目视管理的三种水平

水准	目视管理内容	参考例（液体数量管理）
Ⅰ	管理范围及现状明了	● 通过安装透明管，液体数量一目了然 150 100 50
Ⅱ	● 管理范围及现状明了 ● 管理范围及现在的状况一目了然	● 明确上限、下限、投入范围、管理范围，现在正常与否一目了然 上限 管理范围 投入范围 下限 150 100 50
Ⅲ	● 管理范围及现状明了 ● 管理范围及现在的状况一目了然 ● 异常处置方法明确，异常管理装置化	● 异常处置方法、点检方法、清扫方法明确；异常管理装置化 下限报警器 上限报警器 上限 管理范围 投入范围 下限 150 100 50 管道清洁用具 原料缸管理标准： 1. 清扫方法 2. 点检方法 3. 异常处理

4.3.3 目视管理的主要工具

目视管理的主要工具如下。

4.3.3.1 红牌

红牌，适宜于5S中的整理，是改善的基础起点，用来区分日常生产活动中非必需品。挂红牌的活动又称为红牌作战。

4.3.3.2 看板

用在5S的看板作战中，是使用的物品放置场所等基本状况的标示板，它包括物品的具体位置在哪里、是做什么的、数量多少、谁负责，甚至说谁来管理等重要的项目，让人一看就明白。由于5S强调的是信息的透明化、公开化，目视管理的一个先决条件，就是消除黑箱作业。

4.3.3.3 信号灯或者异常信号灯

在生产现场，第一线的管理人员必须随时知道，机器是否在正常地开动、是否在正常作业，信号灯是工序内发生异常时，用于通知管理人员的工具。如图4-23所示。

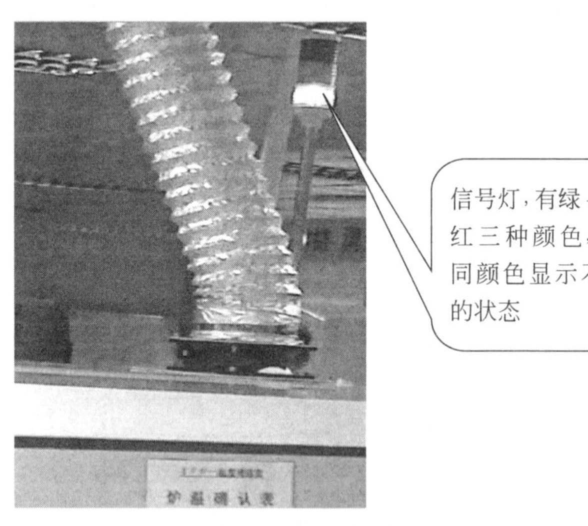

图4-23 信号灯

信号灯的种类如下。

（1）发音信号灯。适用于物料请求通知，当工序内物料用完时，或者该供需的信号灯亮时，扩音器马上会通知搬送人员立刻及时地供应。

（2）异常信号灯。用于产品质量不良及作业异常等异常发生的场合，通常安装在大型工厂的较长的生产、装配流水线上。

一般设置红或黄这样两种信号灯，由员工来控制。当发生零部件用完、出现不良产品及机器的故障等异常时，往往影响到生产指标的完成，这时由员工马上按下红灯的按钮，等红灯一亮，生产管理人员和厂长都要停下手中的工作，马上前往现场，予以调查处理，异常被排除以后，管理人员就可以把这个信号灯关掉，然后继续作业和生产。

（3）运转指示灯。检查显示设备的运转状态及机器开动、转换或停止的状况，停止时还显示它的停止原因。如图4-24所示。

图4-24　运转指示灯

4.3.3.4　警示灯

警示灯就是用灯光色彩表示某种状态的发光器具，常用的有信号灯、指示灯、报警灯等，主要用途是将现场的异常情况告知管理者或监视人员。警示灯通常用不同颜色的灯光表示特定的意思。

（1）红灯：表示情况危急或停止状态。

（2）绿灯：表示情况允许或正常状态。

（3）黄灯：表示有异常情况，需要引起注意或尽快采取措施。

（4）白灯：一般表示检验状态，较少用。

（5）蓝灯：表示特殊控制状态，一般专门使用。

（6）灯灭：表示警示系统停止工作或故障。

4.3.3.5　操作流程图

操作流程图，是描述工序重点和作业顺序的简明指示书，也称为步骤图，用于指导生产作业。在一般的车间内，特别是工序比较复杂的车间，在看板管理上一定要有个操作流程图。原材料进来后，第一个流程可能是签收，第二个流程可能是点料，第三个流程可能是转换或者转制，这就叫操作流程图。如图4-25所示。

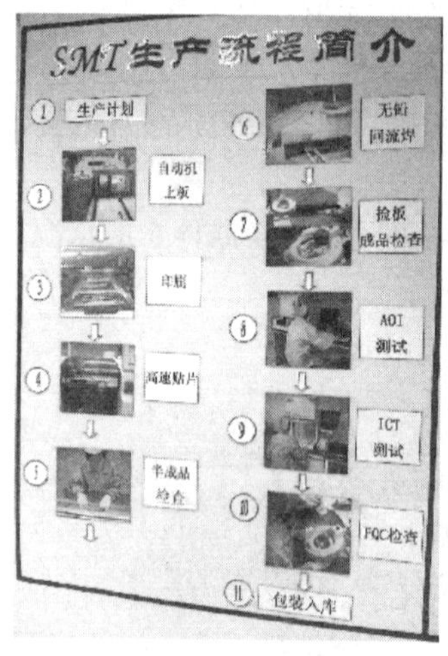

(a) 某企业生产流程简介

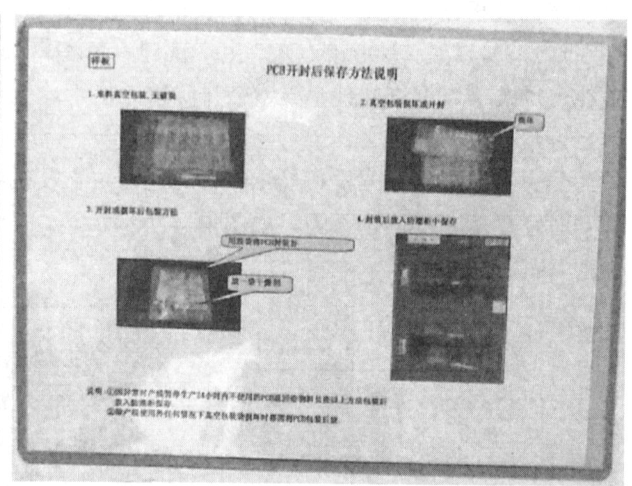

(b) 某个产品的使用说明以图文的形式贴在看板上

图4-25　操作流程图示例

4.3.3.6　反面教材

反面教材，一般是结合现物和柏拉图表示，就是让现场的作业人员明白知道不良现象及后果，一般是放在显著位置，让人一看就明白，也是告诉工作人员如何正常使用设备，或不能违规操作。

4.3.3.7　提醒板

提醒板，用于防止遗漏。健忘是人的本性，不可能杜绝，只有通过一些自主管理的方法来最大限度地减少遗漏或遗忘（图4-26）。比如有的车间内的进出口处，有一块板子，注明今天有多少产品要在何时送到何处，或者什么产品一定要在何时生产完毕，或者有领导在下午两点钟有一个什么检查，或是某某领导来视察，这些都统称为提醒板。一般来说，用纵轴表示时间，横轴表示日期，纵轴的时间间隔通常为1小时，一天用8个小时来区分，每一小时就是一个时间段，记录正常、不良或者是次品的情况，让作业者自己记录。提醒板一个月统计一次，在每个月的例会中总结，与上个月进行比较，看是否有进步，并确定下个月的目标，这是提醒板的另一个作用。

4.3.3.8　区域线

区域线就是对半成品放置的场所或通道等区域，用线条把它画出来，主要用于整理与整顿、异常原因、停线故障等，是目视管理的工具之一。

图4-26　提醒板目视管理

4.3.3.9　警戒线

黄色的警戒线通常用来表示某种特定区域或提示该处所的异常、有危险，要求工作人员要提高警惕性谨慎作业。

（1）生产运作警戒区：表示该区域不能擅自进入。

（2）物料放置区域界限：提醒工作人员摆放物品时不要越界。

（3）安全警戒线：提示进入该区域的工作人员要特别注意安全。

4.3.3.10　红色禁止

红色表示禁止，即工作人员的活动、行为或生产中的某种状态等到此为止，不能再继续下去了。常用的表示类别如下。

（1）不符合要求的任何物品或状态。

（2）最大（小）极限标志，如高度、重量、长度等极限量。如图4-27所示。

（3）封锁或禁止使用的区域、物品。

（4）被隔离的区域。

（5）存在危险的区域。

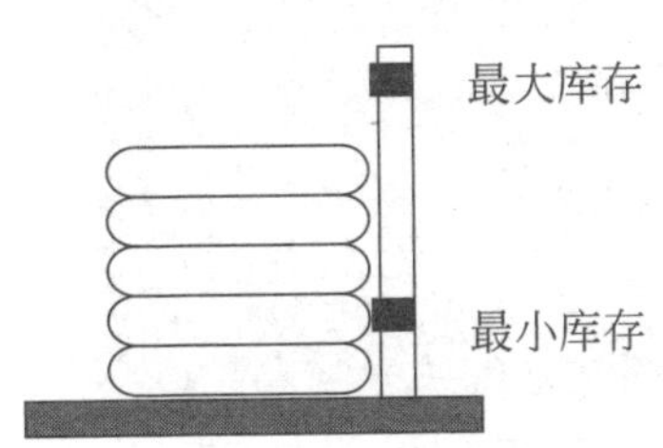

图4-27　最大库存、最小库存的示意图

4.3.3.11　告示板

告示板，是一种及时管理的道具，也就是公告，或是一种让大家都知道，比方说今天下午两点钟开会，告示板就是书写这些内容的。如图4-28所示。

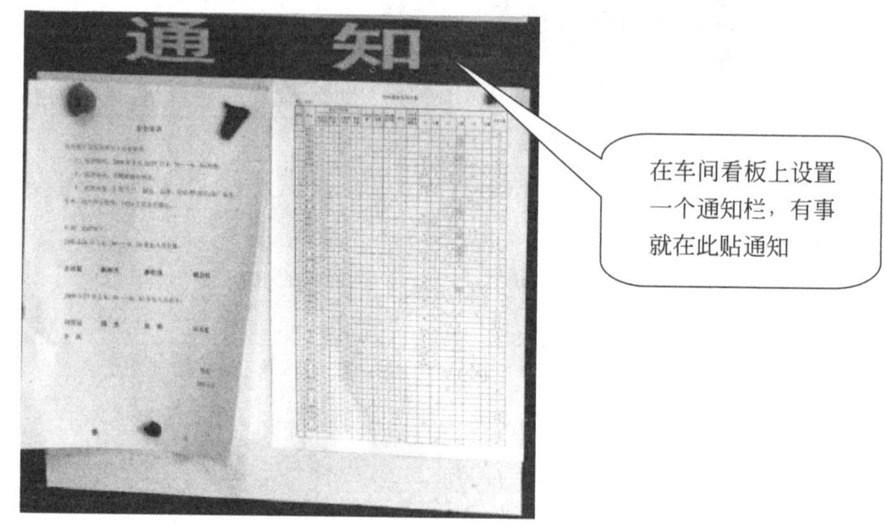

图4-28　告示板

4.3.3.12　生产管理板

生产管理板（图4-29），是揭示生产线的生产状况、进度的表示板，记入生产实绩、设备开动率、异常原因（停线、故障）等，用于目视管理。根据计算和数据的品质管理，按照产生质量问题的原因以及发生频数，做成不良品柏拉图，如果数字过多，现场人员不能立即了解，可以使用现有的不良品，展示不良品柏拉图。

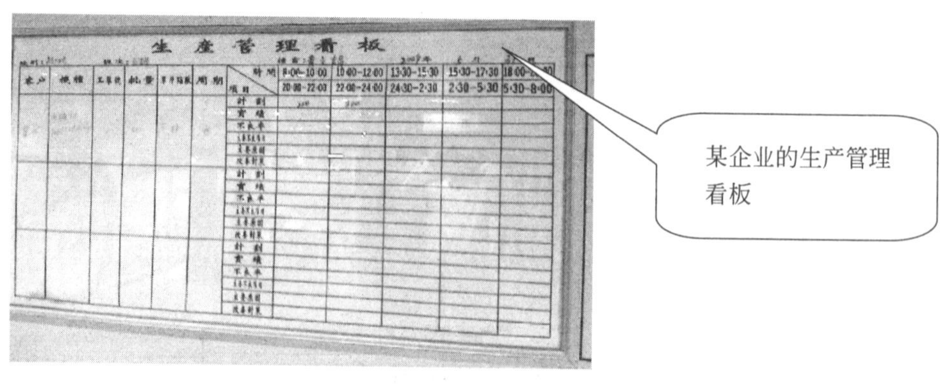

图4-29　生产管理板

4.4 看板管理

通过在现场设置看板，进行目视看板管理，让每一位员工知道做什么、什么时候做、如何做，提高员工对工作任务的知情度，从而提高其工作效率。

4.4.1 何谓看板管理

所谓看板管理，是指将文件上、脑子里或现场等隐藏的信息通过各种形式如标语、现况板、图表、电子屏等显示到看板上，现场的任何人都通过看板及时掌握管理现状和必要的信息，从而能够快速制定并实施应对措施，以提高生产效率。因此，看板管理是发现问题、解决问题非常有效的且直观的手段，尤其是优秀的现场管理必不可少的工具之一。通过看板来告诉现场员工“放在哪儿、是什么、有多少”，不需要班组长来贴身安排，直接以信号告知员工怎么做。

4.4.2 看板的种类

看板按照其功能的不同，一般可以分为生产看板、品质看板、物流看板、现场看板、安全看板、人员看板、车间看板等七大类，具体见表4-7。

表4-7 看板的种类

序号	看板分类	内容
1	生产看板	生产计划、生产进度、生产完成率、生产任务安排、生产调整、生产订单情况、生产交货情况等
2	品质看板	品质计划、品质标准、合格率、产品特殊要求、品质稽核情况、品质目标、ISO 9001的要求、品质人员名单、本月质量情况、纠正措施等
3	物流看板	物料到货情况、物料发货情况、缺料情况、仓库盘点情况、仓库布局图、物料需求情况、退料情况等
4	现场看板	现场布局图、现场工位图、现场环境情况、现场改善情况等
5	安全看板	现场安全情况、安全逃生图、安全标注、安全警示、用电警示等
6	人员看板	人员安排表、组织架构图、人员去向图、人员纪律、优秀人员公示表等
7	车间看板	车间公示、车间介绍、班组学习等

4.4.3 现场看板的编制要领

由于看板是实现准时生产的工具，具有计划和调度指令的作用，又是联系企业内部各道工序及协作厂之间的接力棒，因此在编制看板时一般要做到以下4点。

4.4.3.1 内容齐全

产品名称、型号、件号、件名、每台件数、生产的工序或机台、运送时间、运送地点、运送数量、放置位置、最低标准数量等都要写清楚。

4.4.3.2 识别标记醒目

看板上所记录的各项内容应用不同的颜色标示清楚，背面号码容易辨明。

4.4.3.3 便于制作

生产流水线上用的看板数量很大，因此设计看板时，必须考虑到便于制作。

4.4.3.4 看板内容与实物相符

看板一般随实物传递，应注意采用便于与实物相适应的形式。

4.4.4 现场看板编制的要求

看板编制要求设计合理、容易维护；动态管理、一目了然；内容丰富、引人注目。如图4-30所示是某企业的“班组活动园地”看板样式，仅供参考。

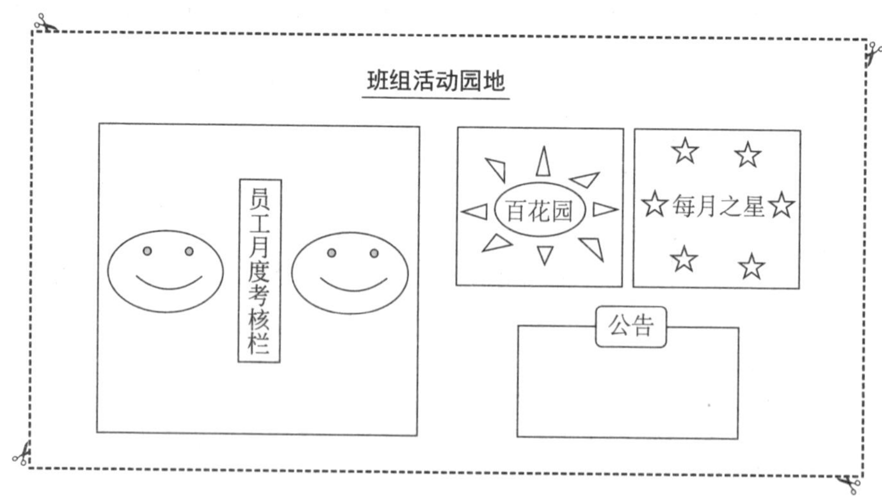

图4-30 “班组活动园地”看板样式

4.4.5 现场看板编制实施

4.4.5.1 班组现场布局看板编制

班组现场布局看板一般安装在电梯口或车间入口处，内容包括：现场的地理位置图；现场的总体布局，如车间和生产线的具体位置、内部主要通道及重要设备布局，必要时对各种图例和内容作出解释及标出观图者所处的位置等。如图4-31所示是某企业班组现场布局看板样式图，仅供参考。

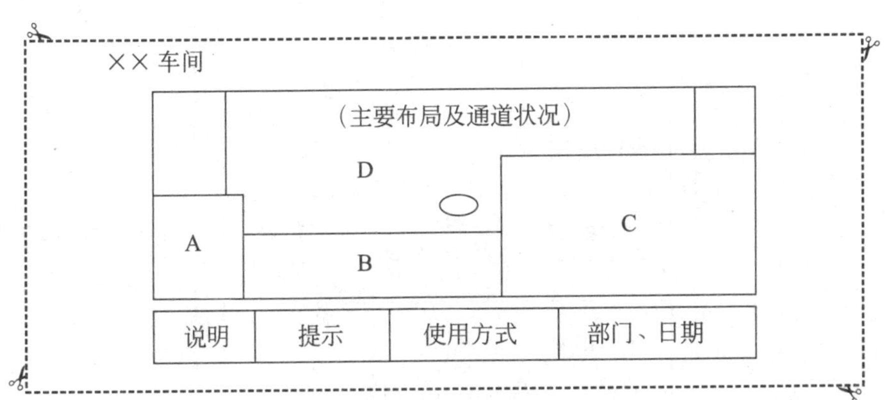

图4-31 班组现场布局看板样式

4.4.5.2 班组工作计划看板编制

班组工作计划看板一般张贴在车间主任办公场所或班组附近显要位置，看板类型如生产计划、班组生产计划、生产实绩、班组个人生产实绩、出货计划、出货实绩、作息时刻表、每日考勤、培训计划、成品库存等，内容包括一周生产计划现状、每日生产现状、生产目标、实绩、与计划的差异及变化，用红色标出重点。如图4-32所示是某企业班组工作计划看板样式，仅供参考。

××车间××班日生产现况

姓名	批号	批量	目标	1	2	3	4	合计	备注

图4-32 班组工作计划看板样式

4.4.5.3　班组生产线看板编制

班组生产线看板多安装在生产线的头部或尾部，内容包括生产进行现况、主要事项说明、通告、生产计划与实绩、当日重点事项说明等。如图4-33所示是某企业的班组生产线看板样式图，仅供参考。

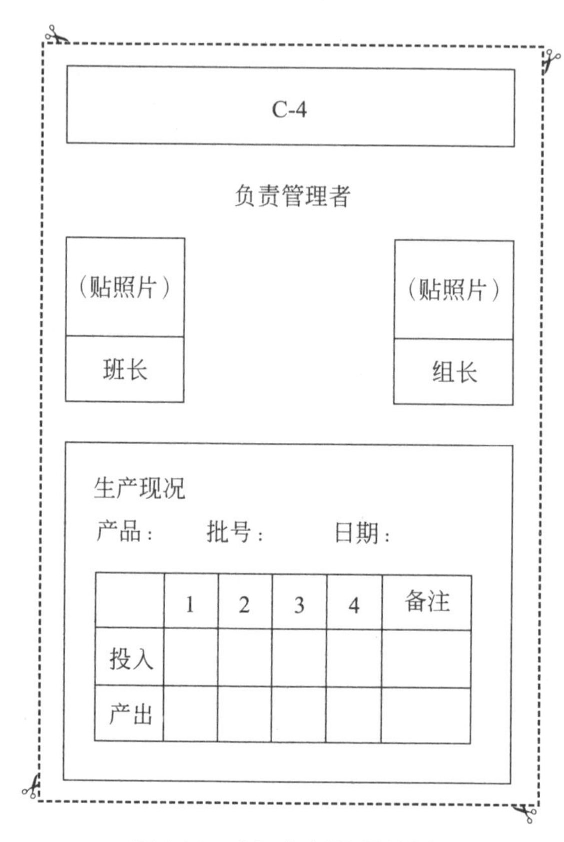

图4-33　班组生产线看板样式

4.4.5.4　班组品质现状看板编制

张贴在车间墙壁上的品质现状看板有原材料到货检验（IQC）、半成品检验（QC）检查表、成品检验（QA）检查表、工序诊断结果、重点工序控制图等，内容包括每月、周、日的车间或班组品质现状，和品质实际状况，包括不良率、完工率、合格率及达成率，以及各种QC图表等。

4.4.5.5　班组工作看板编制

悬挂在生产现场或操作场所的工作看板内容包括指示规定的工作事项、标明工作配置状态、在展示过程中整理整顿的效果、生产工序及流程等。

班组工作看板有多种类型，式样不一，如生产线上张贴的作业指导书、设备附近张贴的操作规程等，班组长可根据具体情况分别绘出图形。

4.4.5.6 班组人员动态看板编制

班组人员动态看板张贴或悬挂在本车间或班组显眼处，其内容就是标示管理人员、技术人员、班组人员的流动状态。如图4-34所示是某企业班组人员动态看板样式，仅供参考。

序号	去向 姓名	在岗	出差	去洗手间	实施支援	其他
1	王××	●				
2	刘××				●	
3	李××	●				
4	赵××	●				
5	张××			●		
……						

图4-34 班组人员动态看板样式

第5章 安全管理技能

引言

班组是企业安全管理的主战场，是企业安全的第一道防线，也是最重要的防线；班组是企业安全管理的基本环节，是一切安全生产方针、政策、法规的落脚点，所有安全措施的落实、安全规程的执行、安全隐患的排除、安全事故的防范都是在班组。因此，班组长掌握安全管理技能尤其重要。

5.1 班前班后安全会

班前会和班后会是企业生产班组实施工作任务前后进行的生产组织活动形式。一个班组进班前，班组长组织本班人员开好班前会，是很多企业班组通行的做法，也是班组安全管理的需要。班前会开不开、怎么开、开得好不好、达到什么效果，直接反映了班组长的安全管理水平。

5.1.1 开好班前会

班前会是各班组在正式上岗前，由班组长主持，班组员工参加，以班组为单位集合召开的工作会议，是班组考核员工签到、安排当班具体工作、形势任务教育每天必开的例会，是对当班安全生产的指导、分析、鼓励、动员，是当班可能出现的安全危险因素伤害和职业健康危害的预知预警的工作安排会，也是广大职工了解当前形势和企业生产经营情况的主要途径。

5.1.1.1 班前安全会的基本要求

（1）在所有班组中，无论是正常交接班，还是安排临时、重大作业前，凡两人以上（含两人）在同一工作场所作业的，必须由班长（或临时负责人）负责对员工进行班前安全讲话。如图5-1所示。

图5-1 班前安全会

（2）每次安全讲话时间要控制在5～8分钟以内。讲话前，讲话人要结合与本岗位有关各因素，事前作充分的讲话内容准备，最好用讲话稿讲话，并保留讲话稿。

5.1.1.2 班组长的事前准备

（1）提前到现场了解情况。班组长应提前到工作现场，查看上一班的记录，认真听取上一班班长交接班情况，详细记录上班是否有不正常情况，掌握第一手材料；与部门（车间）领导联系，是否有重要制度或会议精神、文件需要传达，领导是否需要参会；组织学习公司制度、会议精神。

（2）开会前要认真整理准备会议内容。班组长在开会前要将上一班的安全、工艺、设备、生产状况等方面存在的问题及经验进行归纳，客观、全面、细致地总结，对存在的问题要认真分析，拿出解决问题的具体办法，确保本班不再发生类似现象。

5.1.1.3 班前安全会的流程

（1）班前签到。必须要求当班人员在班前15分钟到齐，班组长或指定考勤员组织当班人员签到，作为考勤的依据。这一般要求在3分钟内完成。

（2）列队、检查仪表及劳保用品的穿戴。

——由班长（或其他讲话人）组织员工列队。

——由班长（或其他讲话人）目视观察（确认）员工人数、表情（情绪）和劳动保护用品的穿戴情况，如有不符合着装规定的，人数较多的班组，班长可以让员工相互整理着装，人数较少的班组，如3人以下，班长可以亲自为员工整理着装。

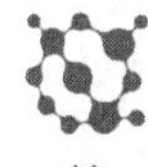

特别提示：

凡精神状态不佳者，班组长均应引起足够的重视，对其的工作安排要有所考虑或另做调整使用。

（3）传达精神。按照上级要求传达上级会议精神，或者学习某个文件、材料。

（4）安全提示。本班当日作业前安全预测及防范措施；设备在使用中可能出现的隐患及预防措施；提示周边和自然环境、气候变化可能出现的风险及预防措施等。

（5）工作布置。

——明确本班员工当班的主要工作任务（包括加油、保洁、整理物品、学习）。

——明确本班员工岗位职责。

——明确本班员工在发生或出现突发事故时的分工。

特别提示：

班长讲完话以后，最好是随机挑选三个普通员工询问了解情况，确保关键精神落实到每个职工。

对于班前会，如果企业没有一个规定的模式或流程的话，班组长可以自己整理出一个流程，这样，每次开起班前会来就很规范、很正式，班组成员也就会真正地重视起班前会。表5-1是某工厂班前会的流程、内容、标准及时间要求，希望对你有所帮助。

表5-1 班前会的流程、内容、标准及时间要求

序号	阶段名称	工作内容	实施标准	时间要求
1	班前准备	（1）确认本班当日生产计划、型号、时间、材料及备货等要求	任务细化分配到每个岗位每名员工	上班前
		（2）确认上班生产情况	收集上班质量、安全、环境问题的通报材料	上班前
		（3）检查现场设备、工器具、交接班记录及环境	现场巡视记录并组织通报材料	上班前
		（4）收集事故通报、学习文件、现场案例等	相关文件、素材、材料整理，组织发言材料	上班前
2	班前会集合	（1）集合	班组全员在班前5分钟到班组活动室集合	班前5分钟
		（2）班长检查着装、劳保用品穿戴、人员出勤、上岗证等	劳防用品及着装规范、上岗证及操作证随时佩戴等，准时出勤	20秒检查完毕
		（3）班长观察班组人员情况	观察员工精神状态，是否精神恍惚、是否有熬夜黑眼圈、是否感冒生病、是否喝酒等	10秒观察完毕
3	班前会	（1）班前点名，记录考勤	班长宣读姓名，班组成员听到后喊“到”，声音洪亮，保证每位员工听清楚	40秒完成
		（2）喊口号或唱厂歌、会前破冰活动	班长带头，重复三次，统一口号	15秒完成
		（3）宣布班前会开始，公布上班现场情况和存在的问题，如产量、质量、安全、设备、环境、交接班情况等，并对存在的不足和要求的整改措施进行讲解分析	简洁扼要，数据为主，着重强调问题	1分钟
		（4）学习公司文件或会议精神，传达部门（车间）要求	文件学习要有记录和人员签到	2分钟
		（5）工作部署，今日生产品种、产量、质量及时间要求，依据当班工作内容向组员进行安全预知教育及注意事项和可能发生的问题与对策	工作布置要按5W1H要求表述清晰明确并与员工确认，安全预知等要针对实际生产有针对性	1分钟

续表

序号	阶段名称	工作内容	实施标准	时间要求
3	班前会	（6）安全工作提醒宣贯，事故通报、岗位规程、应急预案、危险源讲解、异常情况处理等	要求每班内容都不一样，每两周可重复强调一次	1分钟
		（7）宣传和讲解生产工作操作注意事项，明确注意的事项和处理方法	根据近一时期生产出现的问题给予强调	1分钟
		（8）班长带领齐喊口号或唱厂歌，宣布结束，员工签字确认后回岗位工作，班长按要求记录台账并放置于指定区域	班长带头，唱厂歌一遍或喊口号三遍，口号统一，声音整齐响亮，签字确认后方可回岗位，台账放置在指定区域	40秒

5.1.2 召开班后会

班后会是一天工作结束或告一段落，在下班前由班组长主持召开的一次班组会。班后会以讲评的方式，在总结、检查（某种意义上也是一次小的评比）生产任务的同时，总结、检查安全工作，并提出整改意见。班前会是班后会的前提与基础，班后会则是班前会的继续和发展。

5.1.2.1 班后会的基本要求

（1）班后会必须全员参加，对迟到或未参加班后会的人员，事后要及时补会。如图5-2所示。

（2）班后会召开时间不要太长，通常为10分钟。

图5-2 班后会

5.1.2.2 班后会的主要内容

班后会的主要内容如下。

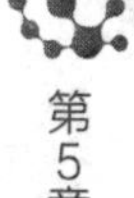

（1）简明扼要地小结完成当天生产任务和执行安全规程的情况，既要肯定好的方面，又要找出存在的问题和不足。

（2）对工作中认真执行规程制度、表现突出的员工进行表扬；对违章指挥、违章作业的职工视情节轻重和造成后果的大小，提出批评或进行考核处罚。

（3）对人员安排、作业（操作）方法、安全事项提出改进意见，对作业（操作）中发生的不安全因素、现象提出防范措施。

（4）要全面、准确地了解实际情况，使总结讲评具有说服力。

（5）注意工作方法，做好“人”的思想工作。以灵活机动的方式，激励员工安全工作的积极性，增强自我保护能力，帮助他们端正态度，克服消极情绪，以达到安全生产的共同目的。

5.1.3 班前班后会安全记录

安全记录是以书面的形式记录会议的情况，以便跟踪和了解。不管是班前会还是班后会，都一定要有记录。以下提供一些记录表供参考，见表5-2 ～表5-5。

表5-2 班前会记录

班组负责人：

<table>
<tr><td colspan="2">班前会时间：　　年　月　日　时　分</td><td>地点：</td></tr>
<tr><td colspan="2">班组负责人：</td><td>记录人：</td></tr>
<tr><td>当日工作任务</td><td colspan="2"></td></tr>
<tr><td rowspan="2">任务现场危害识别</td><td colspan="2"></td></tr>
<tr><td colspan="2">备注：①液体；②气体；③温度；④压力；⑤可燃性；⑥腐蚀性；⑦毒性；⑧辐射性；⑨高处；⑩其他（请注明）</td></tr>
<tr><td rowspan="2">布置安全措施及交代安全注意事项</td><td colspan="2"></td></tr>
<tr><td colspan="2">备注：
A清理：A1氮气置换；A2空气吹扫；A3化学清洗；A4水洗；A5蒸煮；A6泄压；A7排气；A8排液；A9其他（请注明）；A10气体检测合格
B隔离：B1双重隔离；B2双隔断阀；B3单隔断阀；B4其他（请注明）；B5已上锁挂牌
C液、气泄漏的控制设备：C1抽吸系统；C2通风系统；C3安全冲淋；C4消防设施设备；C5水管；C6泄漏收集桶；C7沙袋；C8吸油物品；C9连接火炬；C10区域隔离或警戒线；C11其他（请注明）
D个人防护装备：D1防静电服装；D2安全帽；D3安全鞋；D4手套；D5安全眼镜；D6全封闭眼罩；D7正压式呼吸器；D8便携式硫化氢报警仪；D9防毒面罩；D10安全带；D11耳罩；D12化学防护服；D13其他（请注明）</td></tr>
</table>

续表

班长检查项目			备注
检查衣着劳保	班组人员是否按劳动保护要求着装	是☐　否☐	
检查健康状况	班组人员身体状况是否良好	是☐　否☐	
检查安全工具及防护用品	安全帽是否符合要求	是☐　否☐	
	安全带是否符合要求	是☐　否☐	
	正压式空气呼吸器是否符合要求（压力、消毒）	是☐　否☐	
	便携式硫化氢报警器是否能正常使用	是☐　否☐	
	绝缘手套、绝缘鞋是否合格	是☐　否☐	
	护目镜（面罩）是否符合要求	是☐　否☐	
	其他安全防护用品是否满足要求	是☐　否☐	
检查工作环境	工作间是否整洁	是☐　否☐	
检查作业工具	检查作业工器具是否符合作业要求	是☐　否☐	
班组人员签名			

表5-3　班后会记录

班后会时间：　　年　月　日　时　分		地点：	
班组负责人：		记录人：	
工作完成情况			
当日安全自查情况			备注
（1）有无违章指挥现象		有☐　无☐	
（2）有无违章作业现象		有☐　无☐	
（3）有无违反现场劳动纪律现象		有☐　无☐	
（4）有无不懂操作、不会操作现象		有☐　无☐	
（5）班组人员施工中有无精神、行为上的异常现象		有☐　无☐	
（6）劳动防护用品有无异常现象		有☐　无☐	
（7）安全工器具有无异常现象		有☐　无☐	
（8）施工工器具有无异常现象		有☐　无☐	
（9）施工工器具有无遗失现象		有☐　无☐	
（10）作业环境有无异常变化现象		有☐　无☐	

续表

当日安全自查情况		备注
（11）安全措施是否按工作票执行	是□　否□	
（12）工作过程中监护是否到位	是□　否□	
（13）现场危险点分析是否正确到位	是□　否□	
（14）工作完成是否清理工作现场	是□　否□	
工作小结		
班组人员签名		

班组负责人：

表5-4　班组班前安全活动记录表

班组名称		参加人数		作业部位	
工作内容					
安全措施及注意事项					
班组长签字		记录人		活动日期	年　月　日

表5-5 班前会及班后会记录卡

单位名称：　　　　　　　　　班组：维护班　　　　执行日期：　　年　月　日

班前会	一、三交（在已执行项目后打“√”；不相关打“—”；空格表示未执行到位） （1）交任务：a.工作票或安全施工作业票所列工作任务已宣讲清楚（　）；b.当日工作任务及分工明确并已交代清楚（　） （2）交技术：a.工作票或安全施工作业票所列技术措施已宣讲清楚（　）；b.标准化作业指导书所列工作程序和技术措施已宣讲清楚（　）；c.补充技术措施（含工艺质量标准）已交代清楚（　） （3）交安全：a.工作票或安全施工作业票所列安全措施已宣讲清楚（　）；b.标准化作业指导书相关内容已宣讲清楚（　）；c.补充安全措施（含危险点控制措施）已交代清楚（　） 二、三查（在合格项目后打“√”；有问题“×”；不相关打“—”；空格表示未执行到位） （1）查衣着：a.两穿一戴整洁规范（　）；b.工作服及内衣内裤不是化纤制品（　）；c.安全帽颜色及佩戴符合要求，下颏带松紧适度（　）；d.工作鞋符合本作业工种安全要求（　） （2）查三宝：a.安全帽[××]顶，三项永久性标志齐全，帽壳、帽衬、帽箍、顶衬、下颏带等附件完好无损，无老化现象（　）；b.安全带1付，有规范的合格标志，大带、小带、保护绳及挂钩完好无损，扣环保险装置完好，操作灵活（　）；c.安全网的设置符合规范要求（　） （3）查精神状态：a.工作班成员睡眠充足，精力充沛（　）；b.工作班成员情绪正常（　）；c.工作班成员健康状态良好，未患有不适宜本次作业的病症（　） 工作（施工）负责人：　　　　　安全负责人：　　　月　日　时　分
	三交三查确认签字：
班后会	三、检查（在符合要求的项目后打“√”；不相关打“—”任一项不符合要求均不得报完工） （1）人员任务完成情况：全体工作人员均已完成任务，并已按要求撤离工作岗位（　） （2）工具材料是否遗漏：所带工具材料齐全，无遗漏现象（　） （3）现场和设备是否清理干净：现场设备已清理干净（　）；应拆除的接地线已拆除（不包括工作许可人所作安全措施）（　） 工作（施工）负责人：　　　　　安全负责人：　　　月　日　时　分
	工作小结（工作负责人应认真总结当日工作情况，并实事求是地填写以下事项） 1.遵章守纪情况（是否存在违、误现象） 2.工作质量评价 3.主要工作成绩及存在的主要问题 4.工作变动及其他需要说明的问题 工作（施工）负责人：　　　　　月　日　时　分

注：表中所列安全负责人指的是安全施工作业票上的安全负责人。

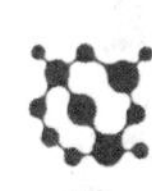

5.2 作业危险分析（JHA）

作业危害分析（Job Hazard Analysis，JHA）又称作业安全分析（Job Safety Analysis，JSA）、作业危害分解（Job Hazard Breakdown），是一种定性风险分析方法。

作业危害分析将对作业活动的每一步骤进行分析，从而辨识潜在的危害并制定安全措施。实施作业危害分析，能够识别作业中潜在的危害，确定相应的工程措施，提供适当的个体防护装置，以防止事故发生使人员受到伤害。

5.2.1 作业危险分析（JHA）的适用范围

此方法适用于涉及手工操作的各种作业。所谓的“作业”（有时也称“任务”）是指特定的工作安排，如“操作研磨机”“使用高压水灭火器”等。“作业”的概念不宜过大，如“大修机器”，也不能过细。

5.2.2 作业危害分析的组织步骤

开展作业危害分析能够辨识原来未知的危害，增加职业安全健康方面的知识，促进操作人员与管理者之间的信息交流，有助于员工得到更为合理的安全操作规程指导；作为操作人员的培训资料，并为不经常进行该项作业的人员提供指导；作业危害分析的结果可以作为职业安全健康检查的标准，并协助进行事故调查。

作业危害分析的步骤如图5-3所示。

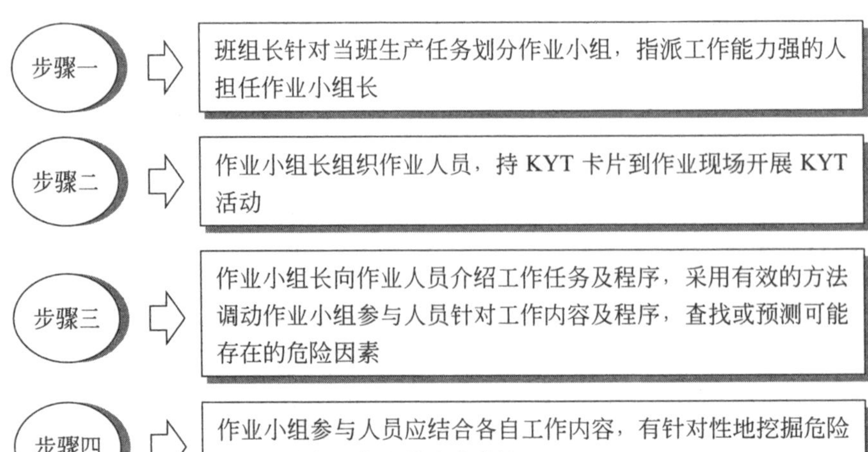

作业小组负责人（小组长）将收集到的危险因素及其对应措施的信息，整理记录在KYT活动卡片上，再次对所有作业小组参与人员进行一次复述，待所有人员认同后，进行签字确认

最后，作业小组负责人确认后开始作业，作业完毕后，应在当天将卡片交班组长检查认可，有条件的话，班组长应到现场进行检查验收

作业参与人员在指出危险因素时，要充分利用肢体语言对危险因素加以描述，以强化对危险形态的直观认识

作业过程中要持续运用“手指触动提示”和“触动报警”，保持现场作业人员对危险的警觉

对小组参与人员针对危险因素提出的相关防范措施，现场能立即整改的应在整改完毕后开始作业

图5-3　作业危害分析的步骤

5.2.3　作业危害分析的操作步骤

5.2.3.1　分析作业的选择

理想情况下，所有的作业都要进行作业危害分析，但首先要确保对关键性的作业实施分析。确定分析作业时，优先考虑以下作业活动。

（1）事故频率高或不经常发生但可能导致灾难性后果的作业。

（2）事故后果严重、作业条件危险或经常暴露在有害物质中的作业。

（3）新增加的作业。由于经验缺乏，明显存在危害或危害难以预料。

（4）变更的作业。可能会由于作业程序的变化而带来新的危险。

（5）不经常进行该项作业的人员由于从事不熟悉的作业而可能有较高的风险。

5.2.3.2　将作业划分为若干步骤

选择作业活动之后，将其划分为若干步骤，每一个步骤都应是作业活动的一部分。

划分的步骤不能太笼统，否则会遗漏一些步骤以及与之相关的危害。另外，步骤划分也不宜太详细，以致出现许多的步骤，根据经验，一项作业活动的步骤一般不超过10项。如果作业活动划分的步骤太多，可先将该作业活动分为两个部分，分别进行危害分析。重要的是要保持各个步骤正确的顺序，顺序改变后的步骤在危害分析时有些潜在的危害可能不会被发现，也可能增加一些实际并不存在的危害。

按照顺序在分析表中记录每一步骤，说明它是什么而不是怎样做。

划分作业步骤之前，仔细观察操作人员的操作过程。观察的人通常是操作人员的直接管理者，关键是他们要熟悉这种方法，被观察的操作人员应该有工作经验并熟悉整个作业工艺。观察应当在正常的时间和工作状态下进行，如一项作业活动是夜间进行的，那么就应在夜间进行观察。

5.2.3.3 辨识危害

根据对作业活动的观察、掌握的事故（伤害）资料以及经验，依照危害辨识清单依次对每一步骤进行危害的辨识，并将辨识的危害列入分析表中。

为了辨识危害，需要对作业活动做进一步的观察和分析。辨识危害应该思考的问题是：可能发生的故障或错误是什么；其后果如何；事故是怎样发生的；其他的影响因素有哪些；发生的可能性。以下是危害辨识清单的部分内容。

（1）是否穿着个体防护服或佩戴个体防护器具。

（2）操作环境、设备、地槽、坑及危险的操作是否有有效的防护。

（3）维修设备时，是否对相互连通的设备采取了隔离。

（4）是否有能引起伤害的固定物体，如锋利的设备边缘。

（5）操作者是否能触及机器部件或在机器部件之间操作。

（6）操作者是否会受到运动的机器部件或移动物料的伤害。

（7）操作者是否会处于失去平衡的状态。

（8）操作者是否管理着带有潜在危险的装置。

（9）操作者是否需要从事可能使头、脚受伤或被扭伤的活动（往复运动的危害）。

（10）操作者是否会被物体冲撞（或撞击）。

（11）操作者是否会跌倒。

（12）操作者是否会由于提升、拖拉物体或运送笨重物品而受到伤害。

（13）作业时是否有环境因素的危害——粉尘、化学物质、放射线、电焊弧光、高热、高噪声。

5.2.3.4 确定相应的对策

危害辨识以后，需要制定消除或控制危害的对策。确定对策时，从工程控制、管理措施和个体防护三个方面加以考虑。具体对策见表5-6。

表5-6　对策说明

序号	对策	说明
1	消除危害	消除危害是最有效的措施，有关这方面的技术包括改变工艺路线、修改现行工艺、以危害较小的物质替代、改善环境（通风）、完善或改换设备及工具，如由原来的人工搬运改为自动化的机械
2	控制危害	当危害不能消除时，采取隔离、机器防护、穿着劳保用品等措施控制危害，如改善局部通风的状况，以消除污染物进入作业区域；又如在机械设备上加装安全栅栏，以防止人员被夹伤
3	修改作业程序	不安全的作业程序容易造成意外事故，设法改变作业程序使潜在的可能危害因素减至最少，如欲检查自动剪裁机的异常时，应关闭剪裁机的电源开关，不应仅关闭隔纸输送机的开关，以免造成人员被机器夹伤
4	减少暴露	减少暴露是没有其他解决办法时的一种选择，减少暴露的一种办法是减少在危害环境中暴露的时间，如完善设备以减少维修时间、佩戴合适的个体防护器材等；为了减轻事故的后果，设置一些应急设备如洗眼器等

案例

以下就一项作业活动“从顶部入孔进入，清理化学物质储罐的内表面”，进行危害分析，运用作业危害分析方法，将该作业活动划分为9个步骤并逐一进行分析，分析结果列于下表。

作业危害分析表

步骤	危害辨识	对策
1.确定罐内的物质种类，确定在罐内的作业及存在的危险	（1）爆炸性气体 （2）氧含量不足 （3）化学物质暴露——气体、粉尘、蒸气（刺激性、毒性）、液体（刺激性、毒性、腐蚀、过热） （4）运动的部件、设备	（1）根据标准制定有限空间进入规程 （2）取得有安全、维修和监护人员签字的作业许可证 （3）具备资格的人员对气体检测 （4）通风至氧含量为19.5%～23.5%，并且任一可燃气体的浓度低于其爆炸下限的10%，可采用蒸气熏蒸、水洗排水，然后通风的方法 （5）提供合适的呼吸器材 （6）提供保护头、眼、身体和脚的防护服 （7）参照有关规范提供安全带和救生索 （8）如果有可能，清理罐体外部

续表

步骤	危害辨识	对策
2.选择和培训操作者	（1）操作人员呼吸系统或心脏有疾患，或有其他身体缺陷 （2）没有培训操作人员——操作失误	（1）工业卫生医师或安全员检查，能适应于该项工作 （2）培训操作人员 （3）按照有关规范，对作业进行预演
3.设置检修用设备	（1）软管、绳索、器具——脱落的危险 （2）电气设施——电压过高、导线裸露 （3）电机未锁定并未作出标记	（1）按照位置，有顺序地设置绳索、管线等器材以确保安全 （2）设置接地故障断路器 （3）如果有搅拌电机，加以锁定并作出标记
4.在罐内安放梯子	梯子滑倒	将梯子牢固地固定在入孔顶部或其他固定部件上
5.准备入罐	罐内有气体或液体	通过现有的管道清空储罐 （1）审查应急预案 （2）打开罐 （3）工业卫生专家或安全专家检查现场 （4）罐体接管法兰处设置盲板（隔离） （5）具备资格的人员检测罐内气体（经常检测）
6.罐入口处安放设备	脱落或倒下	（1）使用机械操作设备 （2）罐顶作业处设置防护护栏
7.入罐	（1）从梯子上滑脱 （2）暴露于危险的作业环境中	（1）按有关标准，配备个体防护器具 （2）外部监护人员观察、指导入罐作业人员，在紧急情况下能将操作人员自罐内营救出来
8.清洗储罐	发生化学反应，生成烟雾或散发空气污染物	（1）为所有操作人员和监护人员提供防护服及器具 （2）提供罐内照明 （3）提供排气设备 （4）向罐内补充空气 （5）随时检测罐内空气 （6）轮换操作人员或保证一定时间的休息 （7）如果需要，提供通信工具以便于得到帮助 （8）提供2人作为后备救援，以应付紧急情况
9.清理	使用工（器）具而引起伤害	（1）预先演习 （2）使用运料设备

5.2.3.5 信息传递

作业危害分析是消除和控制危害的一种行之有效的方法，因此，应当将作业危害分析的结果传递到所有从事该作业的人员。

5.3 危险预知训练活动

危险预知训练活动简称KYT（Kiken Yochi Trainning），是针对生产的特点和作业工艺的全过程，以其危险性为对象，作业班组为基本组织形式而开展的一项安全教育和训练活动，它是一种群众性的“自我管理”活动，目的是控制作业过程中的危险，预测和预防可能发生的事故。

KYT起源于日本住友金属工业公司的工厂，后由三菱重工业公司和长崎造船厂发起的“全员参加的安全运动”，经日本中央劳动灾害防止协会的推广，形成了技术方法，它获得了广泛的运用，遍及各个企业，我国宝钢首先引进了此项技术。

5.3.1 危险预知训练活动的目的

开展危险预知活动可以达到以下目的。

（1）描写作业情况。

（2）找出班组作业现场隐藏的危险要因和有可能引起的现象。

（3）组织一起讨论、协商，指点确认危险点或重点实施事项。

（4）找出危险点控制的措施，并予以训练，使其标准化。

5.3.2 适用范围

通用的作业类型和岗位相对固定的生产岗位作业；正常的维护检修作业；班组间的组合（交叉）作业；抢修抢险作业。

5.3.3 危险预知活动的实施

5.3.3.1 实施要点

通过小集团活动，运用解决问题的四步循环来开展危险预知活动，见表5-7。

表5-7　解决问题的四步循环

			KYT	实施点
观察↓	1R	把握事实（现状把握）	存在什么潜在危险	基本是现场的现物
考虑↓	2R	找出本质（追究根本）	这是危险的关键点	不遗漏任何危险部位
评价↓	3R	树立对策	要是你的话怎么做	可实施的具体对策
决定↓	4R	决定行动计划（目标设定）	我们应该这么做	对，这么做（唱和）
实践				责任者、日程
总结、评价				全体成员

5.3.3.2　危险预知活动的实施步骤和基本方法

选定图片或以工作中的某个情景，班组长介绍内容，大家分析。如图5-4所示。

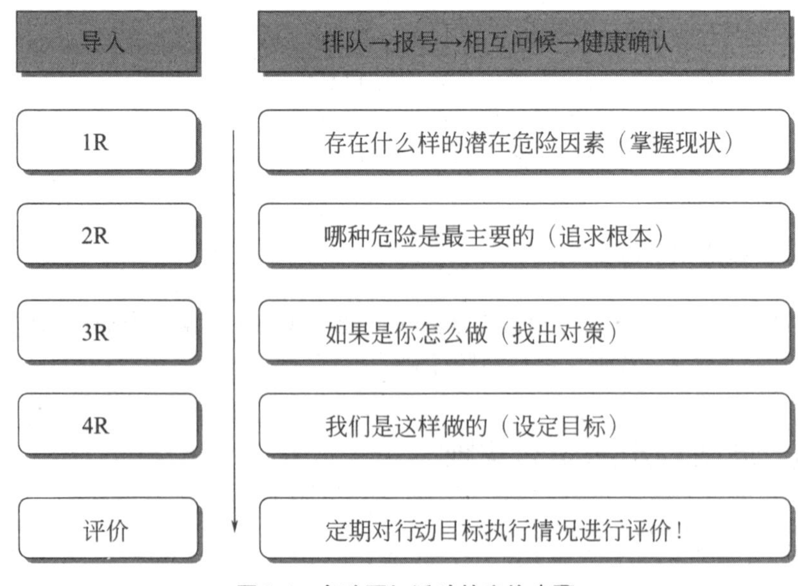

图5-4　危险预知活动的实施步骤

KYT实施的基本方法，见表5-8。

表5-8　KYT实施的基本方法

步骤		操作说明
1R	掌握现状：到底哪些是潜在的危险因素（最好结合大家熟悉的或岗位的危险源为对象）	认为发现哪个地方比较危险，会出现什么事故，叫大家找出来 （1）叫大家举手发言 （2）假定一下将来可能出现什么样的危险及可能的事故 （3）把危险因素通过大家列5～7个项目 （4）小组一般5～7人，每人至少提一条，太多解决起来就成问题
2R	追求根本：这才是主要危险的因素	（1）每人指出1～2条认为最危险的项目，在认为有问题的项目画一个"○" （2）问题集中、重点化，最后形成大家公认的最危险的项目（合并为1～2个项目）；画"◎"的项目为主要的危险因素 （3）列出集中化的1～2项 表述为："由于……原因导致发生……的危险"，全部写出，领导读两遍，然后带着成员跟着读两遍
3R	找出对策：如果是你怎么做	想对策，怎么解决问题，把最先解决问题的每一个人拿出一个措施 （1）根据最危险的因素，每人提出1～2条具体可实施的对策措施 （2）把对策措施5～7项合并为1～2项最可行的对策
4R	设定目标：我们是这样做的	想出对策，每人设一目标，要是我怎么办，要是你怎么办 （1）合并为1～2项（按照带标记的项目是重点实施项目） （2）设定团队行动目标

5.3.3.3　情景演练

以下为某企业KYT活动的演练，请参考学习。

情景：驾驶叉车的A员工，由于出库过迟，急于要将材料搬出；路线一边的B员工正作业未注意来车，如下图所示。

题目：叉车作业

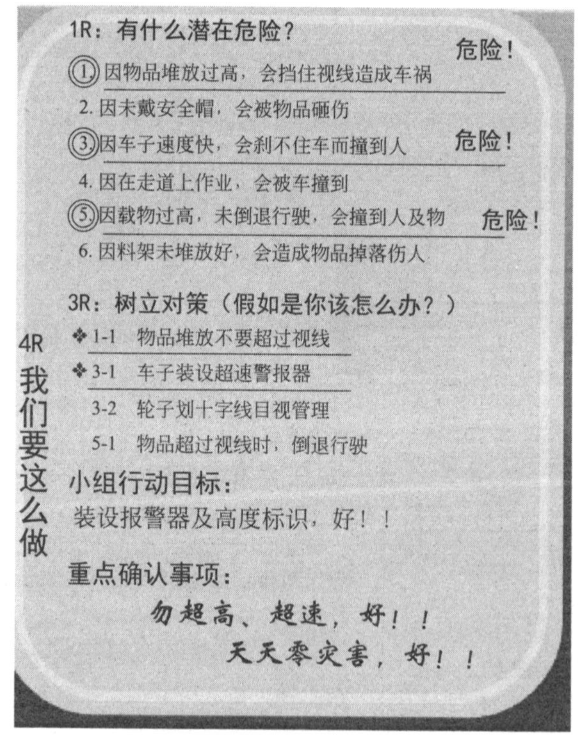

5.3.3.4　实施时的注意事项

员工危险感知度不是一次就能做好的，必须坚持反复的训练，坚持PDCA进行固化、改善和提高。如图5-5所示。

班组长根据作业动态、现场问题确定每一次的训练内容

组织全体人员按照四个步骤进行实施，制定共同行动决策

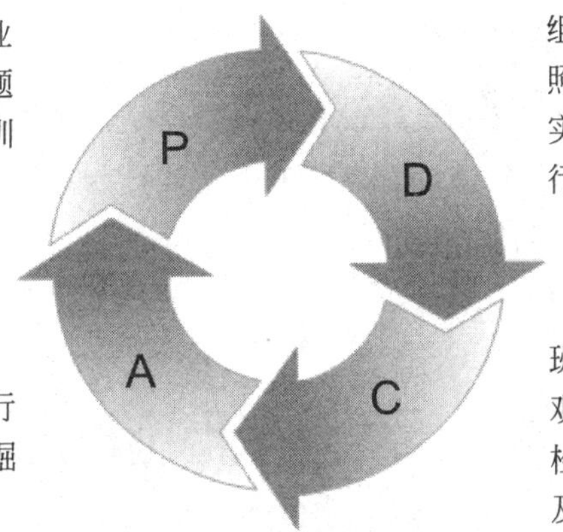

班组长定期进行总结评价，挖掘可以改善的空间

班组长负责作业观察和现场安全检查，发现问题及时采取对策

图5-5　危险感知度训练的PDCA循环

5.3.4　KYT活动卡片的填写与管理

5.3.4.1　卡片的内容及填写

KYT活动卡片的内容应针对现场实际情况认真填写记录，且必须是在现场和作业开始前完成，签字一栏必须是作业人员本人。

对卡片中危险因素的查找及描述，应针对各个作业环节可能产生的危险因素、人的不安全行为和可能导致的后果，前后要有因果关系的表述，对发现的重要危险因素要采取相应的防范措施。具体见表5-9。

表5-9　KYT活动表

作业地点		作业时间								
作业人员		负责人								
作业内容	危险因素描述（危害及后果）	类别（4M1E）						重要性		对策
		人	机	料	法	环	其他	重要	一般	

确认人：　　　　　　　　　　　　班长：

5.3.4.2 卡片的管理

KYT卡片的收集整理要有专人负责，并编制成册加以保存。卡片的保存时间一般为班组半年和车间一年，保存期间的卡片要作为班组员工开展安全教育的材料，供开展KYT训练活动使用。

5.4 安全生产确认制

安全生产确认制是指用反复核实、复诵、监护、设标志提醒以及操作票等方法，在作业之前和作业过程中，针对本岗位的安全要点和易发生伤害事故的因素，必须做到确实认定、确实可靠、确实准确地去执行，以避免由于想当然、猜测、遗忘、误会、疲劳、走神、情感异常等因素引起的失误，并形成制度。

安全生产确认制可以确保人与人之间、岗位与岗位之间、上下工序之间相互沟通、连接、协调和配合，从而避免事故的发生。

5.4.1 安全生产确认制的适用范围

凡是可能发生误操作，而误操作又可能造成严重后果的，都应制定并实施可靠的确认制，如以下操作。

（1）开动、关停机器和固定设备及驾驶车辆。

（2）开动起重运输设备。

（3）危险作业、多人作业中的指挥联络。

（4）送变电作业。

（5）检修后的开机。

（6）重要防护用品（防毒面具、安全带等）的使用。

（7）曾经发生过误操作事故的作业等。

5.4.2 安全生产确认制的细分

安全生产确认制可以细分为九个方面：岗位确认制、工作指令确认制、操作确认制、联系呼应确认制、行走确认制、开停车确认制、联保互保确认制、隐患确认制、工作完毕安全状态确认制。

5.4.2.1 岗位确认制

员工进入工作岗位或进行特种作业前（如电气焊、起重），必须由指令其作业的人员确认其有无操作资格，是否具备在本岗位操作所需的安全技能，避免无证上岗、冒险蛮干等违章行为。

5.4.2.2 工作指令确认制

工作中，下级必须确认来自上级的工作指令；被指挥者确认指挥者的指令；施工检修时，具体操作人员确认指挥协调人员的口令和指挥信号。只有经过指令确认并重复无误后方可开始工作，旨在杜绝误开机、信号不明、协调不力等情况。

5.4.2.3 操作确认制

（1）作业前，班组长要召集全体成员开好班前会。全班组成员通过互致问候并互相审视精神及身体状况，确认身体适合作业要求，确认作业环境适合本作业，确认防护用品是否穿戴齐全，对设备及安全装置进行点检确认，对所从事作业的安全可靠性及潜在的危险，通过确认告诫自己注意安全。

（2）作业中，集中精力，不断确认自己是否按本工种安全技术操作规程进行作业。确认自己的行为不伤害自己、不伤害他人、不被他人伤害，确认所作业对象的安全性，并注意防范措施。危险作业要确认安全措施，确认监护人。

（3）作业结束后，确认所操作设备按规定停机，所有操作按钮都处于停止状态，整理好作业场地，确认无事故隐患后，方能离开作业现场。班组长要总结安全情况并确认所有成员一切情况良好。

5.4.2.4 联系呼应确认制

在长线作业时，应由一人指挥，指挥者发出的指令一定要简明扼要，在被指挥者重复无误后，才能进行作业，并做好记录。

（1）指挥者确认其指令与执行者的安全要求、与生产系统中的安全要求、与作业区域或者作业空间的安全要求不矛盾、不冲突。

（2）指挥者要明确确认其指令是令行，还是禁止，执行者必须按指令做到令行、禁止。

（3）对于禁止令的执行，指挥者要确认下一级的执行情况并负有监督检查职责。执行者要确认禁止令是在延续，还是已解除。

5.4.2.5 行走确认制

在生产现场行走时，确定安全通道无危险时方可行进，即严格执行“查看、判断、通过”的程序，对现场是否具备安全通行条件予以确认。如图5-6所示。

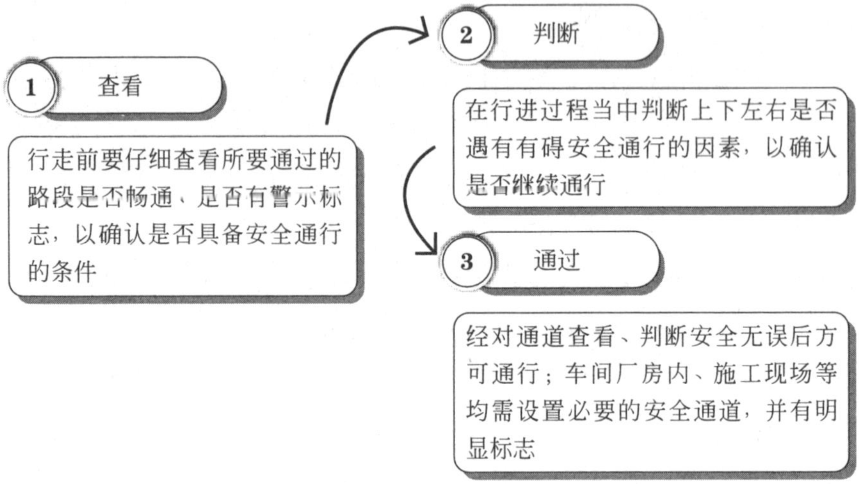

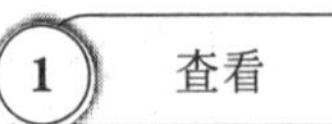

行走前要仔细查看所要通过的路段是否畅通、是否有警示标志，以确认是否具备安全通行的条件

在行进过程当中判断上下左右是否遇有有碍安全通行的因素，以确认是否继续通行

经对通道查看、判断安全无误后方可通行；车间厂房内、施工现场等均需设置必要的安全通道，并有明显标志

图5-6　行走确认制的程序

在没有设置吊运通道的车间内进行天车作业时，吊具的承载量必须是被起吊物的两倍以上，吊钩必须安装防脱钩装置，并设专人跟踪指挥。

5.4.2.6　开停车确认制

在设备的检修作业前后开车、停车时，指挥者、操作者对设备安全状况应进行确认。如具体见表5-10。

表5-10　开停车确认制的说明

序号	开停车状态	确认内容与要求
1	检修或者施工完毕的设备开车	（1）确认开车总指挥者和安全总负责人（应是同一人）；确认下一级的开车指挥者和安全责任人（也是同一人），并且实行直线联系负责制 （2）确认谁有权送电、谁有权开车 （3）开车指令下达前确认工作票制度已正确执行完毕
2	备用设备开车	（1）确认工作票制度已正确执行完毕 （2）确认上一级指挥者同意谁送电 （3）确认上一级指挥者同意谁开车 （4）确认所开车设备安全保护装置符合安全条件要求 （5）确认开车程序正确
3	设备停车	（1）确认停车的目的 （2）确认停车的安全规程已执行完毕 （3）停车检修的设备，必须在工作票上确认断电、断料、断汽（气）、断水、挂警示牌、监护人等

5.4.2.7 联保互保确认制

在生产和检修工作前，首先确认自己、本岗位其他操作者和相邻岗位的操作者是否均处于安全状态，本人操作是否会对他人造成伤害（如开行车前要查看行车梁上是否有人在检修），自己是否会被他人的误操作所伤害。工作中除及时纠正自己操作上的缺点和错误外，还要注意确认联保互保人员的精神状态和操作情况，如发现有问题，及时给予指正。

5.4.2.8 隐患确认制

有的保全人员在工作完毕后防护罩不上、防护栏不安；有的临时接线，明明是当班使用，却一连几天都不撤线；还有的防护栏杆已严重腐蚀了，操作时存在很大隐患，而本工段操作工明知道存在这样那样的隐患却未能及时反映或根本不反映，以至于隐患长期存在或循环存在。为了杜绝以上几种现象，找清原因，分清责任，凡查到的安全隐患，由部门负责人签字确认，对遗留隐患的责任人进行违章处罚，同时对未能及时反映情况的岗位操作人员和设备承包人连带处罚。通过这种方式，能够进一步增强全员安全意识，激发自主查消隐患的热情，有利于消除循环出现的安全隐患。

5.4.2.9 工作完毕安全状态确认制

工作完毕后，要立即对本岗位进行安全检查，确认被破坏的安全防护装置是否恢复原状（如保全工检修设备后要恢复防护罩）、电器设备是否送电、本人和其他人员是否已处于安全环境等。

5.5 编制岗位安全应急卡

“岗位安全应急卡”是指企业通过风险评估、危险因素的排查，确定危险岗位，有针对性地制定各种可能发生事故的应急措施，从而编制具有应急指导作用的简要文书。

5.5.1 岗位安全应急卡的作用

“岗位安全应急卡”具有简明、易懂、实用的特点，着重解决事故发生时生产一线员工“怎么做、做什么、何时做、谁去做”的问题，使员工能及时正确地处置事故，报告事故情况。

案例

一家化工企业在试点实施“岗位安全应急卡”不到一个月，因意外情况发生火情，生产一线员工按照“岗位安全应急卡”所提供的方法及时进行了正确处置，为消防部门快速扑灭火灾争取了宝贵的救援时机。

5.5.2 岗位安全应急卡的内容

在编制岗位安全应急卡前，应当结合岗位的实际情况，在危害（隐患）辨识的基础上开展此项工作。其内容主要包括岗位风险（危害）辨识、岗位注意事项、应急情况处理等几方面内容。

（1）“风险（危害）辨识”这项内容是结合危害（隐患）辨识分析的结果，按人、机、环境、管理四个方面进行列举，在列举时应从清单中选出部分有代表性和有较大危害的，对相关的其他风险进行辨识，一并列出。

（2）在“岗位注意事项”这项内容中，应当列出该岗位在值班或工作过程中所应特别注意的事项。

（3）在“应急情况处理”这项内容中，应当列出该岗位人员在出现应急情况时应如何处理。出现紧急情况，需要人镇定，冷静处理、但这时往往处于慌乱状态，不能采取正确措施。因此，在该项内容中，应简单明了地列出处理措施，一旦真的发生意外，可供岗位人员参考和操作，实用性很强。

下面提供两份岗位安全应急卡的范本，供参考。见表5-11、表5-12。

表5-11　岗位安全应急卡范本（一）

岗位名称	××车间××岗位
涉及危险工艺（存在危险因素）	××工艺
关键工艺参数	操作压力、温度、介质成分、滴加速度等
岗位操作要点	操作压力、温度、反应时间等
本岗位应急处置装备	防毒面具、空气呼吸器、防化服、灭火器、应急药品等
应急处置注意事项	前后工段联系、避免产生各类火种、上风向处置、个体防护等
本岗位存在危险因素（尽量列出岗位可能发生的各类事故，如超温、超压、泄漏、爆炸、停电、停水、断料等工况变化情况，以及发生人员伤害情况等） （1） （2） （3） （4）	

续表

<table>
<tr><td colspan="4">危险因素应对措施（应对事故的处置程序、处置措施、处理要点，措施应简明扼要、实用，着重说明如何稳定操作工况、消除危险因素等，比如，一旦发生……，应该……）
（1）
（2）
（3）
（4）
应急联系电话：</td></tr>
<tr><td rowspan="2">厂内</td><td>主要负责人</td><td>技术负责人、生产控制中心</td><td>车间主任</td></tr>
<tr><td></td><td></td><td></td></tr>
<tr><td rowspan="2">公共</td><td>报警电话</td><td>火警电话</td><td>急救电话</td></tr>
<tr><td></td><td></td><td></td></tr>
</table>

制定人：　　　　　　审核人：　　　　　　时间：

表5-12　岗位安全应急卡范本（二）

<table>
<tr><td>岗位名称</td><td colspan="3">××车间××岗位</td><td colspan="2">危险工艺名称</td><td colspan="2"></td></tr>
<tr><td>涉及危化品</td><td colspan="7"></td></tr>
<tr><td>工艺参数</td><td colspan="7">反应温度，××℃～××℃；压力，常压；回流温度，××℃；滴加速度：××L/min；反应时间，××小时；保温（降温）措施，×××</td></tr>
<tr><td rowspan="2">作业场所涉及危险物质</td><td rowspan="2">火灾可能产生有害物质</td><td rowspan="2">危险特性</td><td rowspan="2">禁忌物质</td><td rowspan="2">可能导致的不良后果</td><td colspan="2">针对性个体防护器具</td></tr>
<tr><td>名称</td><td>储物点</td></tr>
<tr><td></td><td></td><td></td><td></td><td></td><td></td><td></td></tr>
<tr><td></td><td></td><td></td><td></td><td></td><td></td><td></td></tr>
<tr><td></td><td></td><td></td><td></td><td></td><td></td><td></td></tr>
<tr><td></td><td></td><td></td><td></td><td></td><td></td><td></td></tr>
<tr><td></td><td></td><td></td><td></td><td></td><td></td><td></td></tr>
<tr><td></td><td></td><td></td><td></td><td></td><td></td><td></td></tr>
</table>

续表

岗位作业人员可实施的紧急避险行动				
异常紧急状况先期症状	应急处置的禁忌事项	安全、正确、可行、有效的具体应急处置作业动作、顺序	应急处置作业时间长度	必须紧急撤离的事故前症状
温度异常				
压力异常				
突然停水				
突然停电				
搅拌故障				
反应失控				
泄漏或冲料				
其他情况				
应急联系方式（电话号码）				
厂内	主要负责人	技术负责人、生产控制中心	车间主任	
公共	报警电话	火警电话	急救电话	
	110	119	120	

制定人：　　　　审核人：　　　　时间：

5.5.3　岗位安全应急卡的使用

（1）岗位安全应急卡可以塑封成小卡片，发放到每一个相关员工的手中，重点岗位做到“人手一卡”，并在重要部门张贴上墙。如图5-7所示。

（2）要按照“岗位安全应急卡”的内容定期组织员工进行演练，不断检验演练效果。

“岗位安全应急卡”适用对象是生产一线的员工，生产一线员工对“岗位安全应急卡”的熟悉程度决定了最终的推行效果。

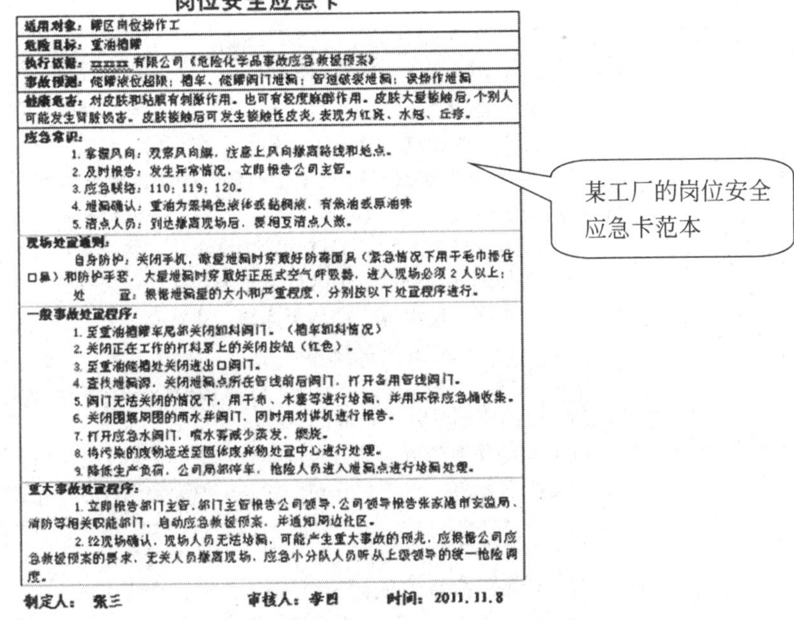

岗位安全应急卡

适用对象：罐区岗位操作工

危险目标：重油槽罐

执行依据：xxxxxx有限公司《危险化学品事故应急救援预案》

事故预测：储罐液位超限；槽车、储罐阀门泄漏；管道破裂泄漏；误操作泄漏

健康危害：对皮肤和粘膜有刺激作用。也可有轻度麻醉作用。皮肤大量接触后，个别人可能发生肾脏损害。皮肤接触后可发生接触性皮炎，表现为红斑、水疱、丘疹。

应急常识：

1. 掌握风向：观察风向旗，注意上风向撤离路线和地点。
2. 及时报告：发生异常情况，立即报告公司主管。
3. 应急联络：110；119；120。
4. 泄漏确认：重油为黑褐色液体或黏稠液，有焦油或原油味
5. 清点人员：到达撤离现场后，要相互清点人数。

现场处置通则：

自身防护：关闭手机，微量泄漏时穿戴好防毒面具（紧急情况下用干毛巾捂住口鼻）和防护手套，大量泄漏时穿戴好正压式空气呼吸器，进入现场必须2人以上；

处　　置：根据泄漏量的大小和严重程度，分别按以下处置程序进行。

一般事故处置程序：

1. 至重油槽罐车尾部关闭卸料阀门。（槽车卸料情况）
2. 关闭正在工作的打料泵上的关闭按钮（红色）。
3. 至重油储槽处关闭进出口阀门。
4. 查找泄漏源，关闭泄漏点所在管线前后阀门，打开备用管线阀门。
5. 阀门无法关闭的情况下，用干布、木塞等进行堵漏，并用环保应急桶收集。
6. 关闭围堰周围的雨水井阀门，同时用对讲机进行报告。
7. 打开应急水阀门，喷水雾减少蒸发，燃烧。
8. 将污染的废物运送至固体废弃物处置中心进行处理。
9. 降低生产负荷，公司局部停车，抢险人员进入泄漏点进行堵漏处理。

重大事故处置程序：

1. 立即报告部门主管，部门主管报告公司领导，公司领导报告张家港市安监局、消防等相关职能部门，启动应急救援预案，并通知周边社区。

2. 经现场确认，现场人员无法堵漏，可能产生重大事故的预兆，应根据公司应急救援预案的要求，无关人员撤离现场，应急小分队人员听从上级领导的统一抢险调度。

制定人：张三　　审核人：李四　　时间：2011.11.8

图5-7　某企业的岗位安全应急卡

5.6　违章识别与纠正能力

违章行为是指员工在生产过程中，违反国家有关安全生产的法律、法规、条例及单位安全生产规章制度进行违章指挥、违章操作的不安全行为。违章是安全生产的大敌，虽然有些违章是小细节，却可能滋生不小的隐患。

5.6.1　常见违章行为的表现

常见违章表现见表5-13。

表5-13　常见违章表现

序号	违章类别	违章表现
1	违反劳动纪律	（1）在工作场所、工作时间内聊天、打闹 （2）在工作时间脱岗、睡岗、串岗 （3）在工作时间内看书、看报或做与工作无关的事 （4）酒后进入工作岗位 （5）未经批准，开动本工种以外设备

续表

序号	违章类别	违章表现
2	不按规定穿戴劳动保护用品、使用用具	（1）留有超过颈部以下的长发、披发或发辫，不戴工作帽或未将头发置于帽内就进入有旋转设备的生产区域 （2）高处作业或在有高处作业、有机械化运输设备下区域工作而不戴安全帽 （3）操作旋转机床设备或进行检修试车时，敞开衣襟操作 （4）在易燃、易爆、明火等作业场所穿化纤服装操作 （5）在车间、班组等生产场所赤膊、穿背心 （6）从事电气作业不穿绝缘鞋 （7）电焊、气焊（割）、碰焊、金属切削等加工中可能有铁屑异物溅入眼内而不戴防护眼镜 （8）高处作业位置在非固定支撑面上，或在牢固支撑面边沿处，或在支撑面外和在坡度大于45°的斜支撑面上工作未使用安全带
3	违反安全生产管理制度	（1）操作前不检查设备、工具和工作场地就进行作业 （2）设备有故障或安全防护装置缺乏时凑合使用 （3）发现隐患不排除、不报告，冒险操作 （4）新进厂员工、变换工种、复工人员未经安全教育就上岗 （5）特种作业人员无证操作 （6）危险作业未经审批或虽经审批但未认真落实安全措施 （7）在禁火区吸烟或明火作业 （8）封闭厂房内安排单人工作或本人自行操作的
4	违反安全操作规程	（1）跨越运转设备，设备运转时传送物件或触及运转部位 （2）开动被查封、报废的设备 （3）攀登吊运中的物件以及在吊物、吊臂下通过或停留 （4）任意拆除设备上的安全照明、信号、防火、防爆装置和警示标志，以及显示仪表和其他安全防护装置 （5）容器内作业时不使用通风设备 （6）高处作业往地面扔物件 （7）违反起重“十不吊”、机动车辆驾驶“七大禁令” （8）戴手套操作旋转机床 （9）冲压作业时手伸进冲压模危险区域 （10）开动情况不明的电源或动力源开关、闸、阀 （11）冲压作业时不使用规定的专用工具 （12）冲压机床配备有安全保护装置而不使用 （13）冲压作业时“脚不离踏” （14）站在砂轮正前方进行磨削 （15）进行调整、检查、清理设备或装卸模具测量等工作时不停机、断电

5.6.2 违章发生的规律

规律是指事物之间的内在的必然联系，决定着事物发展的必然趋向。违章发生的规律，就是违章发生时与人、与物、与时机等有哪些必然联系。

违章属于随机事件，所以违章的具体发生是很难预测的。但是，随机事件也有规律可循，通常遵循“大数定律”。从大量违章事件统计分析，可以得出以下规律。

5.6.2.1 违章的多发时间

（1）节假日及其前后。这个时候，操作人员思想受干扰较多，工作时注意力容易分散而导致违章。

（2）交接班前后。交接班前后的一个邻近时间段，有人称之为“注意力低峰”，交班者注意力放松，接班者则还没有完全进入“角色”。有时在交班前，为了赶在下班前完成某项任务，草草收尾，因而遗漏某个操作或有意违规，以达到加快完成任务的目的，结果导致严重的事故。在交接班前后，不但容易违章而导致事故发生，而且一旦发生事故，由于不易做到指挥统一、协调一致，还可能扩大事故范围。

（3）根据异常事件按时间分布的统计，结果表明异常事件的发生率在凌晨4：00～6：00出现峰值。这个时间，通常人是最容易犯困的时候，思想较难集中所以容易违章。

5.6.2.2 违章的多发作业

（1）高空作业。高层建筑、架桥、大型设备吊装。

（2）地下作业。煤矿井下、地下隧道作业等。

（3）带电作业。

（4）有污染的作业。比如，在高噪声、含有毒物质、有放射性物质的环境下作业。

（5）在交叉路口、陡坡急转弯；闹市区行车、雾天行车或飞机航行。

（6）复杂操作。如飞机起飞、着陆过程；复杂系统的启动过程（核电厂反应堆启动过程）。

（7）单调的监控作业。随着自动化程度的日益提高，许多手工操作由机器完成，人们只起监控作用。在绝大多数情况下，机器正常运行，虽然人的工作负荷很小，但又不能离开作业区域或做其他事情，此时非常容易产生心理疲劳从而导致违章。

（8）单独外出作业或工作小分队外出作业，由于缺乏现场监督而违章。

5.6.2.3　违章的多发行业

违章在维修行业中，特别是在电气维修中更为普遍，尤其是在电气抢修中。

5.6.2.4　违章容易发生在人处于自己生物节律的临界期或低潮期

人体生物节律是指人从出生那天起，其体力、情绪和智力就开始分别以23天、28天、33天的周期从“高潮期→临界期→低潮期→临界期→高潮期……”的顺序，循环往复，各按正弦曲线变化，直至生命结束。人的行为受这三种生物节律的影响。在高潮期，人处于相应的良好状态，表现为体力充沛、精力旺盛、心情愉快、情绪高昂、思维敏捷，记忆力好。在低潮期，人则处于较差状态。生物节律曲线与时间轴相交的前后2～3天为“临界期”，人处于此时，其体力、情绪和智力正在变化过渡之中，这一时期是最不稳定的时期，人的机体各方面协调性差，最易出现违章行为。

5.6.2.5　其他情况的多发

（1）责任心和安全意识比较差的人容易违章。

（2）对所从事的工作不感兴趣的人容易违章。

（3）有些违章出于一时的错误闪念。

5.6.3　明确反违章的工作方法

（1）根据以前的作业情况，对照《安规》和各项规章制度，认真查找违章表现，然后，通过反违章学习，使全班人员都清楚违章的每一条表现，防止违章行为出现。

（2）发现违章，要及时制止，并在班后会按规定宣布处理意见。班组长对违章没有及时制止的，也视为违章，并对其进行一定的处罚。作业组其他成员也要互相监督，积极、主动地制止违章人员。要认识到：制止违章是对违章者最大的关心和爱护，是对工作、对集体极其负责的表现。

（3）违章者要在安全日活动期间进行检查。检查内容包括：违章的原因是什么；对违章的危害性有哪些认识；今后怎样做到不违章。班组长也要检讨。通过大家说教，使违章者提高认识，改掉违章的不良行为，同时也使其他人受到教育。

（4）分析总结。班组长要组织班组成员对当月的反违章工作进行全面的分析总结，找出存在的问题，明确下一步反违章工作的重点，以适应深入开展反违章工作的需要，逐步使月违章次数向“零”目标迈进。

5.6.4 怎样杜绝习惯性违章

杜绝是指采取相应的措施完全地拒绝，从而使习惯性违章不再发生。杜绝违章行为的关键在于遵章守纪，而遵章守纪的关键是全体员工对遵章守纪的正确认识，只有科学的认识，才会有科学的态度，才能克服侥幸心理，才能自觉地约束自己遵章守纪。

5.6.4.1 班组成员轮流安全值周

班组成员轮流值周，就是班组的所有成员，依次分别轮流担任一周的班组安全员，在每天班组会上由轮值员进行几分钟的班组成员遵章守纪讲评与自查互查相结合的群查活动，在生产过程中发现班组成员有违章违纪行为时，班组安全轮值员应立即提出纠正意见，情况严重的，造成事故险兆的，应按照“三不放过”的原则组织集体讨论，提高认识，找出原因，订出措施，吸取教训，防微杜渐。

5.6.4.2 班组设立安全监督岗

生产班组在现场作业时，由于作业面广，企业、车间以及班组的安全管理人员不可能每时每刻都在每一个生产现场，班组长也不可能每时每刻都照顾到每一名员工。可以考虑设立一个安全监督岗，具体做法是：在班组设立安全监督岗，根据班组的实际情况以及工作范围，在班组成员中，挑选3～4名综合技术素质过硬的员工作为班组安全监督岗的成员，确保在班组的生产作业现场都有一名安全监督员，具体负责规范班组作业人员的作业行为。

5.6.4.3 建立班组安全学习制度

定期举行班组安全学习是一项行之有效的方法。在班组安全学习会上，可以对本周班组发生的不安全行为，具体分析违章违纪的发生过程及发生的状况，或者有针对性地将别人的事故事例组织进行学习，“前事不忘，后事之师”，从中汲取别人教训，警示自己。

5.6.4.4 进行专业技术培训以提高班组成员的安全操作技能

反习惯性违章必须提高作业人员的现场工作技能，可针对作业人员的特点，开展专业技术培训，提高技术水平，纠正那些由于对操作规程不了解、不熟悉而长期不认真执行规程或错误执行的操作方法，防止因不理解规程，盲目作业而引起的习惯性违章。

5.6.4.5 教会班组成员预防习惯性违章的方法

(1) 自觉破除模糊意识，端正态度。

（2）不断学习本专业的安全规程。

（3）要力戒在自己身上出现习惯性违章。

（4）当别人制止自己的习惯性违章时，应虚心接受。

（5）当发现习惯性违章行为时，应勇于制止或劝阻，使其消灭在萌芽状态。

（6）要善于从正反两方面的典型事例中予以借鉴，不断提高自己的防护能力。

5.6.4.6 对习惯性违章者进行处罚

对于习惯性违章者要坚持重罚的原则，对于习惯性违章者的处罚手段大致有以下6种。

（1）让习惯性违章者抄写安全规程。

（2）让习惯性违章者做检讨，写出保证书。

（3）让习惯性违章者当义务安全员，纠正违章行为。

（4）举办培训班，让习惯性违章者学习安全生产方针政策、法律法规和规章制度。

（5）对严重的习惯性违章者采取下岗待业措施。

（6）利用宣传媒介对习惯性违章行为予以曝光。

5.6.4.7 尽可能采用防错、容错措施

人是最可靠也是最不可靠的，人行为的可靠性是很难预测的。尽管上述措施都能减少违章的发生，但这些措施都不能保证人不再违章，所以需要防错、容错措施。比如，提高操作规程的可操作性，在重要操作步骤前加提示，以免遗漏；强化按照规程进行操作的训练，强化对重要操作进行监护的训练；定期检查危险点、危险源，并使操作者熟知，而不敢轻易违章。增加各种硬件的防错、容错功能，比如，有人闯入禁区会立即出现报警信号；机件的设计使得不按次序拆卸或装配成为不可能等。

5.6.4.8 狠抓现场安全管理

现场是生产的场所，是员工生产活动与安全活动交织的地方，也是发生“习惯性违章”，出现伤亡事故的源地，狠抓现场安全管理尤为重要。要抓好现场安全管理，安监人员要经常深入现场，不放过每一个细节。在第一线查“习惯性违章”疏而不漏，纠违章铁面无私，抓防范举一反三，搞管理新招迭出，居安思危，防患于未然，把各类事故消灭在萌芽状态，确保安全生产顺利进行。

同时，应加强现场作业环境的管理，不断改善作业条件。因为人的安全行为除了内因的作用和影响外，还受外因的作用和影响。环境、物的状况对劳动生产过程的人也有很大的影响。如果环境差、物设置不当，会出现这样的模式：环境

差——人的心理受不良刺激——扰乱人的行动——产生不安全行为，物设置不当——影响人的操作——扰乱人的行动——产生不安全行为。反之，环境好，能调节人的心理，激发人的有利情绪，有助于人的行为；物设置恰当、运行正常，有助于人的控制和操作。因此，要控制习惯性违章，保障人的安全行为，必须创造良好的环境，保证物的状况良好和合理，使人、物、环境更加协调，从而增强人的安全行为。

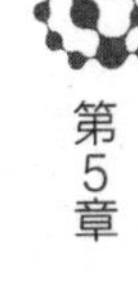

第6章 作业改善技能

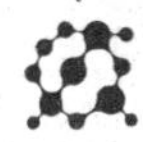

引言

现代企业的作业现场是由人员、设备、材料、方法、测量系统和作业环境（统称5M1E）六大生产要素组成的。企业在生产时需要提高自己的生产效率，除了要对人员、设备、材料和作业环境进行精益化管理改善外，还必须从不良品产生多、作业开展困难等现场容易出现的问题出发，改善现场作业。

6.1 现场作业分析的方法

如何使员工对生产现场的改善随时抱着积极的态度以及强烈的欲望呢？这有赖于企业平时灌输给他们如下观念：任何一件事永远无法达到完善的境界，且必定有加以改善的余地。只要时时有这种想法与态度，员工就不难发现问题存在哪里。不过，现场存在的问题并非都是显而易见的，一般来说，随着工作场所的性质不同，发现问题的方式也不同，具体内容见表6-1。

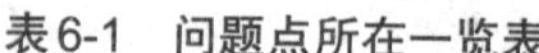
表6-1 问题点所在一览表

序号	级别	问题点所在
1	初级	在自己的工作场所及工作中 （1）感到工作劳累时 （2）对工作的做法感到困惑时 （3）感到浪费、勉强，以及不均衡时 （4）工作失败时 （5）在工作中受伤时 （6）做很艰难的工作时 （7）从事危险的作业时
2	中级	（1）放眼自己的工作场所、工作及制品 ——设备的故障 ——重新书写的作业记录 ——故障报告书 ——不良产品报告书 ——产品检查记录 （2）制造工序的瓶颈 （3）作业工序表、生产计划表、作业标准书
3	上级	（1）其他部门、其他各种场合 ——前后工序的要求 ——抱怨 ——消费者的抱怨 ——承包 ——供应商所发生的问题 ——间接部门的要求 （2）部门、车间方面的重要问题点；部门、车间的目标和方针 （3）部门、车间、工作场所的慢性问题或不良表现 （4）长期的问题 （5）年度生产、中期计划、新产品计划

6.1.1 检查表法

检查表法是一种用检查表来检查作业现场中存在问题的方法。下面是某企业用来检查作业现场问题的“三不”检查表，即关于是否过度、浪费及不均的检查表，供读者参考。

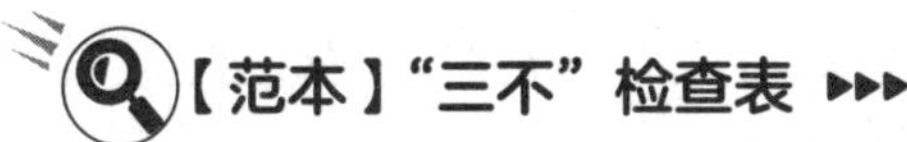

“三不”检查表

项目 程度	作业人员	机械、设备	材料
过度	（1）作业人员是否太少 （2）人员的配置是否适当 （3）能否工作得更舒服一点 （4）能否更为清闲一点 （5）姿势 （6）处理方面是否有勉强的地方	（1）机械的能力是否良好 （2）机械的精度是否良好 （3）量测器的精度是否良好	（1）材质、强度是否有勉强的地方 （2）是否有不好加工的地方 （3）交货期是否有勉强的地方
浪费	（1）是否有等待的现象 （2）作业闲暇是否太多 （3）是否有不合理的移动 （4）工作的程序是否良好 （5）人员的配置是否适当	（1）机械的转动状态如何 （2）钻模是否妥善地被活用 （3）机械的加工能力（大小、精度）是否有浪费之处 （4）有无自动化、省力化 （5）平均的转动率是否恰当	（1）废弃物是否能加以利用 （2）材料是否剩余很多 （3）修正的程度如何 （4）是否有再度涂饰
不均	（1）忙与闲的不均情形如何 （2）工作量的不均情形如何 （3）个人差异是否较大 （4）动作的联系是否顺利，是否有相互等待的情形	（1）工程的负荷是否均衡，是否有等待的时间、空闲的时间 （2）生产线是否平衡，是否有不均衡的情形	（1）材质是否有不均的现象 （2）是否有发生歪曲的现象 （3）材料是否能充分供应 （4）尺寸、精度的误差是否在允许的范围之内

6.1.2 5W1H法

5W即Who，What，When，Why，Where；1H即How，分成How to（方法）或How much（费用）。5W1H法用来检查工作场所的状况，5W2H检查表见表6-2。

表6-2 5W2H检查表

5W2H	具体意义	区分
What	做什么、有必要吗	何事
Why	为什么要做、目的是什么	何为
Where	在哪里做、一定要在那里做吗	何地
When	什么时候做、有必要在那时做吗	何时
Who	由谁做、其他人做可以吗	何人
How to	怎样做、有比这更好的手段吗	方法
How much	进行改进会付出什么样的代价	成本

6.1.3 4M法

4M即Man（从业人员），Machine（设备、工具），Material（原料、材料）和Method（方法）等四大生产要素。4M法，即从这四种生产要素出发，检查工作场所的状况。4M检查表见表6-3。

表6-3 4M检查表

项目	检查的重点		
人员（Man）	（1）技术良好吗 （2）工作年限足够吗 （3）教育程度如何 （4）是否与作业人员的特性相适应 （5）遵守作业标准吗 （6）遵守规定吗 （7）详知作业标准分类吗 （8）对技术方面很了解吗 （9）每个作业人员之间是否有差异 （10）从事同一作业的各工作班组之间是否有差异	（1）作业方面是否有失误 （2）作业方面是否有不均的现象 （3）操作姿势是否良好 （4）熟悉上司及企业的方针吗 （5）督导者的指示是否彻底执行到位 （6）熟悉自己职位与权责的关系吗 （7）健康状态是否良好 （8）工作态度是否良好 （9）出勤率是否良好 （10）具有高尚的道德观吗 （11）品质良好吗	（1）是否有干劲 （2）对于作业是否不满 （3）是否有协调性 （4）能坦诚地沟通吗 （5）人际关系是否有问题 （6）是否有适当的自我启发以充实自己 （7）时常举行部门内的会议吗 （8）对于协同作业是否有问题

续表

项目	检查的重点		
设备（Machine）	（1）机械的能力是否具备 （2）特性值（尺寸、重量等）情况良好吗 （3）数量适当吗 （4）每一部机械是否有显著的差别 （5）机械的性能良好吗 （6）是否经常发生故障 （7）是否能很快发现故障发生的地方 （8）故障的处理到位吗	（1）机械的停止及故障是否会影响品质 （2）日常的检验良好吗 （3）开始作业时的检核良好吗 （4）润滑情况良好吗 （5）磨损情况如何 （6）是否有破损 （7）是否不必交换操作	（1）有无废除的必要 （2）有无预备零件 （3）有无危险 （4）有无杂音 （5）防尘设备良好吗 （6）整理整顿的工作完善吗 （7）跟作业人员之间的关系是否良好 （8）人体工程学方面的考虑周到吗 （9）钻模等的工具情况如何
材料（Material）	（1）了解影响品质特性的因素吗 （2）材质良好吗 （3）商标正确吗 （4）材料的等级及分类适合吗 （5）品质良好吗 （6）材料的数量合适吗 （7）是否混入了异材 （8）额外的工作很多吗	（1）对于不良材料的处置妥当吗 （2）剩余材料的处理方式妥当吗 （3）材料的检查是否有问题 （4）材料是否因批发商不同而有所不同 （5）处理的情形良好吗 （6）材料的保管良好吗 （7）储藏环境是否有问题，有无变化	（1）储藏场所良好吗 （2）搬运良好吗 （3）包装良好吗 （4）单位数量是否均一 （5）是否因与前一工程部门的制造条件不同而有所差别
方法（Method）	（1）调整的方式良好吗 （2）作业的程序良好吗 （3）是否存在不顺利的工作 （4）搬运作业良好吗 （5）工作的程序良好吗 （6）作业现场的布置良好吗 （7）温差适当吗 （8）相对湿度适当吗 （9）通风情形良好吗 （10）噪声是否很大 （11）照明是否太暗	（1）有无振动 （2）有无浓烈的气味 （3）整理、整顿的情形良好吗 （4）钻模等工具良好吗 （5）作业方式是否有完善的管理 （6）作业上的动作方式恰到好处吗 （7）作业标准是否已经制定 （8）作业标准是否有不完备之处 （9）作业标准未制定的原因是什么 （10）有没有瓦斯外泄	（1）作业标准是否正确 （2）作业标准制度是否很周详 （3）作业标准是否确实遵守 （4）作业标准未被遵守的原因是什么 （5）作业标准是否修订过 （6）作业标准的修订方法是否条例化 （7）作业条件是否有差异 （8）保证的信用如何

6.1.4 五大任务法

五大任务包括品质、成本、生产量、安全性和人性，具体内容如图6-1所示。

1 品质
（1）不良程度如何
（2）修改的程度如何
（3）不均衡的状态如何
（4）偏离的状态如何
（5）有无异常

2 安全性
（1）安全的状态如何
（2）作业环境的状态如何
（3）疲劳的程度如何
（4）安全对策的状态如何
（5）是否依照规定处理危险物品

3 成本
（1）原单位的状态如何
（2）生产性的状态如何
（3）工时的状态如何
（4）原材料费的状态如何
（5）劳务费的状态如何

4 生产量
（1）生产量的状态如何
（2）半成品的状态如何
（3）有无数量的差异
（4）成品库存的状态如何
（5）是否遵守交货期

5 人性
（1）出勤率状态如何
（2）干劲程度如何
（3）团队精神状态如何
（4）工作场所的气氛如何
（5）加班的程度如何

图6-1 工作场所的五大任务

6.1.5 PQCDSM法

PQCDSM中的P是Productivity（生产率），Q是Quality（品质），C是Cost（成本），D是Delivery（交货期），S是Safety（安全），M是Morale（士气）。PQCDSM法，即从这六个方面来检查工作场所的状况。PQCDSM检查表见表6-4。

表6-4　PQCDSM检查表

序号	检查项目	检查的重点
1	生产率（Productivity）	最近的生产率是否下降
2	品质（Quality）	（1）品质是否降低 （2）不良制品率是否增大 （3）消费者的抱怨是否太多
3	成本（Cost）	（1）成本是否增高 （2）机械生产力、动力、劳动率的基准量是否降低 （3）管理人员是否太多
4	交货期（Delivery）	交货期是否拖延
5	安全（Safety）	（1）安全方面有问题吗 （2）灾害事故多不多 （3）是否有不安全作业
6	士气（Morale）	（1）士气旺盛吗 （2）人际关系方面有没有问题 （3）作业人员的配置是否适当

6.2　现场作业改善的流程

现场作业改善是一种提高作业品质的有效途径，它要求每一个员工必须从作业动作、作业场地、夹具、工具、搬运、搬运工具、机械设备、材料、工作环境等方面入手，开展全方位的改善活动。一般来说，进行现场作业改善可以按以下流程进行。

6.2.1　制订实施计划

一旦通过发现现场存在的问题，确定改善目标后，就要制订现场改善计划。计划的必要条件如下。

6.2.1.1　决定目标

决定执行人员、何时做完（期限）、做多少（目标）。

6.2.1.2　分担目标

由谁来做、如何做。必要条件一旦整理好，计划就变成较具体的工作，并可书写成改善计划书。

6.2.2 详细调查现状

改善计划一旦完成，员工便可开始进行现状调查。根据计划，员工彻底地调查工作场所，然后，将所分析的问题具体地加以量化、明确化。这种观察、记录以及分析是针对实际的活动，同时在寻求改善的途径上，它也是一种重要的程序。

6.2.3 考虑改善方案

分析现状的结果，具体地找出问题点以后，就可着手解决问题。这些问题中，有些很容易马上拟出对策进行解决，但也有一些问题比较麻烦，非得有一定的创意不可。

创意的来源包括现场经验、技术性知识，以及其他现场的作业精华，还可以从工作以外的活动中获得启示。改善人员在进行构想时，应坚持ECRS原则和3S原则，具体说明见表6-5和表6-6。

表6-5 ECRS原则说明

项目	自问	适用例
剔除（Eliminate）	把这些排除的话会怎样（指零件、作业、运输、传票等）	（1）熟人车站：车长回收及出售车票 （2）一人服务：司机兼任车长的工作车
合并（Combine）	合并在一起、配合在一起的话会怎样（指零件、加工、材料）	（1）自动脱谷：从收割、脱谷到除谷壳都一手包办 （2）拖车：连接台车工作 （3）装箱 （4）装袋 （5）搬运台
重排（Rearrange）	改变顺序或者更换的话会怎样（指改变或更换工程材质、形状、加工方法）	（1）附属零件：能更换油压铲子的戽斗，以便进行打洞等的作业 （2）拖车：空车与满载车更换 （3）工作母机：不必移动物体，利用可移动的工具加工 （4）机械中心：可一方面自动更换工具，一方面以另一台机械从事复杂的加工
简化（Simplify）	单纯化、简单化，或者减少数量的话会怎样（指零件、工程、库存形状而言）	（1）金属制品：可以省略繁杂的包装容器 （2）送货箱：使捆包与拆解简单化地搬运箱子

表6-6　3S原则说明

项目	自问	适用例
单纯化（Simplification）	（1）使构造单纯 （2）使方法简单 （3）使数（量）减少	（1）减少零件的件数 （2）使位置的决定单纯化 （3）自动化，加工方式
标准化（Standardization）	（1）将方法、手续统一化 （2）将材质、形状的范围缩小 （3）将规格、尺寸标准化	（1）规格的统一 （2）传票的统一 （3）作业标准的制定 （4）收集配送时间的定时化
专门化（Specialization）	（1）将机种、品种专业化 （2）将职类、工作专门化	（1）有盖车、无盖车、家畜车、冷冻车 （2）设备及钻模等的专业化 （3）职务的专门化（装配、搬运、检查等）

采纳改善方案后，还要对其进行评价，进而提出改善的构想，借此使改善方案更加完善，使之更为可行。切勿一味地指摘缺点，把已萌芽的改善方案抛弃掉。

6.2.4　实施改善方案

不管多好的改善方案，不付诸实施的话，就不会产生任何效果。因此，改善方案经过评价以后，就应该付诸实施。

如果是简单的改善方案，可立刻试行构想，这样不但可以确定其能否实施，还可以发现其是否有不妥之处。但是，对于钻模制作等大型设备改善的方案，制作期间又长的场合，则必须好好地从长计议。比如，日期、成本、责任等在实施以前就需计划好，然后再按规定实行。以下是在改善实施前应该留意的事项。

6.2.4.1　对关系人充分地说明

对于要变更已经习惯的工作，员工都或多或少地会有一些不安与焦虑的情绪，尤其在改善方案有较大变动时，员工往往都会有巨大的心理落差，以致自尊心受到伤害，产生反抗的情绪。同时，较大变动的方案也往往会使人产生这样做是否能提高效率、能否强化作业的顾虑。在这种意识之下进行改善的话，将很难得到员工的配合。因此，在讨论阶段最好邀请关系人一起参与讨论，这样才能够获得充分理解。

6.2.4.2　改订作业标准

到了改善的阶段，工作的进行方法或者检验要领往往会改变，有时甚至安全上的留意事项、保守的检验内容等也会变更，因此，改善人员需要妥善地估计情

况，以改正不合适的内容。改善方案实施后，有可能新问题会暴露，此时要能及时采取预防措施。

6.2.4.3　试行

在计划阶段十全十美的构想，实施起来不见得就会令人满意，因此改善方案需要有一段试行的时间。也就是说，通过试行来观察其效果，以便了解成效及副作用，进而除掉不妥的地方，以保证方案更加完美。

6.2.5　确定改善的成果

为确定实行改善后的效果，企业必须对改善措施是否获得了预期的成果、是否产生了不妥之处、作业员是否满意等进行彻底的调查。如果发现改善措施有不妥之处，那就要马上消除，假如那些不妥之处涉及了改善方案的本质问题，那就得重新回到前几个步骤，再度重新检讨。

现场管理者在确认改善成果时，必须根据如图6-2所示的内容进行。

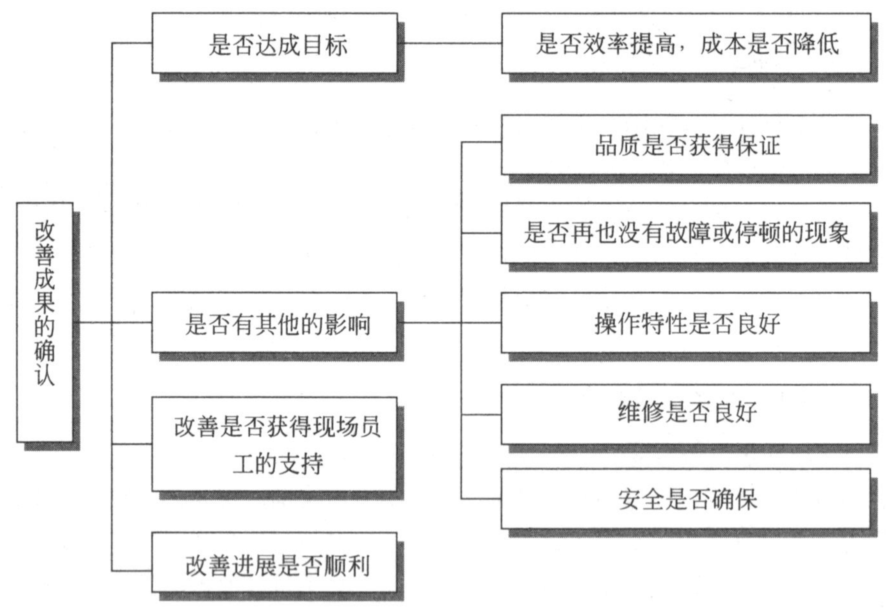

图6-2　改善成果确认的重点

6.2.6　改善成果标准化

成果一旦被确认，这一轮的改善活动即可结束。当然，结束并不是说停滞不前了，而是要将改善成果标准化。标准化是改善活动推行的进一步深化，应用范围比较广泛，可以应用到生产、管理、开发设计等方面。标准化的步骤如图6-3所示。

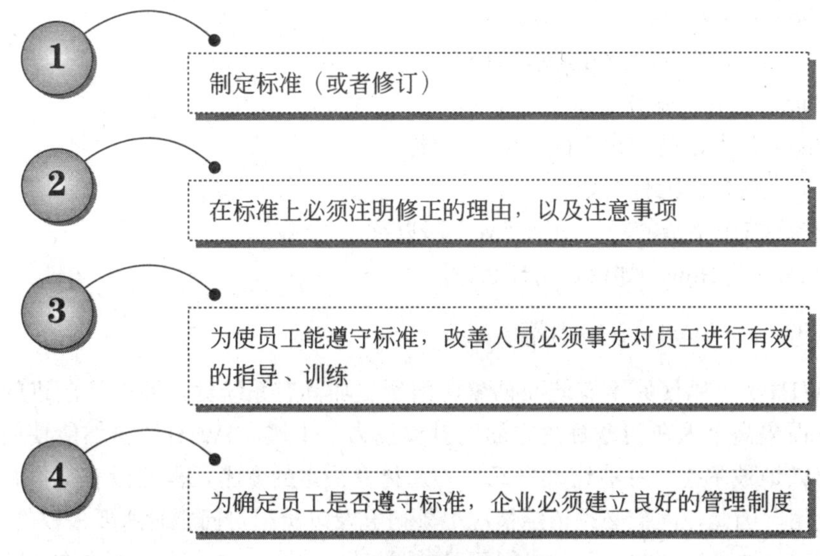

图6-3　改善成果标准化步骤

6.3　现场作业改善的方法

现场作业改善的方法能将一个组织的各种资源集成为系统，并对这样的系统进行规划、设计、实施和改善，使得它能高品质、高效率地运行，这也就是人们常说的IE改善的方法。IE（工业工程）七大手法是企业内部IE人员或其他人员用来进行流程或其他活动改善的基本手法（工具），它被用来提高工作效率、降低成本、提高品质、追求系统整体化，它既是精益生产系统的基础工程技术，又是科学的、客观量化的管理技术。

6.3.1　5W1H法

5W1H法又称质疑创意法，即通过对问题反复地质疑，最终将问题的症结发掘出来。它是IE七大基础手法之一。5W1H法利用询问的方式来发掘改善的构想，使人学习并且熟悉系统的询问技巧，它一方面可以协助人员挖掘出问题的根源，另一方面则让人能寻找到可能改善的途径。

6.3.1.1 5W1H法的含义

所谓的5W含义如下。

Where：何处，在什么地方，空间。

When：何时，在什么时候，时间。

What：何者，是什么东西（事），生产对象。

Who：何人，是什么人做，生产主体。

Why：为何，为什么如此。

因为这5个字母的开头均为“W”所以称为“5W”。

而1H是指How：如何，用什么方法。

6.3.1.2 5W1H法的用途

5W1H法可以使原本笼统而抽象的问题更加具有系统性，即循序渐进的逻辑性，进而提高个人在问题解决方面的具体能力。不过，5W1H法虽然能使问题快速而有效地被掌握，并能让人据此作为选择及决定的参考，但它没有提供解决问题的功用，因此，人们必须依照情况另外研究及讨论面对问题时所要采取的对策。根据5W1H法所找到的问题，我们可以参照如图6-4所示的四个主要方向去探讨可能改善的途径。

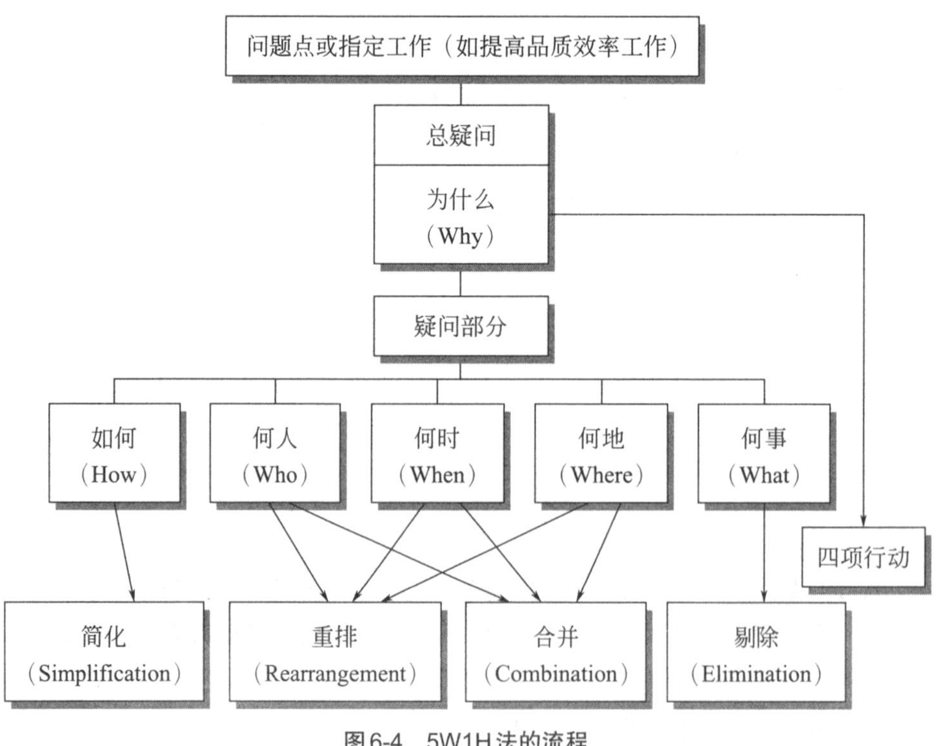

图6-4 5W1H法的流程

（1）简化。在删除、合并及重排操作后，研究“如何做”来达到简化的目的。

（2）重排。评估改变次序、地点及人员的可能性，这些改变可能引发出删除与合并的灵感。

（3）合并。将两种以上的动作尝试结合在一起是为合并，两个操作合并可以省掉搬运、检验、存放等动作。如果两个操作不易合并时，应尽可能将搬运合并在操作中。

（4）剔除。许多操作可能是不必要的，只是延续着使用而没有察觉，此时，剔除掉是最好的方向。下面提供一份5W1H法的举例，供读者参考。

5W1H法的举例

类别	现况如何	为什么	能否改善	怎么改善
对象（What）	生产什么	为什么要生产这种产品	能不能生产别的产品	到底应该生产什么
目的（Why）	什么目的	为什么要这样做	有没有别的目的	应该是什么目的
场所（Where）	在哪儿做	为什么在那儿做	是否能到别处做	应该在什么地方做
时间顺序（When）	什么时候要做	为什么要那时候做	能不能其他时间做	应该在什么时间做
谁做（Who）	谁来做	为什么那个人做	能不能叫别人做	应该由谁来做
怎么做（How）	怎么做	为什么要这样做	有没有别的方式	决定要怎么做

6.3.2 动作分析法

动作分析法又称动作改善法，一般简称为“动改法”。动作分析法是按操作者实施的动作顺序观察动作，用特定的记号记录以手、眼为中心的人体各部位的动作内容，把握实际情况，并将上述记录图表化，以此为基础，判断动作的好坏，找出改善着眼点的一套分析方法。

6.3.2.1 动作的类别

动作就是工艺流程和作业的具体实施方法，如为寻找、握取、移动、装配必要的目的物，操作者身体各个部位的每一个活动。动作可大致分为下面四类。

（1）加工：改变目的物形状和装配目的物的动作。

（2）移动：改变目的物位置的动作。

（3）握持：保持目的物形态的动作。

（4）等待：无作业手空闲着的动作。

6.3.2.2 动作改善的技巧

动作改善的技巧主要有表6-7所列的四种。

表6-7 动作改善的技巧

序号	改善技巧	具体说明
1	剔除	（1）剔除所有可能的作业、步骤或动作（包括身体、足、手臂或眼） （2）剔除动作中的不规律性，使动作成为自发性，并使各种物品置放于固定地点 （3）剔除以手作为持物工具的工作 （4）剔除不方便或不正常的动作 （5）剔除必须使用肌力才能维持的姿势 （6）剔除必须使用肌力的工作，而以动力工具取而代之 （7）剔除必须克服动量的工作 （8）剔除危险的工作 （9）剔除所有不必要的闲置时间
2	合并	（1）把必须突然改变方向的小动作结合成一个连续的曲线动作 （2）合并各种工具，使其成为多用途的组合工具 （3）合并可能的作业 （4）合并可能同时进行的动作
3	重组	（1）使工作平均分配于两手，两手的同时动作最好呈对称性 （2）小组作业时，应把工作平均分配于各成员 （3）把工作安排成清晰的直线顺序
4	简化	（1）使用最低等级的肌力工作 （2）减少视觉动作并降低必须注视的次数 （3）保持在正常动作范围内工作 （4）缩短动作距离 （5）使手柄、操作杆、脚踏板、按钮均在手足可及之处 （6）在需要运用肌力时，应尽量利用工具或工作物的动量 （7）使用最简单的动作组合来完成工作 （8）减少每一动作的复杂性

6.3.2.3 动作分析改善的步骤

动作分析改善的步骤如图6-5所示。

（1）进行基本动作分析。将作业的动作按单手顺序（左手或者右手）记录下来。在这个过程中，必须先分别对左、右手的动作顺序进行记录，然后再对左右手的组合动作进行记录，接着准备基本动作分析专用表（见范本示例），并填写好必要的事项。

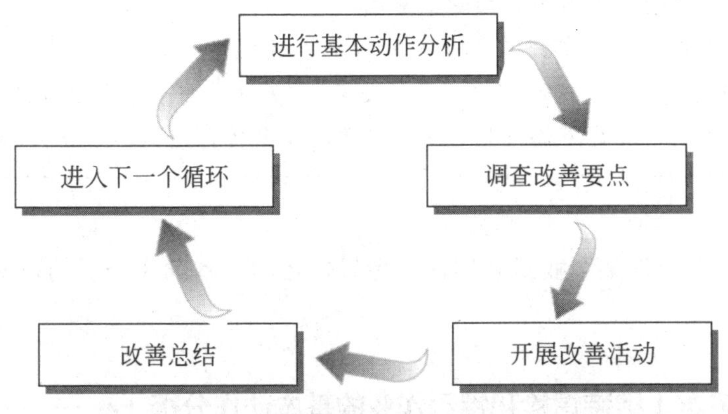

图6-5　动作分析改善的步骤

【范本】基本动作分析专用表

基本动作分析专用表

调查日期：__________年____月____日

工序（企业）名		
产品名称		
作业名称		
分析者姓名		
部门		

序号	要素作业	左手动作	基本动作记号			右手动作	备注（辅助说明改善的目标）
			左手	眼	右手		

汇总表	动作属性	第一类										第二类						第三类					合计
	基本动作记号										小计						小计					小计	
	左手	◡	∩	ᒐ	9	⧺	U	#	ෆ	0		⊖	⊕	→	૨	8		⌂	∧	ᒐ	ᒧ		
	右手																						
	眼																						

在基本动作分析专用表中，要记录作为分析对象的作业部门、作业名称、调查日期、分析者的姓名、作业配置图等内容。

将众多的小动作归纳成几个大的种类，这样就一目了然。由几个细小的动作归纳成的动作，一般称为“动作要素”。另外，为了了解动作的数量，可附上序号。将动作记号添加到表中，基本动作分析就完成了。

下面提供一份某企业组装螺栓和螺母作业的基本动作分析的范本，供读者参考。

【范本】组装螺栓和螺母作业的基本动作分析

组装螺栓和螺母作业的基本动作分析

序号	动作要素	左手动作	基本运作记号			右手动作
			左手	眼	右手	
1	准备螺栓	向螺栓伸手	◡	00→	ɹ9	待工
2		抓住螺栓	∩		ɹ9	待工
3		调整螺栓角度 移动到前面	ɷ+9		ɹ9	待工
4	准备螺母	一直拿着螺栓	⌓	00→	◡	向螺母伸手
5		一直拿着螺栓	⌓		∩	抓住螺母
6		一直拿着螺栓	⌓	ɷ+9		调整螺母角度并 移到前面
7	组装螺栓 和螺母	组装螺栓和螺母	#	#		组装螺栓和螺母

（2）调查改善要点。动作图制作完成后，接下来就要根据分析的结果找出问题，即发现动作中存在的不经济、不均衡和不合理现象。要尽量排除第三类动作，尽可能地排除第二类动作，至于第一类动作，如果能够取消当然最好，如果该动作是必需的，有时也可通过改变对象的放置位置，达到缩短时间的目的。

（3）开展改善活动。利用基本动作分析法进行改善的顺序见表6-8。

表6-8　利用基本动作分析法进行改善的顺序

序号	步骤		操作说明
1	问题的发生或发现		（1）现场管理者平时要多分析已经取得成绩的数据，用怀疑的眼光去观察作业现场，以发现什么地方存在问题；现场管理者可应用“PQCDSM表”对以下各项进行调查 ——生产量是否正常（P） ——产品品质是否存在问题（Q） ——原材料价格是否上涨（C） ——产品能否赶上交货期（D） ——安全生产是否存在问题（S） ——作业人员的士气如何（M） （2）整理以上调查发现的问题
2	分析现状	现状分析的准备工作	（1）确定现状分析的手法（比如，如果问题对象是手工作业，采用基本动作分析法更为有效） （2）准备好动作分析表等必要的工具 （3）在表中记录好部门名称、作业名称、调查日期、分析者姓名、作业分布图等事项
		现状分析的进行步骤	（1）对作业进行反复观察，其他什么也不要做 （2）对作业大致是由哪些动作所组成的有了了解之后，开始对动作进行记录（比如向××伸手等） （3）一个作业周期的动作记录完成之后，再填到准备好的动作分析表上，并标上基本动作的记号 （4）向现场的专业人士请教，或查阅有关资料
3	整理分析结果，并绘制统计表		（1）分析结果按照基本动作记号类别和左右手进行区分统计 （2）按照属性类别加以区分统计（第一类至第三类） （3）发现问题的重点
4	发现重点问题		把目标放在第二类动作和第三类动作中的不经济动作上，确认左右手的动作是否失调（是否存在不均衡和不合理现象），并且一定要按照以下3点进行调查 （1）对不经济、不均衡和不合理现象的调查 （2）用“5W1H”提出问题，特别是要用“Why”（为什么要做这一作业）的问题意识去调查 （3）应用“PQCDSM表”进行调查
5	制定改善方案		（1）彻底否定动作或作业的现状，并寻找取消这些动作或作业的方法 ——全面否定从现状分析结果得知的有问题的动作或作业（为什么要进行这一作业，不可以取消吗），即使是第一类动作，也要研究取消它们的方法 ——讨论是否可以取消这些动作或作业

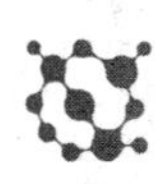

续表

序号	步骤	操作说明
5	制定改善方案	（2）取消动作或作业的讨论完成之后，就要对存在问题的作业按以下顺序进行研究 ——是否可以简化 ——是否可以将几个作业组合起来 ——是否可以交换作业顺序 （3）反复进行前两个步骤，提出解决问题的最好方法，并制定改善方案 ——改善方案分为：立即可以实施的方案、需要一定准备的方案、需要大量准备的方案 ——绘制各个改善方案与改善前的基本动作分析统计表，以确定改善效果 在制定改善方案时，要把舒适、安全、优质、高效生产产品作为目的，并进行调查，调查的方法有“5W1H”、改善的目标（基本动作记号和调查要点）、动作经济原则
6	实施改善方案	（1）选择最适合现阶段的改善方案，并进行研究、试行 （2）如果确定该改善方案可行，要向有关人员进行说明 （3）所有的准备工作都做好之后实施改善方案

（4）改善总结。及时对改善方案进行总结。

（5）进入下一循环。当发现或发生新问题时，改善又重新回到第一个步骤，开始又一轮循环。

6.3.3 工程分析法

工程分析法又称为流程分析法，它是一种通过对各阶段进行观察，把一连串的工程按照顺序调查、分析，用一定的记号整理为图表，以便调查工程中的浪费、不均及勉强，在导出改善的重点后，拟成改善方案的分析手法。下面以产品工程为例，其分析步骤如下。

6.3.3.1 展开预备调查

当问题明确，调查对象已经决定时，要先展开预备调查，必须得知以下项目。

（1）制品的生产量。

（2）制品的内容、品质的标准。

（3）检查的标准（中间检查、出货检查的做法）。

（4）设备的配置（摆设）。

（5）工程的流动（分歧、合流的状况）。

（6）原料（原料类型）。

6.3.3.2 制作“流动工程图”

随着制品的流动，员工在制作“流动工程图”时，必须考虑作业的目的，将制品分为加工、搬运、检查及停滞类型。若为停滞类型，则要考虑其是计划性事件还是偶发事件，之后，再将其区分为储藏及滞留。检查也可分为数量检查和品质检查。

6.3.3.3 测定必需项目

流动工程图制成后，将测定的各工程的必要项目记入。项目测定工作需直接到现场进行，如此，测得的数据才更具准确性。

6.3.3.4 整理分析的结果

将记入工程图的各种测定结果整理成一张表，表中可以明确体现加工给制品增加的所有价值，以及各种问题。比如，耗时过长，需缩短时间；人员过多，必需消减工数。整理表见以下范本。

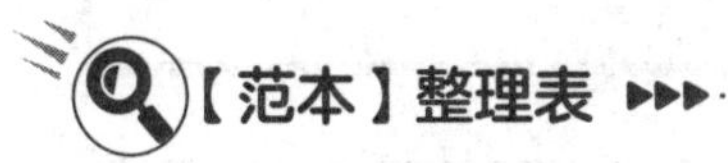

整理表

	工程数	时间/min	距离/m	人员/人
加工（○）	2	75	—	2
搬运（⇨）	5	22	85	10
检查（□）	3	25	—	6
停滞（▽）	3	（130）	—	3
合计	13	135	85	21

6.3.3.5 制定改善方案

改善人员可依据制品工程分析表中的调查项目、平面流向图及整理表找出问题点，再由此引出新的改善构想，进而完善改善方案。

6.3.3.6 实施与评价改善方案

改善方案确定后，就应试着实施。但在实施时，考虑到新的作业方法可能会让员工不适应，因此，现场管理者必须施以员工充分的训练，让他们熟悉作业后，再开始测定及评价。改善方案在实施过程中，现场管理者必须积极地予以修正，直到作业畅通无阻为止。

6.3.3.7 使改善方案标准化

改善方案达到预期目的后，应将其予以标准化，以防现场活动再恢复到以前的状况。

6.3.4 时间分析法

6.3.4.1 时间分析的基本程序

时间分析法通过针对时间及产出做定量的分析，找出时间利用不合理的地方，从而对其进行改善。时间分析法是IE方法中的一种基本方法。时间分析的基本程序如图6-6所示。

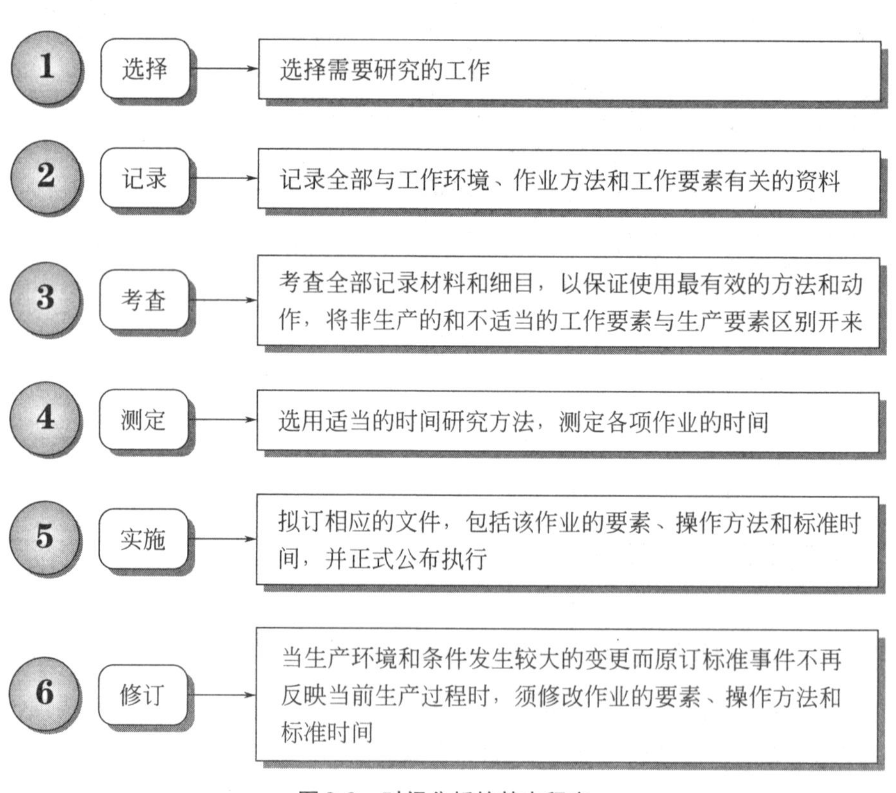

图6-6 时间分析的基本程序

6.3.4.2 马表法（秒表法）的步骤

秒表法就是一种使用秒表直接进行作业时间观测的方法。这是一种简单易用的观测方法，其主要步骤如下。

（1）观测用具准备。秒表、观测板、观测记录簿、笔记本、计算器等。

（2）分解作业要素和观测点。作业要素区分必须明显，容易观测；要素的作业时间不能太短，最好能大于0.3秒。如下范本所示。

【范本】作业要素和观测点的分解

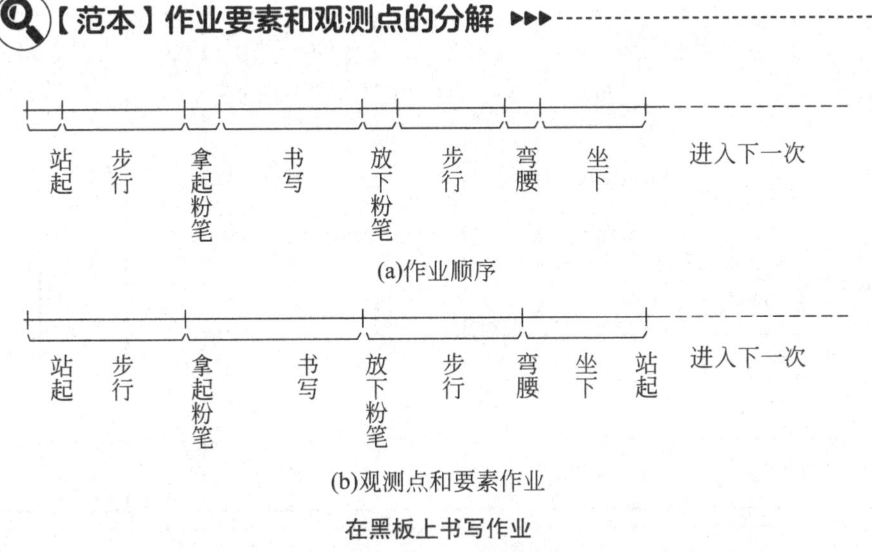

在黑板上书写作业

在黑板上写字的作业的要素和观测点

要素作业	观测点
（1）走去	拿粉笔的瞬间
（2）书写	放粉笔的瞬间
（3）走回	弯腰的瞬间
（4）坐下	站起的瞬间

（3）观测及记录。事先在记录簿上记下要观测的作业要素及其他必要事项；采取适当的方位、方式及态度进行观测；要多次观测，减少偶然因素影响；观测时，如有发现异常事项，应一并记录；算出实际时间。作业分析观测记录表如下范本所示。

【范本】作业分析观测记录表

作业分析观测记录表

被观测的动作		在黑板上写“时间分析”				观测时间	月 日 时 分至 时 分			
生产现场		制造第一试验室				作业人员： 观测人员：				
序号	作业要素＼周期	1		2		3		合计	平均	状况
		读数	净时间	读数	净时间	读数	净时间			
1	走近黑板									
2	写上“时间分析”									
3	返回椅子									
4	坐下									

（4）分析改善。

（5）提出改善的方案。

6.3.5 工作抽样法

工作抽样法又称“瞬时观察法”，是指利用统计学中随机抽样的原理，按照等概率性和随机性的独立原则，对现场操作者或机器设备进行瞬间观测和记录，调查各种作业事项的发生次数和发生率，以必须而最小的观测样本，来推定观测对象总体状况的一种现场观测的分析方法。工作抽样法的步骤如下。

6.3.5.1 明确分析目的

根据分析的目的，决定观测的准确度、观测次数、观测时间。实施抽样法的主要目的如图6-7所示。

1 把握现状问题点

(1) 掌握作业的实际情况，确定改善的重点

(2) 调查作业人员的劳动率和机械的运转率，以决定每一个作业人员最适合操作机械的台数

(3) 提高劳动效率，掌握及改善非动转的原因

2 便于管理，得到标准情况

(1) 设定标准时间

(2) 获取标准时间设定的基本资料

(3) 求出宽裕率

图6-7 抽样法的目的

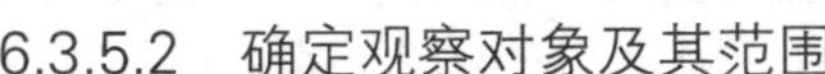

6.3.5.2 确定观察对象及其范围

采取工作抽样法，既可将作业人员、机械设备作为观察对象，也可以一次性观测多个作业人员和多套机械设备。因此，使用工作抽样法时，应首先考虑调查目的、调查时间和劳力，以决定观测人数、机械设备的台数及在什么范围内进行调查。

6.3.5.3 确定观测项目

一般来说，观测项目大致可分为作业、宽裕和非作业。在观测中，观测人员要确定具体的观测项目，比如调查目的是为掌握和改善宽裕率及机械设备的停止率的情况，则须将内容进行详细的分类。

6.3.5.4 确定观测次数

在一定范围内，观测数越多，则精确度越高，越有助于观测人员做出正确判断。但是，若观测数太多，会花费很多的时间，因此观测人员须根据运转率、精确度、可信度的计算式求得正确的观测数。

6.3.5.5 求出观测次数

一般来说，观测数和观测回数是不同的概念，但是，在以一个人或一台机械为观测对象的情况下，所得出的观测数即观测次数。

下面范本为某企业的铲车的运转率调查结果。

【范本】工作抽样法观测结果

工作抽样法观测结果

表格题目	铲车运转率的调查			2月25日8：00～17：06		
工场	第一产品仓库			调查对象：铲车5台 观测者：卢××		
观测次数	车辆编号／观测时间	S-101号车	S-103号车	S-105号车	合计	状况
1	8：05	√	√		2	未出库
2	8：39	√	√		2	
3	9：13	√	√		2	未出库
4	9：47	√	√	√	3	
5	10：21	√	√		2	未出库
6	10：55	√	√		2	
7	11：29				0	未进出库
8	13：03	√			1	未入库
9	13：36	√	√		2	未出库
10	14：10	√	√	√	3	
11	14：44	√			1	未出库
12	15：14				0	未进出库
13	15：48	√	√		2	103号车修检
14	16：22	√			1	未出库
15	16：56	√			1	105号车修检
	合计	13	9	2	24	
（记事）						

在范本示例中，3台铲车在第一产品仓库内进行出库作业，即3台机械在同一条件、同一设备下作业，所以做一次观测能得出3个数据。那么，根据范本列表可知，如观测数为600的话，观测回数为600÷3=200（次）。

6.3.5.6　确定观测期间

考虑到调查目的和观察对象的工作状态，因而确定观测期间显得十分重要。一天做200次的观测，即使再准确也不能以此来推断其一周、一个月的工作状态，因为工作效率会随着时间的不同而发生变化，具有一定的周期性；还有可能因生产计划和条件的不同而发生很大的变化。一般来说，一天的观测次数在20～40次较为合适。

6.3.5.7　求出一天的观测次数

一天的观测次数，为观测次数除以观测天数。比如，观测次数为200次，观测期间（天数）为10天，200÷10=20，一天的观测次数为20次。

一天的观测次数=观测次数 ÷ 观测期间

6.3.5.8　决定观测时刻

观测时刻应预先随机抽取作业开始后的前30分钟及作业结束前的30分钟，其他时间段容易加入过多的观测者的主观意识，这样会产生片面性。

6.3.5.9　决定观测路径

随机决定每次观测的巡回路径很重要。预先确定几条路径，每次再临时决定从什么地方出发，以哪条路径进行观察。

6.3.5.10　做好观测准备

准备好观测表、钟表、笔等工具。观测数较多的话可由两个人来负责，分别观测不同的观测对象。为避免两人之间出现差错，事先应做好调整。

根据调查目的、调查内容，应制作易于使用的观测表。观测表中应记录好必要事项。一般来说，必要项目有作业名称、作业人员、机械设备、分析者、调查日期、观测时刻、观测项目等；把观测项目分类为作业、宽裕和非作业等。

6.3.5.11　实施观测

在已决定的时刻，按照已决定的路线对观测对象进行瞬间的观察，确认其作业内容，在观测表的相应栏目中记录“√”号或者“○”号。表6-9是用工作抽样法对在厚纸板钻孔的作业进行观测所得出的结果。一天观察25次，共观察4天。观测项目有3项：加工作业、附带作业和非作业。每一个观测项目都把其内容细分好，记录在观测表的下方。

表6-9　工作抽样法观测结果（对厚纸板的作业分析）

机械		厚纸板		作业工程		钻孔		观测者：卢××	备注
日/月		1/8		2/8		3/8		4/8	
次数	时刻	观测	时刻	观测	时刻	观测	时刻	观测	
1	8：10	×	8：15	√	8：15	×	8：20	○	
2	8：26	○	8：31	√	8：31	×	8：36	○	
3	8：42	√	8：47	○	8：47	○	8：52	√	
4	8：58	○	9：03	○	9：03	○	9：08	○	
5	9：14	○	9：19	○	9：19	√	9：24	○	
6	9：30	√	9：35	√	9：35	√	9：40	×	
7	9：46	×	9：51	○	9：51	○	9：56	√	
8	10：02	×	10：07	○	10：07	○	10：12	○	
9	10：18	○	10：23	○	10：23	√	10：28	○	
10	10：34	√	10：39	√	10：39	○	10：44	○	
11	10：50	√	10：55	○	10：55	○	11：00	√	
12	11：06	○	11：11	○	11：11	×	11：16	○	
13	11：22	○	11：17	√	11：17	○	11：32	×	
14	11：38	√	11：33	○	11：33	○	11：48	○	
15	11：54	○	11：49	○	11：49	○	13：04	○	
16	13：10	○	13：05	○	13：05	√	13：20	○	
17	13：26	○	13：21	○	13：21	√	13：36	○	
18	13：42	√	13：37	×	13：37	○	13：52	×	
19	13：58	√	13：53	○	13：57	○	14：08	○	
20	14：14	×	14：09	○	14：09	√	14：24	√	
21	14：30	○	14：25	○	14：25	○	14：40	○	
22	14：46	○	14：41	○	14：41	○	14：56	○	
23	15：02	√	14：57	√	14：57	○	15：12	○	
24	15：18	○	15：13	○	15：13	○	15：28	√	
25	15：34	×	15：29	×	15：29	×	15：44	○	区分
合计	○	12		17		15		17	○
合计	√	8		6		6		5	√
合计	×	5		2		4		3	×

○：加工作业——确定位置，切割（在生产第一线，正在作业）。

√：附带作业——组装，调整状态（在生产第一线，但在做加工以外的事）。

×：非作业——等待、搬运、休息、上厕所（离开生产第一线）。

6.3.5.12 整理观测结果

整理观测结果这项工作要求企业每天都要统计数据，统计的方法见表6-10，它是对某电器产品进行组装一天观察的结果。观测项目有主作业、准备作业、宽裕和非作业，对每一项都进行了划分，有8名作业者，观测时的记号都为“/”。从表6-10可知，在8：34时的观测是：在主作业中，正在插入零件的有2人，焊接的有2人，组装零件的有1人，处理产品零件的有1人；在准备作业中，其他作业的有1人；在宽裕项目中，等待的有1人。

表6-10 工作抽样法的观测表（一日）

工程名		组装工程										姓名				承认		印章		制作		
作业名												王××								李××		
作业者		8名										部门				××部						
设备												制造车间				组						
区分		主作业						准备作业				宽裕							非作业			合计
时刻＼项目		插入产品	焊接	拧紧螺钉	组装零件	处理零件	其他	材料准备	零件运输	整理零件	其他	修正	工具准备	搬运	商量	等待	上厕所	其他	聊天	休息	其他	
1	8：23	/		/		//		/		/			/		/							8
2	8：30	//	/	/		/		/	/					/								8
3	8：34	//	//		/	/					/					/						8
4	8：37	/	/		/	///						/		/								8
5	8：58	///		/		//	/									/						8
6	9：27	//	/	/	/	/													//			8
7	9：36	/	/	/	//	//						/										8
8	10：35	//	/			///	/		/													8
9	11：16		/	/	//	//				/								/				8
10	11：20	/	/			///			/					/						/		8
11	11：35	//	/		//	//										/						8
12	13：15	//	/		/	/		/					/								/	8
13	13：29	//	/	/	/	//					/											8
14	13：41	/			//	//						/						/		/		8
15	13：55	///		/	/	///																8

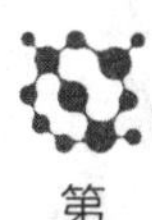

第6章 作业改善技能

续表

区分		主作业						准备作业				宽裕							非作业			合计
项目 时刻		插入产品	焊接	拧紧螺钉	组装零件	处理零件	其他	材料准备	零件运输	整理零件	其他	修正	工具准备	搬运	商量	等待	上厕所	其他	聊天	休息	其他	
16	14：32	/	//													/						8
17	15：05	//	/			//			/					/	/							8
18	15：45	//			/												/					8
19	16：02	/	/	/	//	///														/		8
20	16：34	//	/			//				//		/										8
每项百分比/%		20.6	10.6	5.6	10.6	28.0	1.3	1.9	2.5	2.5	1.3	2.5	1.3	1.9	1.3	2.5	0.6	1.3	1.3	1.9	0.6	100
各区分		122						13				19							6			160
各区分百分比/%		76.7						8.1				11.4							3.8			100

6.3.5.13 讨论结果

整理好了观测结果，就要对结果进行讨论，讨论的内容如下。

（1）工作状况、非工作状况，及每一个作业内容的比率。

（2）工作效率转移、变动的状况。

（3）讨论人或机械设备间工作率的差别。

（4）讨论作业负荷的合理化。

（5）讨论间接业务的标准化。

（6）讨论其他特定项目的主要原因。

6.3.6 人机配合分析法

人机配合分析法，即指通过图表形式分析人与机器、人与人之间的组合作业时间流程样式，找出作业中的人或机器存在的“玩”或“待工”等现象，从而改善工作的手法。人机配合分析的步骤如下。

（1）确定调查对象及目标。

（2）对一个周期作业进行分析。

（3）找出时间达到一致的地方。

（4）测算各步骤的时间。

（5）制作人机分析图。

（6）整理分析结果。

（7）制作改善方案。

6.3.7 双手操作法

双手操作法简称为“双手法”，它研究的是人体双手在工作时的过程，借以发掘出可改善的地方。双手法以图表的方式，来记录操作者双手（足）的动作过程，借此记录来做进一步的分析及改善。

6.3.7.1 双手操作程序图的画法

在双手操作法分析过程中，分析人员往往要用到“双手操作程序图”。双手操作程序图以双手为对象，使用符号（见表6-11）记录其动作，表示其关系。双手操作法为操作者提供了一种新的动作观念，能指导他们更有效地运用双手，从事生产性的工作。

表6-11 双手操作程序使用的符号

符号	名称	详细内容
○	作业	双手施予制品以某种变化的过程，即握取、放置、使用、放手的动作
⇨	移动	为移动物品，或者为摸到某物，手从一处移动至另一处，即手移动的动作
□	等待	（1）手没有任何作业的状态，即手的延迟、停顿、待着不动 （2）手抓住些什么，但对直接作业没有任何作用的动作也属于等待
▭	持住	为使物品不致折断、松动，用手抓或摁住其某一位置，保持某一姿势的状态，包括手持住工具或材料的状态

注：一般不使用检查符号。

6.3.7.2 双手操作程序图的分析、改善要点

双手操作程序图主要采用“5W1H”提问技术及剔除、合并、重排、简化建立新方法的四大原则进行分析。分析、改善操作的要点如下。

（1）尽量减少操作中的动作。

（2）排列成最佳顺序。

（3）合适时合并动作。

（4）尽可能简化各动作。

（5）平衡双手的动作。

（6）避免用手持物。

（7）工作设备应符合工作者的身材。

下面提供一份某企业装配缆夹双手操作程序图，供读者参考。

【范本】双手操作程序图

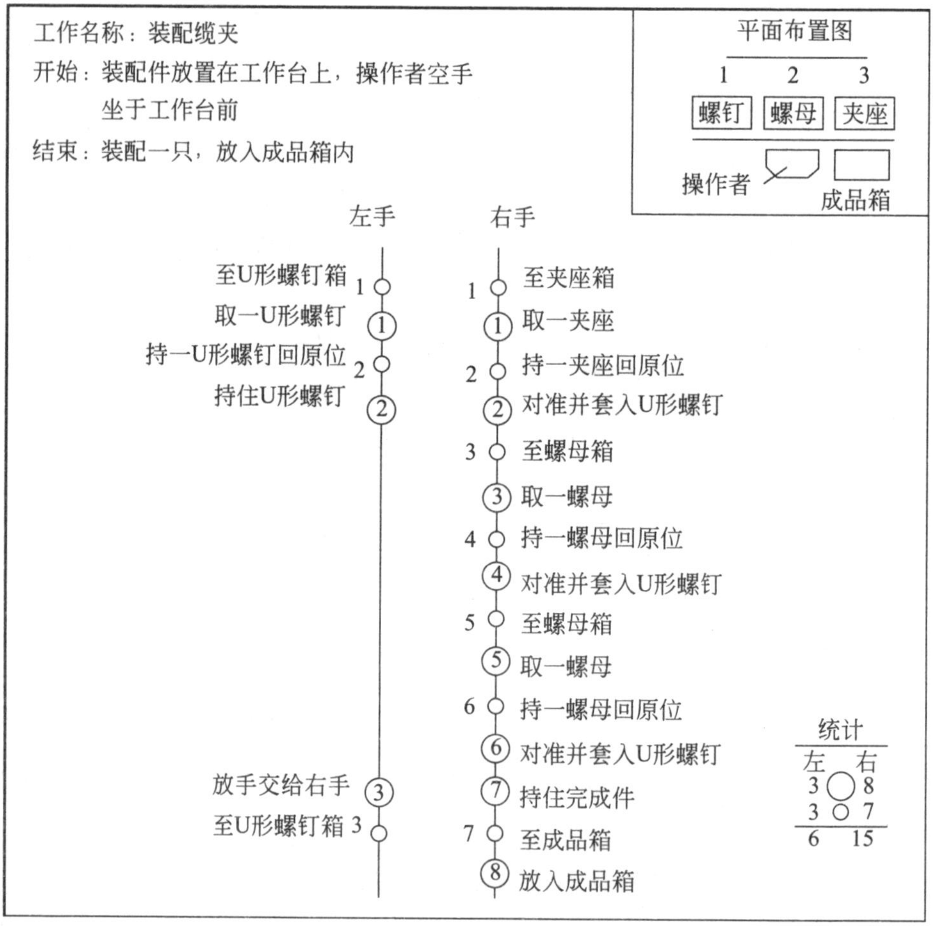

工作名称：装配缆夹

开始：装配件放置在工作台上，操作者空手坐于工作台前

结束：装配一只，放入成品箱内

平面布置图

1	2	3
螺钉	螺母	夹座

操作者　成品箱

左手		右手	
至U形螺钉箱	1 ○	1 ○	至夹座箱
取一U形螺钉	①	①	取一夹座
持一U形螺钉回原位	2 ○	2 ○	持一夹座回原位
持住U形螺钉	②	②	对准并套入U形螺钉
		3 ○	至螺母箱
		③	取一螺母
		4 ○	持一螺母回原位
		④	对准并套入U形螺钉
		5 ○	至螺母箱
		⑤	取一螺母
		6 ○	持一螺母回原位
		⑥	对准并套入U形螺钉
放手交给右手	③	⑦	持住完成件
至U形螺钉箱	3 ○	7 ○	至成品箱
		⑧	放入成品箱

统计

左		右
3	◯	8
3	○	7
6		15

第7章 班组标准化建设

引言

标准化是企业提升管理水平的两大要素之一（另一个是5S管理），是企业追求效率、减少差错的重要手段。班组是企业最基层的组织，应该认真执行企业制定的管理制度、标准，以及部门（或车间）的各类管理办法，落实岗位职责，规范过程控制，强化目标考核，全面推行标准化作业，做到凡事有章可循、凡事有人负责、凡事有人监督、凡事有据可查，从而提升班组的工作效率。

7.1 班组工作标准化

对工作方法进行分析总结，将最正确、最经济、最有效率的工作方法加以文件化，并教育员工在作业中遵照执行，这就是标准化工作。标准化的好处是工作程序维持在最佳状态，避免工作出现偏差。

班组标准化工作是以制定和贯彻各项标准为主要内容，使班组工作形成制度化、程序化、科学化的活动过程。企业标准主要通过班组进行贯彻，因此班组工作标准化是企业标准化工作的重要组成部分。

特别提示：

标准是指对重复性事物和概念所作的统一规定。标准化就是把在企业中所从事的日常的、经常重复性的、有规律的活动，由员工严格按规定的操作顺序和标准，在规定的时间内进行规定的作业，以达到预期效果的行为。

7.1.1 班组日工作标准化

班组成员每日的生产工作、学习要有一定的程序，并形成制度，培训员工让其形成习惯。

7.1.1.1 班组长每日工作程序

班组长每日的工作程序见表7-1。

表7-1 班组长每日工作程序

工作程序	工作内容
班前	查看交班簿和生产现场，检查班组人员出勤和生产准备情况，与调度联系工作，召开班前会等
班中	检查班组生产进度和劳动纪律，抽查产品质量，处理班中出现的生产、技术、质量问题
班后	检查产品发交入库、在制品储备、设备工具使用保养、工作现场等情况，组织好班后会及其他活动

7.1.1.2 班组员工每日工作程序

班组员工每日工作程序见表7-2。

表7-2　班组员工每日工作程序

工作程序	工作内容
班前	看好交班簿、图纸，了解任务，对设备进行点检、加油、试车，检查工卡量具，清点材料、在制品等
班中	按标准作业卡操作，执行“三检制”，做好原始记录
班后	擦拭设备，清扫工作场地，保管好工卡量具，填写交班簿，切断电源，熄灭火种，参加班后会和其他活动

7.1.2　班组周工作标准化

班组长对所在班组每周的工作也应予以标准化，规定每周一些固定的会议、活动，并切实组织执行。

（1）每周召开一次班组会议，总结上周工作，落实本周工作计划，研究班组工作，提出完成各项工作的方针和措施。

（2）每周安排一次业务学习，按上级安排的内容开展活动。

（3）每周进行一次对设备和生产现场的清扫工作等。

7.1.3　班组月工作标准化

与每周工作一样，班组长也需对每月的某些工作固定下来，规定日期、相关内容。

（1）每月召开三次班组会议，月初布置工作，月中检查工作，月末总结工作。

（2）召开一次民主生活会，开展批评和自我批评，增强组织团结，加强班组民主建设。

（3）同时开展班组质量活动、安全活动、岗位练兵活动。

7.1.4　班组管理记录标准化

班组生产管理活动的原始记录和统计报表是班组工作成果的主要表现形式，也是企业进行生产经营管理活动的第一手资料。班组原始记录和汇总记录台账应按照齐全、准确、及时、适用、系统、简便的要求，把原始记录的内容、形式、方法、传递程序、时间、要求、岗位责任形成标准，便于统计和检查。

7.1.4.1　班组记录类别

班组在生产进行过程中产生的记录很多，用途也不一样，但是，它们都有一

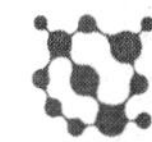

个共同点，就是记载生产过程信息，为实现有效追溯提供依据。常见的生产过程记录类别主要有：工作计划与规划类；各种保管资料类；各种物品清单；过程中的参数、信息；处理结果等。具体如下。

（1）生产计划：类似于生产通知单，是生管部发给班组安排生产任务的书面资料，未过期前是指令性的文件，过期后属于记录。

（2）工艺文件接收记录表：管理班组接收工艺和技术文件的清单。

（3）生产日报：对生产进行总结的报告。

（4）首件确认表：证明首件产品合格的凭证。

（5）修理报表：实施修理过程的数据和信息记录。

（6）点检表：例行检查仪器、工具和治具状态的记录表单。

（7）工程检查表：记录工程检查结果的表单。

（8）不良事项分类表：建立柏拉图分析表的依据表单。

（9）样品清单：管理样品的台账。

（10）材料接收清单：领用材料的记录表单。

（11）事故材料管理记录：记录涉及事故材料的状态，并反映要求。

（12）成品入库清单：完成产品的进库数据记录表单。

（13）工作实绩报告书：报告工作成绩的表单。

（14）建议书：工作中好的想法、提案，需要检讨后定论。

（15）投诉书：反映人员意见和不满的表单，需要追踪结果。

（16）劳保用品发放记录：不同岗位人员享受劳保的记录。

（17）资格人员清单：记录所有有资格的人员，便于有效管理。

（18）多能人员对照表：反映一人多能、一岗多能的综合性表。

（19）请假条：人员休假凭证。

（20）辞职报告：反映人员离职原因和关联要求的表单。

（21）违纪处罚单：记录违反纪律的行为，作为查验的证据。

（22）设备台账：设备管理资料清单。

（23）轮流卫生值日表：5S管理中使用的表单。

7.1.4.2　记录设计

班组在设计原始记录时应考虑记录对象、时间、内容、格式、填制方法、签署、传递收集路线等主要内容。

7.1.4.3　记录填写

原始记录填写应齐全、准确、及时、适用、简便、系统、全面。

7.1.4.4 记录收集

班组必须按原始记录的内容、对象、范围、时间、频率、数量等方面的要求，遵照企业严格的管理制度和工作程序，使收集工作做到准确、可靠、完整。

7.1.4.5 记录的管理

管理记录的技巧如下。

（1）保持记录的清晰性，如无涂改，空白栏目要用横杠画掉，签名完整，年、月、日分明，内容言简意赅，语言通俗易懂，格式规范化。

（2）确保签名确认的有效性，把那些形式上的签名决策人员去掉，改用异常工作报告的形式进行。

（3）重点关注每项工程变更在生产中实施的日期记录，这些内容可以记在生产日报上，也可以用单独的表单列出来。

（4）记录在保存期间需要防止各种环境异常造成的影响，如虫害、鼠咬、风雨侵袭、霉变、火灾、丢失等。

（5）记录报废时要采用适宜的方法进行，既要防止浪费和环境污染，也要防止整套记录资料废弃后被他人利用而泄露企业机密。

7.1.5 班组园地标准化

如果班组有园地，最好也将其标准化。把班组名称、成员状况、班委或骨干分工、生产作业指示图表、班组和个人月度技术经济指标完成情况图表、班组岗位经济责任制、班组活动记录、交接班记录簿在规定的板面和墙上，按统一的样式、大小进行设计布置。

7.1.6 班组工序操作标准化

班组工序操作标准化的内容如下。

（1）按标准操作卡操作。

（2）每道工序实行自检、互检、专检和首件检查、中间检查、尾件检查的“双三检制”。

（3）认真填写工序质量检查卡、不良品检查卡，以控制不良品流入下道工序。

（4）对设备、工具、夹具、刀具、量具、辅件、毛坯及动力方面做检查，及时排除各种不良因素，每道工序做好工序质量信息反馈记录等。

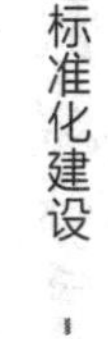

7.2 作业标准化

作业标准化主要是作业方法的标准化，但作业方法的改进，必将涉及设备和环境等许多方面，因此其实质是人机匹配问题。由此可见，广义的作业标准化除了作业方法的标准化外，还包括作业活动程序、作业准备、作业环境整洁、设备检查维修、工器具放置使用、劳保用品穿戴、个体防护设施准备以及共同作业的指挥联络等方面的标准化。

并非所有的作业都要标准化，而是有选择性地对一些关键的、重点的作业进行标准化。

7.2.1 班组现场有关作业标准

作业标准是指使作业标准化的一些规范、指导书等文件。

任何人都要遵守作业标准。作业标准应简要明了、容易理解，不会让人发生误解。为满足这些条件，应设法使用文章、图表、照片、样本等来表示（见表7-3）。

表7-3 班组现场有关的作业标准一览表

序号	作业标准项目	作业标准内容
1	机台操作规范	（1）各部名称及结构 （2）开机前准备 （3）开机顺序 （4）关机顺序 （5）故障排除要领 （6）保养维修要点
2	检验作业规范	（1）使用场合 （2）使用机器 （3）样品抽取方法 （4）检验进行步骤 （5）合格判定基准 （6）检验的处理 （7）安全注意事项

续表

序号	作业标准项目	作业标准内容
3	加工工序作业指导书	（1）作业程序 （2）加工条件（加工方法） （3）所需材料 （4）管理要点（含频率） （5）使用设备（治工具） （6）适用机种等
4	加工工序检验标准	（1）检验方法 （2）所用检验仪器 （3）允许偏差或允许值等

表7-3中的四种作业标准，一般都由企业的标准化委员会或者技术部、质量管理部等颁布，班组长只需领一份复印本以供现场使用。

在组织生产、准备工艺文件时，一定要确认生产所需的作业标准文件是有效的。

7.2.2 班组长作业标准化的职责

职责就是在某件事上的责任、工作内容和范围。要使作业标准化，班组长应做好以下工作。

7.2.2.1 对标准应有的认知

（1）标准是现场管理的重心。

（2）标准并非一成不变的，应有根据地加以修订。

（3）标准是公司的法律。

7.2.2.2 要进行培训

充分了解标准，用标准教育培训员工。只要进行了一定时间的熟悉和培训，无论是谁都可以进行作业。一个人经过长期努力所积累的技能，同标准化作业是有区别的，标准化作业是普通人通过一段时间的一般努力就能够掌握的。当然，通过培训，让员工掌握标准化作业要点是必要的。制定标准只是标准化的第一步，培训和实施是第二步，不断对标准进行改进是第三步，然后重新培训。培训内容如图7-1所示。

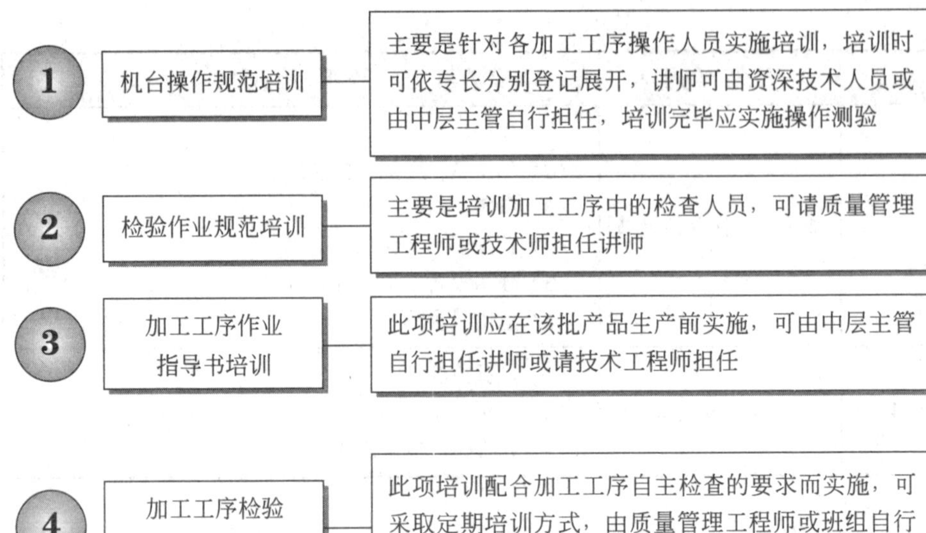

图7-1　四大项培训内容

上述培训的工作除了日常培训之外，班组长还应特别重视对于新进员工的培训，这样才能确保方法与技术管理的彻底实施。

7.2.2.3　要有规范约束

在进行作业时，对任何人都要有约束。作业标准是现场生产活动的法规，是作业的约束条款和规定，因此无论是谁都必须遵照执行，谁违反了就要受到处罚。从各道工序、相关部门到间接的管理部门都必须按标准行事，不能有任何异议。如果作业标准同实际情况确实有不相适应的地方，就应该考虑对其进行相应的修改，然后按照作业标准执行。

7.2.2.4　要制定作业标准

为了杜绝浪费、不稳定、不合适等现象的发生，应明确现在规定的标准是唯一的作业方法。对作业而言，正确的方法在目前只有一种，如果有更好的方法，就要对旧标准进行修改，形成的新方法就成为新的标准化作业。

特别提示：

当依标准实施有困难，或有更好方法时，要依程序提出，不得私下修改。

作业标准化的执行体现在班组这一层次上，所以，班组长要充分认识到自己在标准化工作中的责任重大。

7.2.3 班组现场作业标准的运用

现场就是班组作业的实际场所，在这一场所中要将与作业密切相关的标准文件展示出来。

7.2.3.1 作业标准书应悬挂于工作现场

将重要的作业标准书，如机台操作规范、加工工序作业指导书等加上塑胶护套后，直接悬挂在现场的工作台附近，可起到直接参照实施的效果。如图7-2所示。

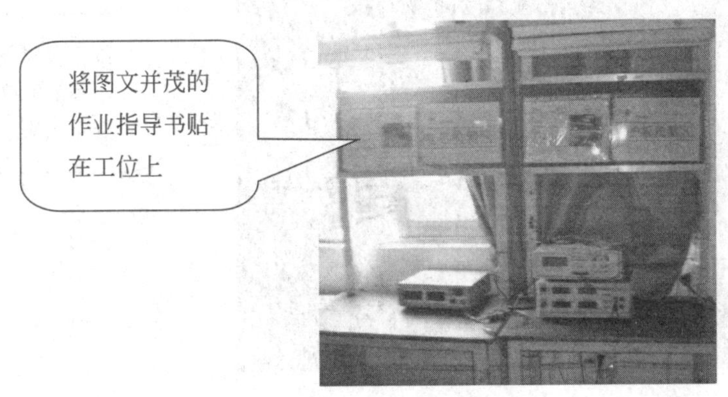

图7-2 贴在工位的作业指导书

7.2.3.2 班组现场的作业标准看板管理

班组长将工作的重要指示及条件要求直接以看板的方式悬挂在现场的重要位置，让员工对工作上各项重要的标准及要求熟记于心，并遵照实施。看板管理对标准化的推动大有帮助。如图7-3所示。

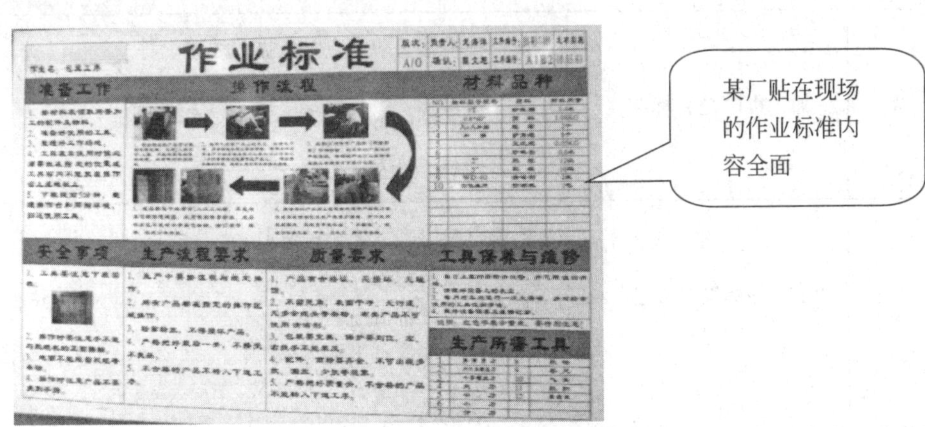

图7-3 作业标准看板

7.2.3.3　限度样品的制作及悬挂

有关检验标准及产品规格可制作成限度样品悬挂在各需要的工作站位置，让员工能直接参照应用（图7-4）。限度样品的制作应针对形式、尺寸、颜色、外观不良限度等分别做成标志，并由质量管理部门确认后悬挂。

某工厂将卷绕不良品的样板展示出来

图7-4　不良品样板

最后，若班组长要想看看本班组的作业标准运用情况，就可做个调查表，具体见表7-4。

表7-4　班组作业标准调查事项表

序号	调查事项	调查内容
1	加工程序是否标准化	如已标准化，应调查是依据下述哪一种 （1）方法程序表 （2）制造程序表 （3）安装工序表
2	加工程序标准是参考什么制定的	应调查是参考下述哪种资料 （1）机械装置图 （2）机械设备情况表 （3）机械稼动率表 （4）安全生产规定

续表

序号	调查事项	调查内容
3	加工条件是否标准化	如已标准化，应调查是采用下述哪个标准 （1）切削所需条件的标准化 （2）使用机械工具的标准化 （3）生产方面的标准化
4	生产场地是否标准化	如果标准化，应调查是采用下述哪个标准 （1）空气条件的标准化 （2）色调调节的标准化 （3）照明的标准化 （4）生产安排标准化 （5）作业工具的标准化
5	操作方法是否标准化	如果标准化，应调查是采用下述哪个标准 （1）方法的标准化 （2）动作的标准化

7.2.4 班组现场作业标准的执行

执行就是贯彻施行、实际履行。作业标准制定出来了，如何让员工自觉执行并形成习惯是每一个现场班组长均要面临的难题。

7.2.4.1 标准是最高的作业指示

如果没有付诸实施，再完美的标准也不会对班组作业有所帮助。为了使已制定的标准彻底地贯彻下去，班组长首先需要让员工明白这样一个思想：作业指导书是自己进行操作的最高指示，它高于任何人（包括总经理）的口头指示。

7.2.4.2 班组长现场指导、跟踪确认

（1）做什么、如何做、重点在哪里，班组长应手把手传授到位。

（2）仅教会了还不行，还要跟进确认一段时间，看其是否领会，结果是否稳定。

（3）对不遵守标准作业要求的行为，班组长一旦发现，就要立即毫不留情予以痛斥，并马上纠正其行为。

7.2.4.3 宣传揭示

一旦设定了标准的作业方法，要在显著耀眼的位置揭示出来，引人注意也便于与实际作业比较，对于作业指导书，则要放在作业者随手可以拿到的地方。如图7-5所示。

图7-5　作业标准张贴于明显位置

特别提示：

把标准放在谁都能看得到的地方，这是目视管理的精髓。

7.2.4.4　发现标准有问题时的做法

班组长在现场要经常这样教育员工：如果你发现标准存在问题或者找到了更好的操作方法，不要自作主张地改变现有的做法（因为你认为的好方法有可能是漏考虑了某种因素的情况下得出的），而应当按下面的步骤去做。

（1）将你的想法立即报告你的上级。

（2）确定你的提议的确是一个好方法后，改订标准。

（3）根据改订后的标准改变你的操作方法。

（4）根据实际情况调整。

7.2.4.5　不断完善

虽然标准暂时还代表着最好的作业方法，但科学技术在不断进步，改善永无止境。所以，班组长对于下属的质疑要认真对待，诚心接受，即使指责得不对也不要尖锐反驳，要始终抱着这么一个想法：现在的作业方法还是在一个较低的水平，是改善和进步的一个起点，更好的在后边。

7.2.4.6　定期检讨修正

发生以下的情况时，班组长要对标准进行修订。

（1）标准的内容难以理解。

（2）标准定义的任务难以执行。

（3）产品的品质水平已经改变。

（4）当发现问题及步骤已改变时（人员、机器、材料、方法）。

（5）当外部因素要求改变时（如环境问题）。

（6）当法律和规章（如产品赔偿责任法律）已经改变时。

（7）上层标准（ISO、GB等）已经改变。

7.2.4.7　向新的作业标准挑战

通过班组现场现状的作业情况，找出问题点，实施改善（图7-6），修订成新的作业标准。学习其他改善事例，受到启迪后再现场实践，寻找改善重点，从实际出发不断进行改善。

操作方法对与不对的状况以图片形式展示出来

图7-6　查出问题实施改善

第8章 心理健康呵护与自我疏导

引言

随着社会压力和市场竞争的加剧，越来越多的企业员工受到各种心理问题的困扰。心理健康影响人生，一切的成就，一切的财富，都始于健康的心理。关注员工的心理健康，及时引导和帮助他们进行有效的心理健康呵护与自我疏导，是十分必要的。

8.1 班组员工压力管理

由于企业外部竞争环境急剧变化，员工的工作压力也不断上升。在班组管理中，因为员工压力带来的员工绩效的降低、离职率的不断上升，也给班组管理带来了许多难题。实施员工压力管理有利于减轻员工心理压力，帮助员工提高工作效率，进而提高整个班组的绩效。

8.1.1 压力的内涵

压力，是指个体对某一没有足够能力应对的重要情景的情绪与生理紧张反应。压力表现在生活的多方面，如生理方面、情绪方面、行为方面、精神方面等。现代生活的压力有很多种，在短时间内经历多种困难，会增加压力的程度。工作、人际关系、生活中的重大事件以及每天的琐事都会带来压力。

人们谈到压力，就好像觉得很压抑，其实，压力不一定是坏事。如图8-1所示，适当的压力能带来良好的绩效。

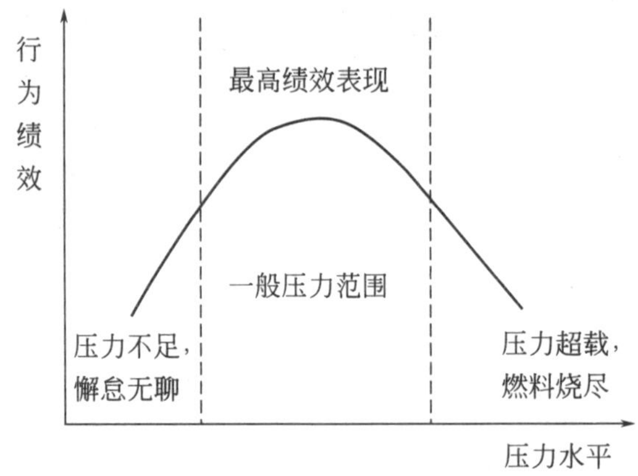

图8-1 压力影响行为的规律

其实，一定的压力会使人精力充沛，并能保持较长时间。如果压力能被很好地控制在一定的可控制水平，它将激励人持续地做出高质量的工作。

8.1.2 产生压力的原因

产生压力的原因有很多方面，从形式上可分为工作压力源、生活压力源和社会压力源3种，如图8-2所示。

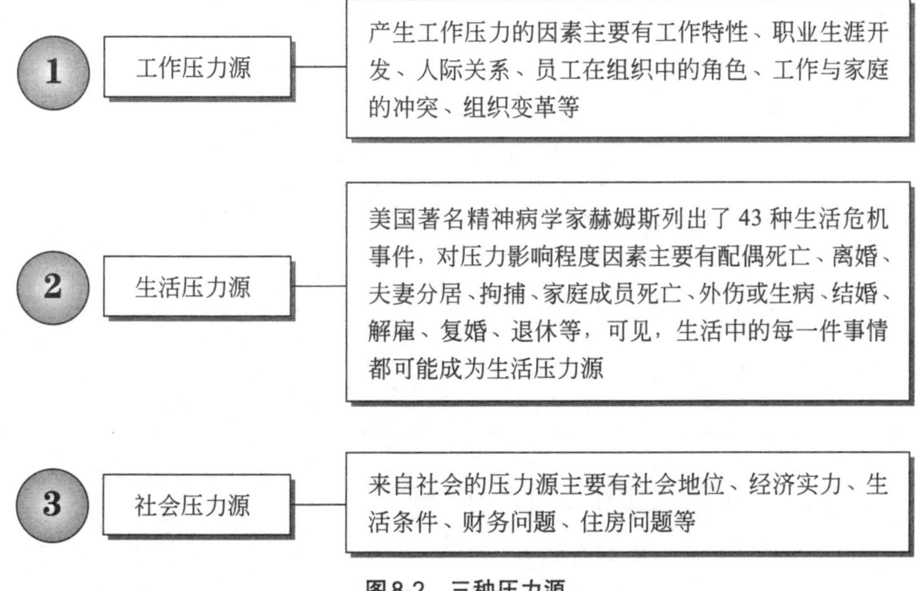

图8-2 三种压力源

8.1.3 如何识别员工的工作压力

班组长在实施员工压力管理活动时，要学会识别员工的工作压力，及时认识到员工压力的存在，并适时地加以控制，防止压力带来不良情绪的产生，影响正常作业。

8.1.3.1 识别员工工作压力的来源

实施员工压力管理活动，首先要弄清楚导致员工压力的起因即压力源。表8-1是一些常见的工作压力来源，可以帮助班组长做出判断。

表8-1 工作压力的来源与可能的后果

压力源	主要原因	可能后果
工作条件	（1）工作过多或过少 （2）工作的复杂性及技术压力 （3）工作决策与责任 （4）紧急或突发事件 （5）生产物理危险 （6）工作时间变化	（1）生产线歇斯底里症 （2）筋疲力尽 （3）生物钟紊乱 （4）烦恼和紧张 （5）威胁健康

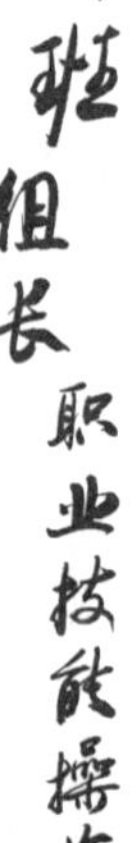

续表

压力源	主要原因	可能后果
人际关系	（1）与上司关系紧张 （2）与同事关系紧张 （3）钩心斗角，不合作 （4）领导对下属不关心	（1）孤独、抑郁 （2）敏感 （3）人际退缩
角色压力	（1）角色模糊 （2）角色冲突	（1）焦虑和紧张 （2）低绩效与低工作满意度 （3）过于敏感
组织系统	（1）结构不合理，制度不健全 （2）派系争斗 （3）无参与决策权	（1）动机和生产力低下 （2）挫折感 （3）对工作不满意

8.1.3.2 认识员工工作压力大的表现

员工压力过大时，大多会有如下一些表现。

（1）员工失去工作动力。员工对工作安排有消极抵触情绪，对企业的发展漠不关心。

（2）员工工作质量下降。员工工作产量减少或生产效率降低，生产中损耗量和错误率增加，做事拖沓。

（3）员工旷工率高。整个班组缺席人员增加，特别是频繁的、短的缺勤增加。当人感到压力时，第一反应是逃避和厌恶，如果企业给予员工太大的压力，员工常会采取消极的方式躲避工作以缓解压力。

（4）员工流动性大。由于企业让员工承受不适当的压力，使得员工在沉闷、压抑的环境中工作，很容易产生离职的念头。

（5）员工之间关系不融洽。同事之间的关系紧张，有斗嘴、打架现象发生，违纪问题也会增多等。

8.1.3.3 学会诊断员工工作压力源

表8-2是对员工的工作压力源进行的一系列测试，通过这样的测试，可以了解员工的工作压力来源。

表8-2 工作压力源诊断表

问题	你的得分	备注
（1）我不清楚我的工作任务和工作目标		
（2）我为一些没有必要的任务或目标工作		

续表

问题	你的得分	备注
（3）为了赶上进度，我不得不在晚上或周末加班		
（4）对我而言，对工作质量毫无要求		
（5）我在组织中缺乏正常发展的机会		
（6）我对其他员工的发展负责		
（7）我不清楚该向谁汇报工作，也不清楚谁该向我汇报工作		
（8）我被夹在上司与下属之间		
（9）我在一些无关紧要的会议上耗时太多，影响了正常工作		
（10）我接受的任务有时太困难或太复杂		
（11）要得到提升，我得另找一家企业		
（12）我有责任听取下属的意见，并帮助下属解决问题		
（13）我缺乏行使职责的权威		
（14）正式指令渠道并未形成有机的整体		
（15）我同时负责数目多得几乎无法管理的项目或任务		
（16）任务似乎越来越复杂		
（17）继续留在这个组织中会损害我的职业生涯		
（18）我的行动或决策会影响其他人的安全和良好的工作		
（19）我不能完全理解他人对我的期望		
（20）我的工作只由自己一个人负责，与他人无关		
（21）我常完成超过正常工作日、工作量的工作		
（22）组织对我的期望超过我的能力与技能的范围		
（23）我缺乏足够的训练和经验去正确授权		
（24）我感到自己的职业生涯处于停顿状态		
（25）我在组织中的职责更多的与人有关而不是与事有关		
（26）在工作中我几乎没有成长的机会，也学不到新知识或技能		
（27）我无法理解在我工作中包含的全部组织目标		

续表

问题	你的得分	备注
（28）我从两个或两个以上的人那儿接到相互冲突的信息		
（29）我必须对他人的未来（职业生涯）负责		
（30）我感到自己甚至没有休息时间		

备注：1.压力程度给分标准如下。

分值	压力程度具体描述	分值	压力程度具体描述
1分	从来不是	5分	经常是
2分	很少是	6分	一般是
3分	偶尔是	7分	总是
4分	有时是	—	—

2.每个项目都与特定的压力有关。

（1）角色模糊题号：1、17、13、19、25。

（2）角色冲突题号：2、8、14、20、26。

（3）角色负荷超载题号：3、9、15、21、27。

（4）职业生涯开发题号：5、11、17、23、29。

（5）个人职责题号：6、12、18、24、30。

3.诊断结果评析如下。

（1）总分低于10分：压力程度低，表示生活缺乏刺激，比较简单沉闷，个人做事的动力不高。

（2）总分在20～24分之间：压力程度中等，虽然某些时候感到压力较大，但仍可应付。

（3）总分在25分及25分以上：压力偏高，应再一次深入反省一下压力来源和寻求解决办法。

当然，上述测试主要是一个侧面的反应，只能作为一个参考。

8.1.4 释放工作压力的方法

班组长可以采取以下方法来舒缓自己的情绪，排解积累的压力。

8.1.4.1 面对现实

现实生活是极其复杂的，每个人都有自己的理想和抱负，对自己有所要求，但是这种要求应该建立在实际的、力所能及的基础上。许多班组长之所以感到工作、生活受到挫折，往往是因为自我目标难以实现，感到自卑失望，过高的期望只会使人误以为自己总是倒霉而终日忧郁。有些班组长是“完美主义者”，对任何事都希望十全十美，但世界上的一切事情都不可能尽善尽美。所以，应该学会调整自己的生活目标，客观地评价事情、评价自己，在积极向上努力进取的同时，拥有一颗坦然面对成功与失败的平常心，才能使自己心情舒畅。

另外，每个人都有各自的性情、品格和所长所短，别人不会都迎合你的意思，就像你自己也未必符合别人的要求一样。对别人的要求越高，自己的不满情绪会越大，如果对别人的要求较低的话，那么稍微符合你的愿望，你就容易得到满足。所以，既不要苛求自己，也不要苛求别人。

8.1.4.2 时间管理

很多班组长不善于管理自己的时间。如果班组长能恰当地安排好时间，那么在既定的时间段内所必须完成的任务就不至于落空，有时候甚至在相同的时间段内，能够完成两倍或三倍的任务。因此，班组长理解并学会应用基本的时间管理原则有助于自己更好地应付工作带来的压力感。

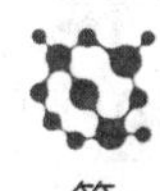

8.1.4.3 体育锻炼

加强体育锻炼是一种很有效地缓解和消除工作压力的方法。建议班组长积极坚持以下非竞技性的活动，因为这些活动可以对付较高水平的压力，如增氧健身法、散步、慢跑、游泳、骑自行车等，不但有助于增强心脏功能，降低心率，使人从工作压力中解脱出来，而且提供了用于发泄不满的渠道。

8.1.4.4 运用放松技巧

班组长也可通过运用各种放松技巧，如自我调节、催眠、生物反馈等方法，来减轻紧张感。进行放松活动的目标是达到深呼吸状态，从中可以体会到自己身体彻底放松了，这可以在某种程度上脱离周围环境，也消除了身体的紧张感。班组长若每天进行15分钟或20分钟的深呼吸练习，一定有助于减轻紧张感，使自己感到平和。

8.1.4.5 限制饮食

在处理压力时，饮食扮演着重要而直接的角色。含糖量高的食物会刺激延长压力反应，高胆固醇的食物对身心健康影响不利。良好的饮食习惯不仅有利于身体健康，而且能提高个人应对压力的能力。所以，班组长要注意不要暴饮暴食，同时要注意避免食用那些刺激压力产生的食物。

8.1.4.6 扩大社会支持网络

扩大自己的社交网络是减轻压力的一种手段，所以当压力感过强时，班组长也可以通过与朋友、家人、同事聊天来排遣压力。这样，在你有问题时，就会有人来倾听你的心声，并帮助你对问题进行客观的分析。

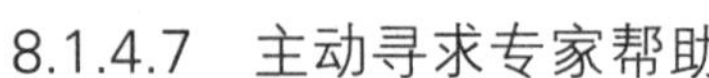

8.1.4.7 主动寻求专家帮助

班组长发现自己有问题时，也可以寻求专家帮助或临床咨询，你可以根据自己的情况选择心理咨询、职业咨询、家庭咨询、生理治疗、药物治疗、外科治疗及工作压力咨询等不同的方式。

8.1.5 怎样舒缓员工压力

舒缓员工压力，不仅仅要针对外部客观因素调整工作计划、有效使用时间、改善工作环境等，作为班组长，应充分关注、调查、分析员工的压力源及其类型，有效管理、减轻员工压力，针对性地运用各种压力管理方法。

8.1.5.1 勤于观察员工是否有异常行为然后采取适当措施

如果员工有较大的压力，往往会表现出异常行为，作为班组长，要经常观察，及时采取措施，比如进行心理疏导。当员工的私事影响到工作时，班组长要主动提供帮助，这样做，不仅为员工疏减了压力，还会使员工更快地成长。

8.1.5.2 建立“无事不谈”的良好沟通渠道

班组长与员工之间搭建一个“无事不谈”的良好沟通渠道，让员工在友好的气氛下互相协作，是一个优秀团队必须具备的条件。长期缺乏沟通会使一支高效的团队处于半瓦解状态。作为班组长要想拥有一支出色的团队，就必须建立良好的“沟通渠道”，了解员工的意见，疏减工作压力，同时尽量协助他们解决疑难问题。

8.1.5.3 让每个员工知道自己的重要性

在一个班组中，每个成员都有其各自的重要性，作为班组长，要让每个成员都了解自己的价值和责任，并帮助他们树立信心，提高工作能力。当员工承受压力时，轻轻地拍拍他的肩，说一句鼓励、安慰的话，让员工知道班组长对他在工作上有期许，也让他相信自己有能力完成这项工作，积极性、主动性的调动，自然会使工作效率提高，压力得到疏减。

8.1.5.4 只要情况许可多让员工参与决定

班组长要充分相信自己的团队是优秀的，他们在工作中努力，他们知道的第一手信息很多，完全具有发言权。只有信任才会同心协力，所以只要情况许可，就应让员工多参与决定。班组长应定期向员工提供企业的有关信息，使员工知道企业里正在发生什么事情，从而增加控制感，减轻由于不可控、不确定性因素带来的压力。

8.1.5.5 分工要科学、责任要明确

加班在一些中小企业中很普遍，甚至一些企业以此为荣，作为评选优秀的条件。事实上，如果白天认真努力地工作，把该做的事情、重要的事情、紧急的事情都做了，是没有必要加班的。所以，班组长在安排工作时要讲求科学合理、责任明确，在有效的时间里让不同岗位的员工各司其职，不要让有的人忙得不可开交，有的人变成“闲人”。

8.1.5.6 有针对性地开展员工培训

（1）对员工处理工作的技能进行培训，使之工作起来更加得心应手，减少压力。

（2）对员工进行时间管理培训（按各项任务的紧急性、重要性区分优先次序、计划好时间），消除时间压力源。

（3）对员工进行沟通技巧的培训，消除人际关系压力源。

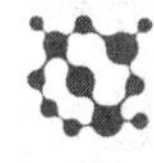

8.2 情绪管理

班组长应该明白，要做好员工的情绪管理，自己必须先管理好自己的情绪，起模范带头的作用。当你可以很好地控制自己的情绪时，就可以心平气和地与员工沟通，然后正确地指导员工管理情绪。

8.2.1 什么是情绪

情绪是指个体被激起的一种状态，主要反映了客观现实与人的需要之间的关系。情绪每个人都会有，心理学上把情绪分为四大类，即喜、怒、哀、乐，再把它们细分还有很多，基本包括我们身上所发生的所有心理状态。

8.2.2 常见的负面情绪

负面情绪是对自身工作、婚姻、家庭、未来等的消极看法。比如说，你已经连续不断地工作了8个小时，真想立刻就下班回家休息，但是，班组生产任务没有完成必须得加班，于是，你感到心烦、不满、压力重重。

在我们的生命中，日复一日持续不断的体力和心理付出，消耗着人的热情、耐心和工作动力，就会出现一些负面情绪，比如愤怒、怨恨、急躁、不满、忧郁、

痛苦、被拒绝、失意、焦虑、恐惧、嫉妒、羞愧、内疚等。

8.2.2.1 焦虑

焦虑是人们在适应特殊情况时，内心激起的不愉快的情绪。焦虑是一种常见的、基本的心理体验。人们在遇到加班完成工作任务时就会出现焦虑情绪。

（1）焦虑产生的原因。焦虑产生的原因有如图8-3所示的3种。

原因一　外界环境的剧烈变化或未知的充满风险的新环境

比如，面对经济危机，许多工厂都在裁减人员，此时班组长和员工们就会担心自己的工厂会不会也裁员，自己会不会被解雇之类的问题

原因二　个人内部的各种冲动、欲望与自我难以调和

比如，班组长希望自己这个月要拿到多少绩效工资，但是过了半个月时，并未达到自己的预期目标，这时就会有一种焦虑，难道自己真的不行之类的想法会产生

原因三　超越自我的极高的道德和完美主义的要求

个人会因未臻完美而责备自己，会因有不道德的念头而厌恶自己

图8-3　焦虑产生的原因

（2）焦虑的表现。当焦虑情绪出现时，会有一种“漂浮着的”、无所适从的疑虑，不知道事情会如何发展，会有什么样的危险来临，并为此坐立不安。随着情况的进展，有的人掌握了情境的本质，从心理上进行了调适，正确处理了眼前的困境，积累了经验，促进了自我的成熟；有的人则因焦虑加重而心力枯竭，全身瘫软，不能适应，以致后来可能引起惧怕和逃避的情况，造成了心理症结。

【心理测试】

焦虑情绪心理测试

焦虑情绪心理测试采用的是4级评分，主要评出所定义的症状出现的频度：“A”为没有或很少；“B”为偶尔；“C”为经常；“D”为几乎每天。

班组长须根据自己最近一周的实情，做出符合自己情况的选择，将答案序号填入右边的括号里。不要错过任何一个题，也不要在同一题里选两个答案。

1. 我总是觉得容易紧张和着急。 （ ）
2. 我无故觉得害怕。 （ ）
3. 我老是心里烦乱或觉得惊恐。 （ ）
4. 我认为一切都不好，会发生什么不幸。 （ ）
5. 我认为一切都好，不会发生什么不幸。 （ ）
6. 我手脚经常发抖打战。 （ ）
7. 我因为头痛、颈痛和背痛而苦恼。 （ ）
8. 我容易劳累和疲乏。 （ ）
9. 我觉得心平气和，并且极易安静坐着。 （ ）
10. 我觉得心跳得快。 （ ）
11. 我因为头晕而苦恼。 （ ）
12. 我有晕倒发作或觉得要晕倒似的情形出现。 （ ）
13. 我呼气和吸气都感到很顺畅。 （ ）
14. 我手脚麻木和刺痛。 （ ）
15. 我因为胃痛和消化不良而苦恼。 （ ）
16. 我经常要小便。 （ ）
17. 我的手经常是干燥温暖的。 （ ）
18. 我脸红发热。 （ ）
19. 我会很快入睡且睡得很好。 （ ）
20. 我总是做噩梦。 （ ）

结果评析：

当班组长对着自己的实际情况，回答以上题目时，若是“几乎每天”，便记4分；“经常”，便记3分；“偶尔”，便记2分；“没有或很少”，便记1分。

根据你所填的答案，算出总分，再乘以1.25，得出你的分数。

（1）50 ~ 59分轻度焦虑。

（2）60 ~ 69分中度焦虑。

（3）69分以上重度焦虑。

8.2.2.2 抑郁

每个人都有抑郁情绪。生活中，抑郁很常见，是人之常情。人们在遇到精神压力、生活挫折、痛苦的境遇或生老病死等情况，自然会产生情绪变化，尤其是抑郁情绪。抑郁症则是一种疾病，一旦发现必须及早干预。

（1）抑郁情绪和抑郁症的区别。抑郁症也是以情绪抑郁为主要表现的一种精神疾病，是一种病理性的抑郁障碍。当有员工产生抑郁情绪时，班组长可以从以下7个方面来区别其是正常的抑郁情绪还是抑郁症。

——有无原因。正常人的情绪抑郁是基于一定客观事物为背景而产生的，即“事出有因”。抑郁症则是通常无缘无故地产生，缺乏客观精神应激的条件，或者虽有不良因素，但是“小题大做”，不足以真正解释抑郁征象。

——持续时间。抑郁情绪变化有一定的时限性，通常是短期性的，通过自我调适可以缓解。抑郁症常持续存在，甚至不经治疗难以自行缓解，症状还会逐渐加重恶化，抑郁症症状往往超过两周，有的超过一个月，甚至数月或半年以上。

——严重程度。抑郁情绪程度较轻，而抑郁症程度严重，并且影响患者的工作、学习和生活，无法适应社会，影响其社会功能的发挥，更有甚者可产生严重的消极自杀言行。

——生物症状。抑郁症往往伴有明显的生物性症状和精神病性症状，如持续的顽固失眠、多种心理行为，同时体重、食欲和性欲下降，全身多处出现难以定位的功能性不适和整体性的症状关系，检查又没有异常。而抑郁情绪就不会有类似异常症状。

——变化规律。典型抑郁症有节律性症状特征，表现为晨重夜轻的变化规律。而抑郁情绪不具有这种典型的规律性特点。

——发作倾向。抑郁症可反复发作，每次发作的基本症状大致相似，有既往史可供印证。而抑郁情绪只是在某些事件刺激下短暂的发作。

——家族病史。抑郁症的家族中常有精神病史或类似的情感障碍发作史。而抑郁情绪是一种较为常见的个人情绪，不会存在家族病史的情况。

（2）抑郁症的症状。人与人各有不同，从而抑郁症症状也因人而异。以下一种或多种症状也许你曾有过。

——几乎每一天都情绪抑郁。

——在你的日常活动中缺乏兴趣、乐趣和内驱力。

——常常感到胸闷、心慌，去医院检查也常常查不出原因。

——胃口改变。以前喜欢的食物不再喜欢，甚至感到厌恶。

——出现睡眠问题。许多抑郁症患者失眠，常表现为入睡困难，浅眠多梦，易惊醒，以及早醒（凌晨2：00～3：00便醒来，再难入睡）。另外一些可能睡得太多，或除了正常的夜间睡眠之外还需要经常性的瞌睡。

——焦虑或坐立不安。

——疲乏或浑身无力。

——负罪感、无用感和无安全感。

——难以集中精力和正常思维。

——不同的躯体症状，感到浑身不适。

——自杀念头。

如果班组长或其下属有上述四种或更多的症状达两周以上，症状严重到干扰日常活动，或有自杀念头，那么就应该看精神专科医生，以便作出正确的诊断。

8.2.2.3 压抑

压抑情绪是指个人受挫后，不是将变化的思想、情感释放出来、转出去，而是将其压抑在心头，不愿承认烦恼的存在而产生的情绪。压抑可以暂时减轻焦虑，但不是完全消失，而是变成一种潜意识，从而使人的心态和行为变得消极和古怪起来。

（1）压抑产生的原因。压抑情绪的产生有客观方面的原因，也有主观方面的原因，具体见表8-3。

表8-3 压抑情绪产生的原因

产生原因		说明
客观原因	外部环境	从外部环境来讲，如果人们与环境不协调，有过多的挫折感，就可能产生压抑情绪
	行为规范的影响	行为规范是调节、约束员工的行为准则，如果行为规范太多，过于严厉，或者规范与员工的接受程度差距甚远，员工极易产生压抑感，比如，有些单位与部门对下属有过高的要求，都会使之产生压抑情绪
	工作、学习与生活的压力	人生在世必然要进行工作、学习、生活等活动，如果这些活动与人的能力相适应，员工就能取得预想的成绩，就有成就感；如果人的能力不能承担这些任务，或者长期超负荷地工作、学习、生活，不堪重负，员工就可能感到痛苦与压抑，如有的员工面对繁重的工作负担绩效下降，就会感到压抑消沉
	紧张的人际关系	人际关系是指人与人之间的心理距离，人有合群性，希望自己能被他人接纳，亲密的人际关系能增强人的自信心，满足人的社交需求，而紧张的人际关系使人的精神与社会的需求不能得到满足，个人的志向处处受挫，或“怀才不遇”，或遭人冷遇，自然会产生孤独无援的感觉，结果可能导致员工采取回避现实的行为
主观原因	某些身心条件较差	如生来长得丑陋、有生理缺陷，或者才能不及人等，都可能引起他人的讥讽和嘲笑，在他人的消极评价中，员工极易产生自卑感、自我否定感，有些人可能加倍努力，化压力为动力，有些则可能感到压抑和痛苦，变得自我封闭或自暴自弃
	某些气质与性格更可能产生压抑感	根据气质的特点属抑郁质的人具有敏感、多愁善感的特点，对同一事物，他们的压抑感可能比其他气质的人更明显；性格是人对客观事物的态度和行为模式，一般而言，外向性格的人遇事往往用情感将它表现出来，内向性格的人则常常把感情压抑在内心，其中消极的情感会转化为压抑感

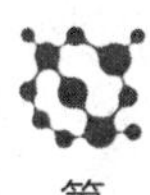

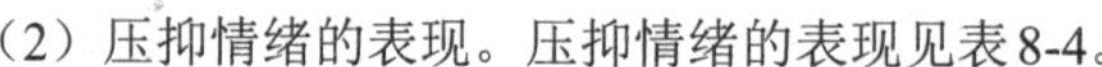

（2）压抑情绪的表现。压抑情绪的表现见表8-4。

表8-4　压抑情绪的表现

类型	具体表现
忧郁	忧心忡忡，失眠、易疲劳，精神不能集中，性格孤僻、自我封闭、不合群，个人感到自己存在的价值不大，对前途失去信心，感到外部压力太大，情绪低落，自惭形秽，手足无措等
厌倦	（1）对任何事都失去信心，打不起精神，懒得和人说话 （2）工作、学习、生活的效率急剧下降 （3）不愿承担社会工作和义务；成就动机下降等
优柔寡断	由于缺乏自信，导致意志薄弱，做事无主见、不果断，做决定犹豫不决，没有敢为天下先的魄力与勇气等
社交障碍	由于心情消沉，不愿与人打交道，表情呆板，少有笑言，敏感，戒备提防他人，生怕被人抓住把柄，知心朋友越来越少
躯体化焦虑	由于将消极情绪压抑在内心，员工的焦虑感会明显增强，自我感觉不好，焦虑又常以躯体不适的形式表现出来，如头痛、肠胃不适、疲倦等，有的则以暴饮暴食的方式去摆脱压抑感，结果导致肥胖症
改向行为	被压抑的情绪与思想，有些会转化为潜意识，潜意识又会以动机的形式，驱动某种行为，越被压抑的情绪、思想，越可能在适当的时候以改头换面的方式表现出来，如一个学生在学习上遭到挫折，他的成功感受到压抑，则可能在另一种场合去表现自己，或爱好文体活动，也可能以恶作剧来释放能量，表现自己

【心理测试】

压抑情绪的心理测试

下列题目中，在符合你的情况的项目后画“√”。

1.家里出现了各种问题。（　）

2.工作、学习开始变得不顺利。（　）

3.平时没有能使你感到愉快的兴趣和爱好。（　）

4.从来不运动。（　）

5.情绪低沉，心情郁闷。（　）

6.为一点小事大动肝火、焦躁不安。（　）

7.无心工作、易疲劳。（　）

8.懒得见人，对什么事都嫌麻烦。（　）

9.昨天的疲劳没有消除，早上起来仍感到全身无力。（　）

10. 睡眠不好，多梦。（ ）
11. 早上不愿起床，总感到心绪不安。（ ）
12. 记忆力下降，常常头昏脑涨。（ ）
13. 肩膀、腰背有时酸痛。（ ）
14. 没有食欲，体重逐渐下降。（ ）
15. 腹部发硬，泻肚、便秘交替反复。（ ）
16. 眼睛疲劳，眩晕眼花。（ ）
17. 呼吸突然感到困难或胸痛。（ ）
18. 手脚发冷，易出汗。（ ）
19. 经常感冒，长时间不愈。（ ）
20. 到了医院看病，医生说是精神作用。（ ）
21. 夜晚上厕所的次数增加。（ ）
22. 读书后眼睛易疲劳，不能持久。（ ）
23. 对出门抱厌倦态度，身体懒散易疲劳。（ ）
24. 有时候总觉得身体的某个部位疼痛。（ ）
25. 一登楼梯就气喘，恢复的时间开始变长。（ ）
26. 欣赏绘画、听音乐，不会太激动了。（ ）
27. 有时候懒得说话，颠三倒四。（ ）
28. 有时因为一点小事就生气。（ ）
29. 站在公共汽车站等车，腿发酸、易累。（ ）
30. 干什么都不快活，干了也不能持久。（ ）
31. 有时候看东西朦朦胧胧，这种现象眨眼就消失。（ ）
32. 常常挂念工作上的事，从不悠闲自在。（ ）
33. 胃部不舒服，总有沉重感。（ ）
34. 没有食欲，无论吃什么都没有滋味。（ ）
35. 睡眠不好，常常难以入睡。（ ）
36. 无论做什么事都不能沉浸于愉快中。（ ）
37. 常常对一些小事耿耿于怀。（ ）
38. 常常心跳、呼吸困难而行动不便。（ ）
39. 与家人和同事总有不愉快的摩擦。（ ）
40. 接连发生烦恼的事，愈发心情郁闷。（ ）

结果评析：

请统计你画钩的次数。

（1）10个以下：属于正常范围。

（2）10 ~ 20个：精神压抑预备状态，症状虽不明显，但也应引起注意。
（3）20个以上：精神压抑明显，应马上治疗或想办法解决。

8.2.2.4 冷漠

冷漠是指对他人冷淡漠然的消极心态。冷漠情绪是感情的冰点。

（1）冷漠产生的原因。冷漠情绪产生的原因如下。

——受人欺骗、暗算等心灵创伤。

——因种种原因受人漠视、轻视甚至歧视。

——以自我为中心。

——观念的狭隘。

——过高的成就动机。

——受到生活的不断打击。

（2）冷漠的表现。冷漠情绪的表现如下。

——对人怀有戒心甚至敌对情绪。

——不与他人交流思想感情。

——对他人的不幸冷眼旁观、无动于衷，毫无同情心。

8.2.2.5 自卑

自卑就是对自己或者自己的事物不及别人的事物好的不满足感。自卑情绪就是自卑时产生的情绪，人在受到打击的情况下，最容易产生自卑情绪。

（1）自卑产生的原因。自卑情绪产生的原因有如图8-4所示3种。

原因一　自我认识不足，过低评估自己

如果他人对自己的评价过低，特别是较有权威的人的评价，就会影响对自己的认识，从而过低评价自己，产生自卑心理，比如在工厂里，某个班组长想学习新的技术，向工程师咨询，而工程师却说他的学历太低，有些东西看不懂，然后这个班组长的自信心就会因此受到打击，再也不会想学习新知识

原因二　与童年经历有关

不少心理问题都可在早期生活中找到症结，自卑作为一种消极的心态也不例外，比如有的班组长可能从小父母离异，缺乏完整家庭的爱，不合群，总认为别人暗中瞧不起自己，然后产生自卑的心理

原因三　个人的性格特点、意志品质

气质抑郁、性格内向者大都对事物的感受性强，对事物带来的消极后果有放大趋向，而且不容易将其消极体验及时宣泄和排解，产生自卑的可能性也相应增大

图8-4　自卑情绪产生的原因

（2）自卑情绪的表现。自卑情绪的表现有如图8-5所示5种。

表现一　对自己缺乏一种正确的认识

比如有的员工刚调到新的工作岗位，而这个岗位又是自己完全陌生的，便会担心自己做不好而产生自卑的心理

表现二　在交往中缺乏自信

比如有的员工普通话说得不好，说话带有严重的地方口音，经常被其他同事开玩笑学他的话，以至于其在公共场合，便因为自卑而很少说话

表现三　办事无胆量，畏首畏尾

因为觉得自己不如别人，当一项任务交到自己手上时，也无勇气去完成

表现四　随声附和，没有自己的主见

比如在开会时，班组长让员工发表对最近某员工经常迟到的看法，其他的同事都说是睡懒觉耽误的，而你明明知道是有别的原因，却还是不发表自己的意见

表现五　遇到有错误的事情就以为是自己不好

对于自卑的人来说，工作中出现错误，会不问青红皂白地把原因全部归结到自己身上，使自己的心理压力很大

图8-5　自卑情绪的表现

【心理测试】

自卑心理测试

一、假如你是位冒险家，某次你到一地下室探险。地下室有一扇门，但你却不能接近，因为门会将你弹开，你留意到门上有美丽的雕刻，你认为门上所刻的是哪种图案呢？

（1）美丽女神的雕刻；（2）有刺树枝的雕刻；（3）咒文雕刻；（4）大力士雕刻。

结果评析：

（1）美丽女神代表你对自己的外表感到自卑，自认为长得不漂亮又不懂得穿衣打扮。

（2）有刺树枝代表你对自己的性格感到自卑，你认为自己的性格充满弱点。

（3）咒文代表知识与学习，你觉得自己书读得少又缺乏常识。

（4）大力士象征运动，你对自己的运动表现感到自卑。

二、请对下列各题做出“是”或“否”的选择。选择“是”画“√”，选“否”画“×”。

1.在商店里逛一圈之后什么也没买，你是否会感到内心不安？（　）

2.听见别人窃窃私语时，你是否经常怀疑别人在谈论自己？（　）

3.见到你所讨厌的人遭到困难，是否觉得心里很愉快？（　）

4.你是否经常羡慕其他朋友的家庭？（　）

5.你是否会给自己不喜欢的人寄贺年卡或送生日礼物？（　）

6.有时并不是你的错，你会不会向别人道歉？（　）

7.当你和别人闹矛盾时，你通常是否责备自己？（　）

8.你是否经常花时间反思过去？（　）

9.你是否尽量不做让别人不高兴的事？（　）

10.你是否觉得一个人独处时心情舒畅快乐？（　）

11.你是否认为你的家人对你失望？（　）

12.你是否不敢在公众场合表达自己的看法？（　）

13.你喜欢和比你年幼的人一起玩吗？（　）

14.你是否觉得自己渴望与人交往，但又害怕与人交往？（　）

15.你是否讨厌参加集体活动？（　）

结果评析：

选“是”计1分，选“否”不计分。

（1）10 ~ 15分，表明你是一个非常自卑的人，对自己没有信心而且害怕与人交往。

（2）6～9分，表明你有轻度的自卑，对自己信心不足，满足于平庸的生活。

（3）1～5分，表明你对自己是有信心的，只是有时稍有怀疑。

8.2.2.6 嫉妒

嫉妒是指人们为竞争一定的权益，对相应的幸运者或潜在的幸运者怀有的一种冷漠、贬低、排斥，甚至是敌视的心理状态。

（1）嫉妒产生的原因。嫉妒情绪产生的原因有如图8-6所示的3种。

原因一　有过度防卫心态

一般对别人经常保持着一种自我防御的心态，一旦自己的优势感失去，就会对超过自己的人产生强烈的嫉妒心理

原因二　从小形成独特的生活习性

这样的人一般都没有形成与他人分享快乐的心理，以我独尊、以我为中心的独特心理，一般不允许他人超过自己，所以一旦自己的某种优势被别人取代之后就会产生强烈的嫉妒心理，并形成严重的心理障碍

原因三　性格孤僻，受压抑比较严重

长期被压抑的心理一旦产生反抗力，就会对比自己强，或者在某些方面能够超越自己的人产生强烈的嫉妒心理，而这种嫉妒心理一般都和某种严重的精神性病症相联系，其一旦发作就有可能造成极其严重的后果

图8-6　嫉妒情绪产生的原因

（2）嫉妒的表现。嫉妒情绪有着不同的层次，在各自的层次中表现是不一样的，主要有以下3种。

——程度较浅的嫉妒。深藏于人的不易觉察的潜意识中，多数情况下表现出对对方的羡慕。如自己与某个比较优秀的人相处很好，甚至以结交这样的朋友为荣，根本没有对他的名誉、地位等施以攻击的想法，然而每当念及此人时，就会感到有一种淡淡的酸涩味而产生。

——程度较深的嫉妒。嫉妒心理不再完全潜抑，而是自觉或不自觉地显露出来。开始表现为忧虑、对自己不满，进而出现故意不去配合工作中比较优秀的合作伙伴的工作，甚至间接或直接地挑剔、造谣、诬陷对方等。

——非常强烈的嫉妒。有非常强烈的嫉妒心的人往往已丧失理智，向对方进行正面而直接的攻击，希望置别人于死地而后快。这样的嫉妒往往会导致毁容、伤人、杀人等极端行为，常导致害人又害己的不良后果。

案例

有一个人遇见上帝。上帝说：现在我可以满足你任何的一个愿望，但前提就是你的邻居会得到双份的报酬。那个人高兴不已。但他细心一想：如果我得到一份田产，我的邻居就会得到两份田产了；如果我要一箱金子，那么我的邻居就会得到两箱金子了；更要命就是如果我要一个绝色美女，那么那个要打一辈子光棍的家伙就同时得到两个绝色美女。

他想来想去总不知道提出什么要求才好，他实在不甘心被邻居白占便宜。最后，他一咬牙："哎，你挖我一只眼珠吧"。

8.2.2.7 挫折

挫折情绪是指人们在某种动机的推动下所要达到的目标受到阻碍，因无法扫除障碍而产生的紧张状态或情绪反应。

（1）挫折产生的原因。挫折情绪产生的原因，主要是客观因素和主观因素两个方面，具体见表8-5。

表8-5　挫折情绪产生的原因

产生原因		说明
客观因素	自然因素	时间、空间的限制及天灾人祸所引起，如在外工作因距离远隔而无法与家人团聚；急于赶时间却遇交通阻塞；气候干旱，致使农作物歉收；战争使人家破人亡
	物质因素	由于物质的缺乏或故障，使人们无法满足需求而形成的挫折，如工厂因停工待料而误工期
	社会因素	在社会生活中遭受到各种人为因素的限制或阻碍，包括一切政治的、经济的、道德的以及一切风俗习惯，如相爱的恋人，因受世俗门当户对观念的干扰而不能终成眷属
主观因素	自身生理缺陷	因生理缺陷、疾病及身体、容貌等方面的限制无法达到目标而产生挫折，如患色盲者无法成为画家；智商低下者难以取得优异成绩
	期望水平过高而能力有限	因自己能力不足，无法顺利达到目标而造成挫折，如对自己绩效成绩的期望水平超过了自己的能力所及的范围，虽然作出了很大的努力，仍达不到所期望的水平，从而产生失败感
	动机冲突	当所追求的目标不止一个却又因受事实限制，不得不放弃自己的一些所喜爱的人、事、物所形成的挫折

（2）挫折的表现。人们遭受挫折后，可能使生理、情绪和行为发生各种各样的反应，具体见表8-6。

表8-6　挫折情绪的表现

<table>
<tr><th colspan="2">表现类别</th><th>具体表现及举例</th></tr>
<tr><td colspan="2">生理反应</td><td>在强烈的或持续的消极情绪作用下，生理上会引起血压升高、心跳加快、呼吸急促、脸色苍白等</td></tr>
<tr><td rowspan="3">情绪性反应</td><td>愤怒</td><td>愤怒是情绪反应方面最常见的表现，如小孩子在其要求不得逞时，往往会发脾气，甚至大哭大闹；有些成年人，在不如意时也常常会咆哮吼叫，怒不可遏</td></tr>
<tr><td>焦虑</td><td>当事者遇挫后，有些紧张，对事态的发展没有把握而不知该怎样做，同时也希望立刻能找到新的策略来解决当前的问题，最常见表现是“神经过敏”</td></tr>
<tr><td>沮丧</td><td>沮丧含有失望、抑郁甚至悲伤的成分，通常是员工遭受较强烈、较严重的挫折时会产生这种反应</td></tr>
<tr><td rowspan="5">行为方面的反应</td><td>攻击</td><td>（1）直接攻击，即一个人受挫后将愤怒的情绪直接导向造成挫折的人或物，表现为对人讥讽漫骂或拳脚相加地损坏物体等形式，通常是对自己的容貌、才能、权力等各方面充满自信的人，或具备某种实力者，以及年幼无知、缺乏理智或生活经验的人，较易产生直接攻击行为
（2）转向攻击，一个人受挫后，如果对方权势的力量太大，无法向构成挫折的人或物直接发泄，于是将攻击目标指向不相关的人或物上去寻找替罪羊，如乱摔东西</td></tr>
<tr><td>退化</td><td>一个人在遭受挫折时，表现出与自己年龄不相称的幼稚、不成熟的行为，还表现为受暗示性增高，受挫后降低了明辨是非的能力，多埋怨，缺乏主见，盲目地相信别人、盲目地随从别人或盲目地执行别人的暗示等</td></tr>
<tr><td>固执</td><td>即受挫时不知随机弹性反应而是以不变应万变，采取刻板的方式盲目重复某种行为，常见的表现有惊慌失措、破罐破摔、强迫症等</td></tr>
<tr><td>退缩</td><td>退缩是一种与攻击行为相反的情绪反应，当一个人受挫时，其反应不是攻击，相反的以退缩式的反应来适应挫折情境，最常表现的有冷漠、幻想、依赖性等</td></tr>
<tr><td>奋发</td><td>挫折容忍度高的人在其行为受挫后，能总结经验教训，发愤图强，克服困难，继续奋斗，直至取得成功</td></tr>
</table>

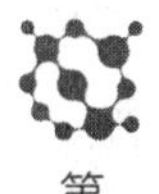

【心理测试】

抗挫能力测试

根据自己的实际情况，请对下列题目做出适当的选择，并将答案填在右边的括号里。

1.在过去的一年中，你自认为遭受挫折的次数（　）。

A.0 ～ 2次　B.3 ～ 4次　C.5次以上

2.你每次遇到挫折（　）。

A.大部分都能自己解决　B.有一部分能解决　C.大部分解决不了

3.你对自己才华和能力的自信程度如何（　）。

A.十分自信　B.比较自信　C.不太自信

4.你对问题经常采用的方法是（　）。

A.知难而进　B.找人帮助　C.放弃目标

5.有非常令人担心的事时，你（　）。

A.无法工作　B.工作照样不误　C.介于A、B之间

6.碰到讨厌的同事时，你（　）。

A.无法应付　B.应付自如　C.介于A、B之间

7.面临失败时，你（　）。

A.破罐破摔　B.使失败转化为成功　C.介于A、B之间

8.工作进展不快时，你（　）。

A.焦躁万分　B.冷静地想办法　C.介于A、B之间

9.碰到难题时，你（　）。

A.失去自信　B.为解决问题而动脑筋　C.介于A、B之间

10.工作中感到疲劳时（　）。

A.总是想着疲劳，脑子不好使了

B.休息一段时间，就忘了疲劳

C.介于A、B之间

11.工作条件恶劣时，你（　）。

A.无法工作　B.能克服困难努力工作　C.介于A、B之间

12.产生自卑感时，你（　）。

A.不想再工作　B.立即振奋精神去工作　C.介于A、B之间

13.上级领导给了你很难完成的任务时，你会（　）。

A.顶回去了事　B.千方百计地干好　C.介于A、B之间

14. 困难落到自己头上时，你（ ）。

A. 厌恶之极

B. 认为是个锻炼

C. 介于A、B之间

结果评析：

（1）1 ~ 4题，选择A、B、C分别得2、1、0分。

（2）5 ~ 14题，选择A、B、C分别得0、2、1分。

（3）19分以上：说明你的抗挫折能力很强。

（4）9 ~ 18分：说明你虽有一定的抗挫折能力，但对某些挫折的抵抗力薄弱。

（5）8分以下：说明你的抗挫折能力很弱。

8.2.3 对负面情绪的调节

在生活中，人们总会遇到令人烦恼、愤恨甚至悲伤的事情，总会产生一些以上所述的不良情绪，对于这些负面情绪，要学会调节与控制，从而保持身心健康。

8.2.3.1 审视人生观和价值观

培养和树立正确的人生观和价值观，是健康心理的基石。要进行心理的自我调节，班组长首先要做的一件事情就是要重新审视自己的人生观和价值观是否正确，是否经得起实践的检验。

8.2.3.2 冷静地看待挫折和压力

班组长要学会客观地、冷静地、辩证地、一分为二地看待问题，要培养自己承受挫折和打击的能力。遇到事情，不盲目乐观，也不悲观失望。既看到问题的有利方面，也看到问题的不利方面。

班组长学会了冷静地对待和处理压力，不但会把压力控制在合理的限度之内，更会巧妙地把压力转化为动力。

8.2.3.3 合理的宣泄情绪

班组长可以用转移注意力的方法，调节自己的情绪和心理。最好是参加体育锻炼，痛痛快快出一身热汗，在体力的剧烈付出中释放自己。

另外，还可以去击打枕头、沙袋等物体，适当宣泄自己的情绪；去做自己喜欢的事情，比如，唱唱歌、看看书、做点家务等。

8.2.3.4 换个角度思考问题

班组长也可以想想自己生活中得意的时刻，想想自己曾经经历过的成功和喜悦，对自己做一番自我欣赏和自我肯定。

也可以想想那些不如自己的人，想想那些待在病床上、牢房里，或者在大街上乞讨的人，那些生不如死的人，有时我们甚至不妨给自己来一点阿Q式的精神胜利法。

8.3 员工心理疏导与调节

员工的行为是由其心理控制的，心理本身看不见摸不着，它是支配、调节人的行为的内部机制。因此，班组长有必要对员工的心理给予有目的的关注，如图8-7所示。

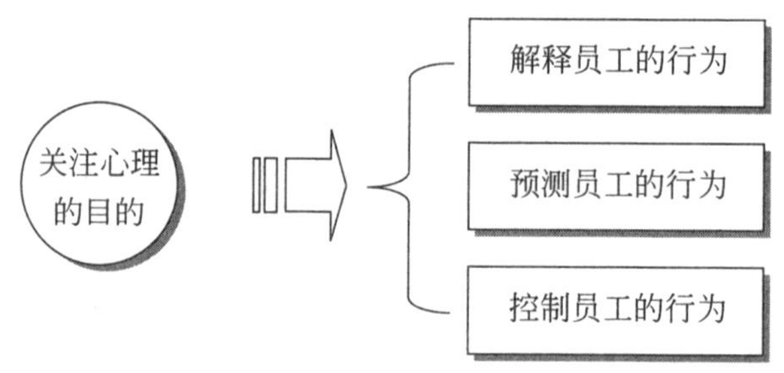

图8-7 关注心理的目的

8.3.1 心理问题的层次

心理问题一般可分为3个层次：轻微心理失调、轻度心理障碍和严重心理疾病。

8.3.1.1 轻微的心理失调

轻微的心理失调是由于个人心理素质（如过于好胜、孤僻、敏感等）、生活事件（如工作压力大、晋升失败等）、身体不良状况等因素所引起。它的特点如下。

（1）时间短暂，一般一周以内能得到缓解。

（2）损害轻微，对工作影响较小。

（3）能自己调整，一般通过休息、运动、娱乐等放松方式使心态得到改善。

8.3.1.2 轻度的心理障碍

轻度心理障碍是指因个人及外界因素造成的心理状态的某一方面超前、停滞、延迟、退缩或偏离。它的特点如下。

（1）不相协调，其心理活动的外在表现形式与其心理年龄不相称，或与常人不同。

（2）损害较大，对正常工作产生了影响。

（3）需要求助于心理医生。

8.3.1.3 严重的心理疾病

严重的心理疾病是由于个人及外界因素引起个体强烈的心理反应，并伴有明显的躯体不适感。它的特点如下。

（1）可能出现思维判断的失误、情绪抑郁、行为失常、意志减退等。

（2）由于中枢控制系统功能失调可引起所控制人体各个系统功能失调。

（3）需住院专门治疗。

8.3.2 诱发心理问题的六大危险信号

8.3.2.1 人际关系紧张

良好的人际关系、和谐的人际环境能使人获得安全感、成就感、力量感和价值感，会让人感到幸福。反过来说，如果人际关系恶劣，人际环境不和谐，这些积极的情感体验将会消失，取而代之的是猜疑、妒忌、愤怒、冷漠、怨恨等消极的情感体验。当这些负面情绪不断地积累和沉淀，就很有可能爆发，从而导致不愉快的事情发生。因此，当发现班组成员在所处的群体中出现人际关系紧张、矛盾冲突加剧、被其他成员冷落孤立等情况时，就应该密切关注了。

8.3.2.2 成长环境恶劣

在心理咨询中有一条黄金法则：成年人的心理问题儿童时期找，儿童的心理问题父母身上找。也就是说在恶劣环境中成长起来的人，长大后或多或少都会有些心理问题。当环境变得易于心理问题滋长时，这部分人较其他人更容易成为心理问题的易感人群。

在以下一些恶劣环境中成长的人最容易有心理问题。

（1）单亲家庭（父母离异或亡故）。

（2）空巢家庭（父母外出打工）。

（3）家庭暴力及与之相反的过分溺爱。

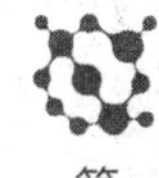

(4) 幼年和童年经历过灾难性事件（或经受过其他一些强烈刺激）等情况。

8.3.2.3　重大生活事件的强烈刺激

当一个人遭遇到亲人染病或亡故、婚恋失败、家庭纠纷、事业受挫等打击时，必然会引发心理上的波动，这些波动包括悲伤、绝望、焦虑、愤怒、抑郁等一些负面情绪，这在心理学上叫作“应激反应”，而这些重大生活事件则叫作应激源。多个应激源同时存在时就会对个人的心理防线造成很大的冲击。如果遇到心理防线比较脆弱，也就是心理承受能力较差的人时，就有可能导致心理崩溃，轻则产生抑郁反应，重则演变成抑郁症。

8.3.2.4　环境突然变化

当出现工作调动、职务调整、执行繁重的任务等情况时，个人首先会启动心理适应机制，来调整心理和生理状态以适应环境，但是如果环境变化过于突然，新旧环境反差过大，加上个体适应机制反应过慢或效率不高时，则会形成适应性障碍，引发心理问题。所以说当员工的生活、工作环境发生突然变化时，应当引起我们的关注。

8.3.2.5　压力过大

适度的压力能使员工处于合理的应激状态，对员工的行为表现有积极作用。而过度的压力如果得不到合理缓解和释放，将会使员工工作能力难以得到正常水平的发挥，产生抑郁、强迫、恐惧、焦虑等情绪，引起生理和心理上的不适与疾病。

8.3.2.6　身体疾病折磨

一些疾病，特别是慢性疾病的出现，不仅伤害身体，心理健康状态也会不知不觉随之变化。有的员工生过一次病，动过一次手术，就总是怀疑自己有病，对自己身体的健康状况焦虑不安。

8.3.3　心理疏导的要求

8.3.3.1　心理疏导要主动

很多人对于心理疏导长期存在错误的认识，认为只有有病的人才需要去做心理疏导，而绝大部分人都不会认为自己有病。其实，寻求心理帮助的人大部分都是心理健康的人，他们在生活中遇到了自己无法解决的问题，比如学习问题、人际交往问题、工作压力问题、职业选择问题等，不是去一个人胡思乱想，而是主动寻找原因，解决问题，但现实生活中并不是所有人都有这样的认识，因此作为班组长要善于主动观察，主动对员工开展心理疏导工作。

8.3.3.2 心理疏导要随机

心理疏导并非要在特定的场所、特定的时间进行，它可以是随机的，比如说下班的路上、与同事一起吃午餐的时间，随机地对员工进行因势利导，以闲聊、谈心的形式，走进他们的内心世界，与他们进行沟通与互动。

8.3.3.3 心理疏导要有耐心

心理疏导并不是特效药，一针见血、一次见效，心理问题的解决需要一个自然的过程。要科学地看待心理疏导，不要期望一次疏导就可以解决问题，因为错误的观念、不健康的行为方式、不幸经历的创伤都不是在一夜之间形成，所以也不可能在一夜之间得到解决。因此，对心理问题的解决要有一定程度的耐心。

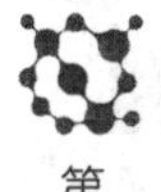

8.3.4 心理疏导的方法

8.3.4.1 聆听法

聆听法是指班组长认真、耐心地倾听员工诉说的技巧，包括耳闻与目睹。

（1）耳闻即用耳听，目睹即观察员工的体态语言，从而进一步了解员工的心声。班组长与员工之间是朋友关系，在与员工的交谈中，主要是听，而不是说。

（2）听员工讲话时，班组长既不能一直盯着对方，也不能没有目光的交流。在听的过程中，班组长要有所反应，用简短的话语鼓励对方讲下去，比如“嗯”“是这样吗”等，表示自己一直在关注他讲话。

（3）在听员工讲话时，自己的情感和体态语言也要与对方相适应。如对方高兴，要表示喜悦；对方悲伤，也要感同身受。在聆听时，身体可以微微前倾，但要与员工保持适当的距离。

8.3.4.2 移情法

移情又叫感情移入。作为心理学的一般术语，指在人际交往中彼此感情的相互作用。当感知对方的某种情绪时，自己也能体验到相应情绪。班组长在进行心理疏导工作时可带入这种方法，来理解和分担员工的各种精神负荷。如一个员工谈到自己当众受辱一事时说：“我当时气极了，真想和他打一架，然后辞职不干了。”班组长则可以说：“在当时的情况下，你的这种心情是可以理解的，换作是我我也会非常生气的，但是就为这事自己受处分，还要离开太不值得了，也许他那样有别的原因，回头我得好好问问他。”

8.3.4.3　认知法

认知法又称ABCDE理论，它是指发生了事件A，由于有B的想法，便产生了心理障碍的后果C，如果通过心理咨询，将B的想法改为D（新的想法），就会有E这个新的结果，C这个心理障碍就消除了。这种改变认知结构的方法，就是认知法。这个方法也可以称为“说明开导”法，接近于日常的个别思想教育。班组长在使用这种方法时一定要耐心客观，且有理有据。

8.3.4.4　转移法

转移法是指为达到减轻、消除不良心境所采取的一种转移行为，其目的是通过转移注意力，达到心态平衡。当员工因工作失误陷入自责状态，或因家庭关系注意力无法集中时，就不要强迫其工作，可以组织一些拓展活动，让其暂时转移注意力，使情绪得到缓解和放松，调节过后再投入工作。

8.3.4.5　暗示法

暗示法是利用言语、动作或其他方式，使被暗示者在不知不觉中受到积极暗示的影响，从而接受某种观点、信念或指令，以解除其心理上的压力和负担。

班组长在实际工作中可以通过自己的语言或行为，让员工接受积极的暗示，了解自己工作的意义和价值。暗示法对增强自信心，克服工作焦虑、比赛怯场、自卑心理等有很好的作用，关键是方式方法的运用，要让员工相信这种暗示，否则收效甚微。

8.3.4.6　松弛法

松弛法是指在暗示的作用下，使人的全身肌肉从头到脚逐步放松的方法。以下是常用语言表达的公式。

（1）我非常安静。

（2）我的右（左）手或脚感到很轻松。

（3）我的左（右）手或脚感到很温暖。

（4）我的心跳得很平稳、有力。

（5）我的呼吸非常轻松。

（6）我的腹腔感到很暖和。

（7）我的前额凉丝丝的很舒服。

这个公式最早是由德国精神病学家舒尔茨提出的，以后各国心理学家根据这个公式，编制了许多放松训练的指导和暗示语，制成录音带让员工进行放松训练，一般一次20分钟左右，一个疗程为10天。经过训练后，员工掌握了这套技术，会迅速使自己的肌肉松弛下来，血压会降低，心率会放慢。

除了这种方法以外，也可以用深呼吸或冥想的方法使身心放松。冥想就是让员工回忆自己经历过的最愉快的一件事，越具体越形象越好。

运用松弛法要有一个安静的环境。放松前，需要坐或躺得舒服，注意力集中，排除杂念，呼吸平稳。此法对因紧张而引起的各种焦虑以及恐慌尤为有效，还可改善记忆力，提高学习能力。这个方法通常与系统脱敏法结合起来使用。

8.3.4.7　系统脱敏法

系统脱敏法是指有步骤地、由弱到强地逐步适应某种引起过敏反应的刺激源的方法。如克服工作焦虑，可将引起员工过敏刺激的过程分解成如下若干阶段。

（1）工作当天走出家门。

（2）离公司还有100米。

（3）离公司还有50米。

（4）离公司还有10米。

（5）跨进公司大门。

（6）进入大楼。

（7）走进车间。

（8）入座。

（9）上班时间到。

（10）开始工作。

依次做好10张卡片，编好号。系统脱敏时，先拿出第一张卡片（工作当天走出家门），想象当时的情景，心理若紧张，就做放松练习，放松全身肌肉。放松后，再拿起这张卡片，如仍紧张，再进行放松，直到不紧张为止，而后再做下面一张卡片，依次类推，直到10张卡片都做完，这时工作焦虑也就消除了。这个过程不是一天两天的事，一般一天最多做一张卡片，不可心急。在做后面的卡片时要重做前面的卡片，一直做到想象工作的情境时不再紧张为止。

8.3.4.8　厌恶法

厌恶法是应用一种惩罚性的厌恶性刺激，通过直接作用或间接想象，来消除或减少一种不合意行为的方法。

班组长可指导员工，当自己有“坏”念头时，用橡皮筋弹痛自己的大拇指，使“坏”念头与手指的疼痛建立起条件反射：一有“坏”念头，就感到手痛，以此来消除不良行为。这种方法，一定要在员工本人有克服这个心理障碍的迫切愿望时才能进行。

8.3.4.9　疏泄法

疏泄法是指将沉郁在内心的种种不愉快感受，如悲伤的情绪等通过疏通引导

得到缓解和释放。做好疏泄法，要求班组长要做好信息的收集工作，多听、多看、多问、多想。通过信息收集不仅要了解班组成员内心的真实想法，还要根据其个性特点给予妥善的关怀、爱护和尊重。

8.3.4.10 激励法

激励法是指激发人的行为的心理过程，增加其积极性和创造性，包括激发动机、鼓励行为、形成动力等因素。

（1）班组长要密切关注员工身上的闪光点，要肯定这个闪光点，鼓励它发扬下去，以挖掘员工的心理潜能。

（2）激励要讲究方法，要求班组长有敏锐的观察力、明确的目标、诚恳的态度和娴熟的技巧。关键是要激发对方的自尊心和自信心，要做到这一点，就要唤起被激励者的成功经验和对成功的向往，并创造条件促使其成功。

8.3.5 员工心理疏导的注意事项

班组长对员工进行心理疏导也要针对不同的员工区别对待，以下从建立良好关系、学会倾听员工谈话并有效提问及运用非语言技巧等方面来着重介绍。

8.3.5.1 建立良好的关系

在心理疏导过程中，班组长与员工之间的关系是非常重要的。在建立良好关系的过程中，班组长的态度和相应的技巧起着主导作用，基本条件是共情、尊重和真诚，除此之外，还有具体化、即时性、对峙等。

（1）共情。共情就是能设身处地去体会员工的内心感受。共情不仅有同情，更有理解。

在咨询与疏导过程中，班组长不但要正确地了解员工的感受和感受的意义，同时还要将这些感受的理解和体会准确地传达给对方。由于共情，员工感到被理解和接纳，这样有助于建立良好的疏导关系，使班组长了解员工更多的情况。

准确地表达共情的注意事项如下。

——要从员工内心的感受出发，设身处地体验他的内心世界。

——要用准确的言语表达对员工内心体验的理解。

——可借助非言语行为如目光、表情、姿势、动作变化等表达对员工内心体验的理解。

——表达共情应适时、适度，因人而异、因时而异。

——重视员工的反馈信息，必要时可直接询问对方是否感到被理解了。

（2）尊重。尊重是指对员工接纳、关注、爱护的态度，要尊重员工的现状、价值观、权益和人格。尊重员工，可以给员工创造一个安全、温暖的氛围，这样的氛围可以使其最大程度地表达自己，获得一种自我价值感，特别是对那些急需获得尊重、接纳、信任的员工来说，尊重和接纳具有明显的效果。

尊重的注意事项如下。

——完整接纳一个人，包括他身上的消极面和缺点。

——以真诚为基础，并非无原则的迁就。

——一视同仁，无论男女、贫富、出身、职位等。

——对员工热情相待，礼仪周全。

——信任对方。

——保护对方隐私。

（3）真诚、积极。班组长与员工一定要坦诚相待，坦率地表示自己的看法，诚心诚意地帮助员工摆脱心理困惑，从而使员工产生可信、可靠的信念。这是个别疏导取得成功的必要条件。

在疏导过程中，班组长要保持中立，要能出能进，真正做一个引导者，而非员工的拐杖，所以对员工积极地关注并不是无条件地接受他们的做法，而是发挥其中积极的因素，相信他们有能力解决问题。

（4）具体性。在疏导过程中，班组长要协助和引导员工清楚准确地表述他们的观点、情感以及所经历的事件，让谈话内容指向具体的事实和细节，使双方讨论的问题更加清晰、准确。

有些员工因为紧张、担忧等原因，常常不能清晰、准确地表达自己的思想和情绪，所叙述的事件、情感常常是含糊的、笼统的、抽象的，而没有具体性，班组长就无法开展针对性工作，也就不可能真正了解员工及问题。对此，班组长的任务就是澄清员工表述的问题，把握真实情况，解决问题。

（5）即时性。班组长在疏导过程中，应将重点放在当时的情况，更多地运用“此刻”“这会儿”“刚刚”等副词，不要过分注意过去和将来的事件，从而帮助员工明确自己现在的需要和感受。

班组长要时时注意自己和当事人的疏导关系，对当事人的反应及时给予回应和反馈。如“你笑了，现在感觉好些了吧？”“你现在很难过，是吗？”鼓励员工更多地暴露问题，促进员工和自己进行更多的有效的交流。

（6）对峙。疏导过程中员工可能会表现出言行不一致、前后表述不一致、感受与结果不一致等情况。对此，班组长要通过询问，帮助员工正确面对自己的矛盾之处。

对峙可以促进员工对自己的感受、信念、行为及所处环境的深入了解，鼓励他们放下包袱，面对现实，实现协调统一。对峙的使用要谨慎和适当，防止影响疏导关系，导致疏导失败。应注意以下4点。

——建立良好的疏导关系基础。

——尝试性地使用“也许”“似乎”等不肯定的词语，指出员工的矛盾之处。

——以充分的事实为依据，避免无中生有，造成伤害，中断疏导关系。

——肯定与对峙相结合，语言要温和、婉转、适度。

8.3.5.2 学会倾听与提问

班组长对员工的谈话不仅仅是听听而已，还要借助各种技巧，真正听出对方真实的情感和所持有的态度，并根据实际情况，运用不同的提问方式来深入沟通，最后给予员工以忠告或建议，做好疏导工作。

（1）充分运用开放性提问。开放性提问通常使用“什么”“怎样”“为什么”等词语发问，让员工对有关问题、事件作出较为详尽的讲述。这样的提问会引出员工对某些问题、思想、情感等的详细说明，一般用于谈话刚开始时，便于双方搭建交流基础平台，而后逐渐进入关键问题。开放性提问的注意事项如下。

——良好的疏导关系基础，员工对班组长信任。

——要注意提问的方式、语调，不能太生硬或随意。

（2）恰当运用封闭性提问。这类提问的特征是以“是不是”“对不对”“有没有”“行不行”“要不要”等词语发问，让员工对有关问题作“是”或“否”的简短回答。

班组长使用这种封闭性的提问，可以收集信息、澄清事实真相、验证结论与推测、缩小讨论范围、适当中止叙述等。回答这些问题，只需一两个词、字或一个简单的姿势如点头或摇头等，简洁、明确。

（3）适度给予忠告和建议。在疏导过程中，班组长不仅要善于引导员工谈问题，还要针对问题提出一些建议和劝告。提出劝告时，需要注意以下事项。

——防止带来潜在的危害。如员工对建议或忠告不以为然时，不要迫使其马上接受，这需要一个过程，循序渐进。

——话语要含蓄而委婉，如“如果我是你，我可能会……”

——忠告和建议不宜太多，过多使用会起到反作用。

（4）注意运用自我开放。在疏导过程中，班组长谈论自己的某些经历、经验、思想、情感等，有利于建立良好的疏导关系，为员工树立好的榜样，从而增进员工自我开放。

运用自我开放时，需要注意以下事项。

——建立在一定的疏导关系之上。

——适量，过多开放和暴露，会挤占员工的时间。

——适度，否则会让员工认为班组长心理也不太健康。

——适时，否则会对员工的心理带来负强化，增加消极影响。

最后，班组长要把自己的观点、意见等进行组织整理并简明扼要地表达给员工，作一个阶段性小结，这样会使谈话显得有结构、有条理、印象深刻，从而为下一步谈话做好准备。

8.3.5.3 学会非言语运用

心理疏导是由言语和非言语内容交互作用达成的，许多时候，非言语所表达的信息比言语表达的信息要更多、更准确、更真实。

（1）目光注视。班组长与员工交谈时，要有目光的接触，表示出对他所谈的内容非常感兴趣，但也切忌紧盯一处，长时间不变，这会让对方心理产生不适，认为自己真有问题。

（2）形体动作。人的姿态、手势是极为丰富的，是一种特殊的身体语言。作为班组长在与员工交谈时，总的原则是使自己的身体语言融入疏导过程中，以利于咨询与疏导。比如，会谈时，辅助一些手势增强言语表达的含义。

（3）声音特征。声音特征指说话的音量、音调、语速、语气和节奏等。疏导的内容对于员工来说是理性化的东西，但声调、语气则可以让这些理性的东西富有情感，由此引发出员工自身的态度和感情。

（4）距离和角度。每个人都有一个无形的空间，以保持自己的独立、安全和隐私。疏导中，相距太近会产生不安、焦虑、不满和反抗，相反，双方相距太远也会使对方产生冷漠、疏远、孤独的感觉。在疏导时，班组长应根据现场情况把握好距离。